▲▲▲ Relaciones comerciales ▲▲▲

▲▲▲ Relaciones comerciales ▲▲▲

Nanette R. Pascal

María P. Rojas

Both of Richland College

D. C. Heath and Company
Lexington, Massachusetts   Toronto

Address editorial correspondence to:

D. C. Heath and Company
125 Spring Street
Lexington, MA 02173

Acquisitions Editor: Denise St. Jean
Developmental Editor: Sheila McIntosh
Production Editor: Julie Lane
Designer: Judith Miller
Photo Researcher: Wing-Harn Chen
Production Coordinator: Richard Tonachel
Permissions Editor: Margaret Roll

Cover Photo: *The City Rises* by Robert Koropp
Cover Photo Researcher: Jim Roberts

International Standard Book Number: 0–669–32579–1

Library of Congress Catalog Number: 94–79455

4 5 6 7 8 9 - ED - 01 00 99 98

Preface
▼▼▼▼▼▼▼▼▼▼

In today's economic climate, the capacity to compete in global markets often determines whether a business will survive or perish. With the emergence in recent years of new opportunities for trade between the United States and Hispanic countries, the value of proficiency in Spanish to the business person has never been greater. *Relaciones comerciales* will prepare you for successful communication in the Hispanic business world by building on your existing knowledge and emphasizing practical, real-life use of Spanish. This book will help you to move beyond the everyday vocabulary of your beginning Spanish courses by introducing essential commercial terminology in common business contexts, reinforcing strategies for understanding, interpreting, and responding to new information, and providing ongoing opportunities for you to practice what you learn.

Relaciones comerciales will also help you to be alert to the importance of cultural awareness in doing business in Hispanic countries or with Hispanics in the United States. Frequently, the success of a business venture will depend on your understanding of the culture-based behavior of your client. Language, of course, is the main carrier of culture, and many important cultural patterns are embedded in language forms and structures. *Relaciones comerciales* addresses the significance of these connections between language and culture and their relevance in business dealings, whether conducted in person, over the telephone, or in writing.

The following features of *Relaciones comerciales* play a key role in helping to develop the language and cultural skills that are essential to success in the business world:

▼ Authentic documents and readings throughout the text will introduce you to key terms and concepts as you read and discuss magazine articles, advertisements, and other materials available to business people in the Hispanic world.
▼ Interactive role-plays and problem-solving activities reinforce essential business communication skills such as establishing priorities, soliciting and giving advice, negotiating, persuading, and interviewing.
▼ Cultural readings and case studies provide insight into cultural biases and stress cultural knowledge as a tool for establishing successful business relationships with Spanish speakers.

Text Organization

Relaciones comerciales consists of twelve chapters, each of which is organized around a key business topic. In order to use the text to best advantage, read the following descriptions of the sections found in each chapter to become familiar with their format and purpose.

Dialogue/Vocabulario en contexto

Each chapter begins with a realistic business vignette that introduces the chapter's theme and language functions within the context of Hispanic business culture. The dialogues are designed to familiarize you not only with key vocabulary, but also with the tone and style of oral business communication in the Spanish-speaking world. The *Vocabulario en contexto* list and *Práctica* exercises set the stage for a document-based activity that will immerse you in real-life communication on the chapter's theme right from the start.

Comercio y cultura

This section focuses on cross-cultural understanding as a key to business success. Before you read the cultural essay, you will be asked to consider your own attitudes and assumptions regarding business practices related to the chapter theme. The essay itself explores traditional and evolving business trends in the Hispanic world. After you read, you'll compare these practices with those in the United States, and you'll work with classmates on an international business case study to identify the reasons for misunderstanding and propose possible solutions.

Aclaraciones gramaticales

The only section of the text that is written in English, *Aclaraciones gramaticales* provides a review of key grammar points that are frequent sources of error to non-native speakers of Spanish. The clear and concise explanations, models, and exercises are designed to facilitate independent grammar review outside of class.

Los negocios en la prensa

To immerse you in the business culture of the Hispanic world, *Los negocios en la prensa* features authentic readings from a variety of Spanish-language business publications. A progression of pre- and post-reading activites provides the support you need to understand and interpret the readings. At the end of the section, collaborative *Interpretando la publicidad/Interpretando los gráficos* activities will develop your ability to interpret and discuss facts, figures, and images.

Por escrito

This section will introduce you to the format, style, language, and protocol of the most common types of business correspondence. It provides both clear models and opportunities for practice.

Situaciones

Here, role-play scenarios with realistic international business settings call on you to make use of the communication strategies, vocabulary, and cultural knowledge you have acquired.

Práctica del vocabulario general

A series of exercises in a variety of formats allows you to review and reinforce the business terminology presented in the end-of-chapter *Vocabulario general.*

Reference materials

Appendixes

▼ *Apéndice A* provides a brief overview of Spanish-speaking countries, including key information about demographics, industry, imports and exports, and communications.

▼ *Apéndice B* identifies Spanish abbreviations and acronyms used in business, as well as conversion tables for metric weights and measures and Celsius temperatures.

▼ *Apéndice C* presents conjugations of high-frequency stem-changing and irregular Spanish verbs in a convenient, readily accessible format for quick reference and review.

End vocabulary

For easy reference, the Spanish-English vocabulary includes all terms introduced in the vocabulary lists and the activities, as well as certain challenging terms that appear in authentic documents.

Acknowledgments

We would like to thank our students for their input and suggestions in the piloting of this program. Special thanks to Dr. Steve Mittelstet, President of Richland College, for his support in the development of the Business Spanish program at the college. We would also like to extend our appreciation to Denise St. Jean, Sharon Alexander, Sheila McIntosh, and Julie Lane of D. C. Heath and Company for their editorial guidance.

Thanks are also due to Dr. Christopher Barry, Professor of Finance at Texas Christian University, for his advice on economic and financial issues; to Jacqueline Martínez, for her assistance in providing the sources for the demographic and economic information on the Spanish-speaking countries;

to Delfina Bedarte, for typing the manuscript; and to Larry B. Pascal, J.D., for his help with the unit on legal terminology.

We would also like to express our gratitude to the following colleagues for their insightful comments and suggestions during the development of the manuscript:

Ana María Alfaro-Alexander, Castleton State College
Teresa R. Arrington, University of Mississippi
Rosalind E. Arthur, Clark Atlanta University
Patricia K. Beattie, South Dakota State University
Teresa V. Bohlsen, Northampton County Area Community College
Stephanie Crider, Samford University
Cynthia E. D. Espinosa, Central Michigan University
Phillip P. Flahive, North Central College
Donald N. Flemming, Keene State College
Donald B. Gibbs, Creighton University
Antonio C. Gil, University of Florida
Margaret B. Haas, Kent State University Main Campus
Joni K. Hurley, Clemson University
Phillip Johnson, Baylor University
Mariano López, Mississippi State University
Gregorio C. Martín, Duquesne University
Manuel J. Ortuño, Baylor University
Robert A. Parsons, University of Scranton
Ivelisse Santiago-Stommes, Creighton University
James W. Talbert, University of Evansville
Charles Tatum, University of Arizona
Margarita Vargas, State University of New York College at Buffalo

Nanette R. Pascal
María P. Rojas

▲▲▲ CONTENTS ▲▲▲

Apéndices

LOS NEGOCIOS EN EL MUNDO HISPANO

La gerente de una compañía hispana le da direcciones a un empleado.

Funciones   Hablando por teléfono
                                   Conversando de negocios

Comercio y cultura   La oficina hispana
Aclaraciones gramaticales   Usos del pretérito y del imperfecto
Por escrito   Introducción a la correspondencia
                                   comercial
                                   Carta de pedido

Al teléfono
▼▼▼▼▼▼▼▼▼▼▼▼▼▼

Alfonso Corona, gerente de la empresa de artículos deportivos Línea Dorada, S.A., y su socio norteamericano Steve Johnson están estableciendo una oficina en la Ciudad de México. Johnson llama a Corona para hablar del equipo de oficina que compraron y de una reunión a la que Corona asistió recientemente. Rosa Martínez, la nueva secretaria, contesta al teléfono.

Srta. Martínez —Buenos días, Línea Dorada, ¿en qué puedo servirle?

Sr. Johnson —¿Puede comunicarme con el Sr. Corona, por favor?

Srta. Martínez —Lo siento, pero su línea está ocupada. ¿De parte de quién?

Sr. Johnson —De parte de Steve Johnson. Hablo con la Srta. Martínez, ¿verdad? ¡Mucho gusto! ¿Cómo le va el trabajo?

Srta. Martínez —Muy bien, gracias. ¿Quiere dejarle algún recado al Sr. Corona?

Sr. Johnson —Dígale, por favor, que me llame a mi despacho lo más pronto posible.

Srta. Martínez —Por supuesto, Sr. Johnson.

Sr. Johnson —Muchas gracias.

Srta. Martínez —A sus órdenes, para servirle.

Más tarde, Alfonso Corona vuelve a llamar a Steve Johnson. La recepcionista le avisa a Johnson que le llaman de México.

Sr. Johnson —¿Aló?

Sr. Corona —Hola Steve, soy Alfonso. Rosa me dijo que me llamaste esta mañana.

Sr. Johnson —¿Cómo estás, Alfonso? Llamaba para preguntarte si ya recibimos las computadoras y la impresora que encargamos.

Sr. Corona —Sí, llegaron ayer y uno de los representantes de la compañía vino para enseñarnos cómo funcionan. Rosa aprendió el manejo en seguida, pues ya sabía utilizar el procesador de texto y la hoja de cálculo.

Sr. Johnson —¡Estupendo! Ahora ya vamos a poder redactar más rápidamente los informes. Hablando de otra cosa, ¿ya te reuniste con el director de compras de los almacenes La Epoca?

Sr. Corona —Sí, me dijo que nuestros productos eran excelentes y que quería firmar el contrato de compraventa en seguida. Así que, tenemos que comenzar los trámites inmediatamente.

Sr. Johnson —Pues esto hay que celebrarlo.

Sr. Corona —¡Claro que sí! Llegas a México el viernes, ¿no?

Sr. Johnson —Sí, a las dos.

Sr. Corona —Muy bien, te veo el viernes, entonces. Hasta luego.

Sr. Johnson —Adiós.

Vocabulario en contexto

SUSTANTIVOS

los almacenes   department store

el contrato de compraventa   purchase and
  sale contract

la computadora (*Latinoamérica*), **el ordenador**
  (*España*)   computer

el despacho   private office

el (la) director(a) de compras   director of
  purchasing

la empresa, la compañía, la firma   company,
  firm

el equipo   equipment

el (la) gerente   manager

la impresora   printer

el informe   report

el manejo   operation, handling

**el procesador de texto (de datos, de
  palabras)**   word processor, word processing
  program

el recado, el mensaje   message

el (la) representante   representative

la reunión   meeting

el (la) socio(a)   partner, business associate

el trámite, la gestión   procedure, proceedings

VERBOS

comunicar(se) (con)   to put (get) in touch, to
  connect

encargar   to order (merchandise)

firmar   to sign

funcionar   to function, to work (machines)

redactar   to write, to draw up

reunirse (con)   to meet with (someone)

volver a llamar   to call back

OTRAS PALABRAS Y EXPRESIONES

A sus órdenes, para servirle.   (I'm) at your
  service.

¿Aló? (*Latinoamérica*), **Diga, Dígame** (*España*),
  Bueno (*México*)   Hello (*on the phone*)

¿De parte de quién?   Who is calling?

La línea está ocupada.   The line is busy.

Le habla...   This is . . . speaking

sociedad anónima (S.A.)   corporation

Práctica

A. Conteste a las siguientes preguntas.

1. ¿Qué relación hay entre el Sr. Johnson y el Sr. Corona?
2. ¿Quién es Rosa Martínez?
3. ¿Por qué llamó el Sr. Johnson al Sr. Corona?
4. ¿Qué pasó ayer?
5. ¿Qué sabe hacer la Srta. Martínez?
6. ¿Qué van a poder hacer más rápidamente? ¿Por qué?
7. ¿Con quién se reunió Alfonso Corona y por qué?
8. ¿Qué va a pasar el viernes?

B. Complete el diálogo de una manera lógica.

Recepcionista —Buenos días, Luz y Compañía. ¿En qué puedo servirle?

Sra. Guzmán —¿_____ el Sr. Echevarría?

Recepcionista —¿De parte de quién?

Sra. Guzmán —_____.

Recepcionista —El Sr. Echevarría no está en este momento. ¿Quiere

_____?

Sra. Guzmán —No, gracias. _____ a las tres.

Recepcionista —De acuerdo. Adiós.

Más tarde:

Recepcionista —Buenas tardes, Luz y Compañía. ¿_____?

Sra. Guzmán —_____. ¿Puede

_____ con el Sr. Echevarría?

Recepcionista —Lo siento, pero su línea _____.

C. Basándose en el siguiente anuncio, representen con un(a) compañero(a) de clase los papeles de un(a) gerente de un pequeño negocio que busca una impresora económica y de un(a) vendedor(a) que espera vender el modelo más caro.

HP DeskJet 500C
100.000 Ptas.

Una impresora diseñada para trabajar en entornos Windows 3.x. Imprime en blanco y negro o color, con sólo cambiar el cartucho de tinta.

HP DeskJet 550C
130.000 Ptas.

Imprime en blanco y negro o color automáticamente. Diseñada para trabajar con procesadores de texto como WordPerfect para DOS, paquetes integrados y todo tipo de programas bajo entorno Windows 3.x.

HEWLETT PACKARD

▲▲▲ Comercio y cultura ▲▲▲

PREPARACION

¿Está Ud. de acuerdo con estas afirmaciones? Justifique sus respuestas.

1. Para que una oficina funcione bien, es necesario mantener un ambiente formal con énfasis en la jerarquía (*hierarchy*).
2. Hay que mantener separadas la vida profesional y la vida personal.
3. El tiempo es oro.

Trabajando en una oficina de la América Latina.

LA OFICINA HISPANA

Las normas que se observan en los lugares de trabajo suelen (*tend to*) reflejar la cultura y tradiciones de la comunidad. Tanto en la oficina hispana, como en la sociedad hispana, los buenos modales (*manners*) son la base de las relaciones interpersonales. Las prácticas laborales que pueden parecer excesivamente ceremoniosas, o bien poco serias, según el criterio empresarial estadounidense, tienen como fundamento el concepto hispano tradicional de la buena educación.

Las interacciones interpersonales en la oficina enfatizan el respeto a la jerarquía laboral. Aunque las normas pueden variar algo según el tipo de empresa, por lo general los subordinados llaman a los jefes por el título y apellido, y les hablan de usted. Muchos jefes eligen mantener una actitud de distancia respetuosa hablándoles también de usted a sus subordinados y llamándoles por su apellido, sin título, en el caso de los hombres y por Sra./Srta. o su nombre de pila a las empleadas. Los empleados que ocupan un mismo nivel en la jerarquía, así como la gente en otras circunstancias sociales, usan tú o usted, nombre de pila o apellido según la diferencia de edad y el nivel de confianza (*familiarity*) que exista entre ellos. En los encuentros iniciales, y sobre todo con clientes, es mejor emplear un trato formal. La confianza casi inmediata que caracteriza algunas relaciones empresariales en los Estados Unidos podría interpretarse no como señal de amistad, sino como falta de respeto en un ambiente hispano.

Las rutinas de la interacción diaria, como los saludos por la mañana y las despedidas al final del día laboral, se observan como prácticas de la gente bien educada. Sobre todo en las empresas pequeñas, no es raro que los supervisores saluden personalmente a todos sus subordinados cada día. El espacio físico entre los que hablan suele ser más reducido en los países hispanos que en los Estados Unidos, y el contacto físico como señal de confianza es más evidente, por ejemplo cuando dos hombres que son amigos además de colegas se abrazan al saludarse o cuando mujeres y hombres se besan en la mejilla (*cheek*).

El ritmo de actividad suele ser más lento en la oficina hispana y, a veces, la eficacia (*efficiency*) se subordina a la cortesía y a la diplomacia. La puntualidad no se enfatiza con la misma precisión que en los Estados Unidos porque el concepto del tiempo es más flexible. El trato personal, tanto con los clientes como con los colegas, se considera un aspecto del trabajo tan importante como son la ropa y la apariencia personal. Hablar de temas personales es casi tan importante como hablar del trabajo, y hay más aceptación de las interrupciones dentro de las horas de trabajo.

Actividades

A. Complete las siguientes oraciones según lo que ha leído.

1. El comportamiento (*behavior*) en la oficina hispana se basa en...
2. Por lo general, el tuteo (uso de *tú*) se emplea entre...
3. Algunas de las maneras en que la gente se saluda son...
4. El concepto del tiempo en la oficina hispana...
5. Hablar de asuntos personales en horas de trabajo no se considera inaceptable porque...

B. Compare los siguientes aspectos del ambiente de oficina en los países hispanos y en los Estados Unidos, según sus propios conocimientos.

1. el concepto del tiempo
2. la relación entre jefes y subordinados
3. la importancia de las jerarquías
4. la formalidad
5. el contacto físico

C. Lea el siguiente caso. Después, especule con un(a) compañero(a) sobre el punto de vista de los personajes. ¿Cómo explican Uds. sus acciones? ¿Qué harían Uds. en esta situación?

Jerry Gordon, representante de una compañía de fotocopiadoras, ha venido a una de las oficinas de Gómez y Compañía para visitar a su cliente Elvira Mendoza. Hace media hora que la espera y está impaciente porque todavía no le han recibido. De repente, se da cuenta (*he realizes*) que la Sra. Mendoza está hablando con uno de sus asistentes sobre un problema familiar. El Sr. Gordon se enoja.

▲▲▲ Aclaraciones gramaticales ▲▲▲

Usos del pretérito y del imperfecto

Formas del pretérito y del imperfecto de los verbos regulares[1]

	Pretérito	
	-ar	*-er, -ir*
yo	-é	-í
tú	-aste	-iste
él, ella, Ud.	-ó	-ió
nosotros(as)	-amos	-imos
vosotros(as)	-asteis	-isteis
ellos, ellas, Uds.	-aron	-ieron

	Imperfecto	
	-ar	*-er, -ir*
yo	-aba	-ía
tú	-abas	-ías
él, ella, Ud.	-aba	-ía
nosotros(as)	-ábamos	-íamos
vosotros(as)	-abais	-íais
ellos, ellas, Uds.	-aban	-ían

The preterit is used to describe completed actions that happened at a specific time in the past.

El jefe **habló** por teléfono con uno de los empleados.

The boss spoke on the telephone with one of his employees.

---

[1]For the conjugations of verbs that are irregular in the preterit and the imperfect, see Appendix C.

The imperfect describes actions and conditions in the past without reference to their beginning or end. It is used:

▼ to describe something that happened continuously or repeatedly in the past.

María Martínez **se reunía** con sus clientes frecuentemente.	*María Martínez used to meet with her clients frequently.*

▼ to describe people, objects, or events in the past.

La oficina **tenía** un ambiente muy formal.	*The office had a very formal atmosphere.*

▼ with **estar** and a present participle to express an action in progress in the past.

A las tres el secretario **estaba trabajando** en la computadora.	*At three o'clock the secretary was working at the computer.*

▼ to describe simultaneous actions in the past.

Mientras Teresa **usaba** la impresora, Manuel **preparaba** el informe.	*While Teresa used (was using) the printer, Manuel prepared (was preparing) the report.*

▼ to describe a situation that was in effect or an action that was occurring when something else happened. The more recent action is described in the preterit.

Estaba hablando por teléfono cuando llegó mi jefe.	*I was talking on the phone when my boss arrived.*

▼ to express a mental process or a state of mind in the past.

El director de ventas **sabía** tratar muy bien a todos los clientes.	*The sales manager knew how to treat all the clients very well.*

The verbs **saber, conocer, poder,** and **querer** have different meanings in the preterit and the imperfect. With these verbs, the preterit indicates a condition or state of mind that is complete and finished, while the imperfect expresses a habitual or continuing state.

Conocí al nuevo empleado en la reunión.	*I met the new employee at the meeting.*
Ya **conocía** al nuevo empleado.	*I already knew the new employee.*
Ayer **quise** llamar al cliente pero me fue imposible.	*I tried to call the customer yesterday, but I couldn't.*
Queríamos a alguien con buenos conocimientos de inglés.	*We wanted someone with good English skills.*

Por la expresión de su cara, **supe** que habíamos perdido el contrato.	*By the expression on his face, I knew that we had lost the contract.*
El ya **sabía** que habíamos perdido el contrato.	*He already knew that we had lost the contract.*
El secretario no **pudo** terminar la carta.	*The secretary didn't succeed in finishing the letter.*
La jefa de ventas nunca **podía** terminar el trabajo a tiempo.	*The sales manager was never able to finish her work on time.*

Práctica

A. Complete el siguiente párrafo con el imperfecto o el pretérito de los verbos entre paréntesis, según el contexto.

El miércoles cuando _____ (llegar) a la oficina _____ (haber) una carta encima de mi mesa. La _____ (abrir) pensando que _____ (ser) para mí. Me _____ (sorprender) leer que _____ (tratar) de la fusión (*merger*) de mi compañía con una empresa competidora. Yo ya _____ (saber) por el inventario que la compañía no _____ (ganar) suficiente dinero y que los gastos de mi departamento _____ (ser) muy altos. Pero yo no _____ (poder) imaginar que la compañía _____ (ir) a hacer algo así. Creo que esta fusión no me va a beneficiar y que voy a tener que buscar otro trabajo.

B. Nadie en su oficina ha podido hacer nada hoy por culpa de las constantes interrupciones. Explique lo que pasó, siguiendo el modelo.

MODELO: María / escribir una carta / sonar el teléfono
María estaba escribiendo una carta cuando sonó el teléfono.

1. yo / trabajar con el ordenador (la computadora) / irse la electricidad
2. la Sra. Verdaguer / hablar por teléfono / llamar el jefe
3. el empleado / usar la impresora / entrar Francisco
4. la directora / redactar un informe / interrumpir el jefe de ventas
5. el Sr. Menéndez / reunirse con Juan / llegar Marta
6. los representantes / mostrarme el producto / Teresa / preguntarles el precio
7. la recepcionista / recibir el pedido / caerse el paquete

C. Ud. acaba de regresar de un viaje de negocios a Santafé de Bogotá y está dándole un informe a su socio sobre el viaje. Complete las siguientes oraciones con el pretérito o el imperfecto de uno de los verbos de la lista.

MODELO: *No pude ver al jefe de ventas porque estaba en Buenos Aires.*

conocer   poder   querer   saber

1. _____ al nuevo jefe de personal y me pareció muy simpático.
2. El martes pasado _____ visitar la oficina central, pero no tuve tiempo.
3. No _____ hasta el último momento cuándo íbamos a recibir los últimos catálogos.
4. Yo _____ firmar el contrato pero necesitaba más documentos.
5. Les dije que nosotros _____ ayudarles a encontrar más clientes.

▲▲▲ Los negocios en la prensa ▲▲▲

ANTES DE LEER

Conteste a las siguientes preguntas con dos o tres compañeros(as) de clase. Compartan sus conclusiones con toda la clase.

1. ¿Qué importancia creen Uds. que tenga el mercado hispano para las empresas multinacionales?
2. ¿Cuáles son las opciones que los negocios pequeños tienen para competir con los grandes?
3. En los últimos años los negocios de transporte urgente de mercancías han proliferado. ¿Pueden Uds. nombrar algunas compañías estadounidenses que se dediquen a esta clase de negocios?

ENTRADAS AL TEXTO

1. Lea el título del artículo y especule sobre sus implicaciones.
2. Busque los cognados que son tan abundantes en el vocabulario de los negocios.
3. Si no conoce alguna palabra, trate de adivinarla por el contexto.

En las garras[1] del águila

Federal Express, el coloso americano del transporte urgente de mercancías, concluyó sus negociaciones con Aerpons para comprar la empresa española a principios de 1990. De esta forma, Federal Express siguió los pasos de los otros gigantes del *courier* mundial, como su compatriota United Parcel Service, que llegó a un acuerdo[2] con Servitrans, o la australiana TNT que adquirió el 75 por ciento de Unitransa. La compra de Aerpons permitió a la multinacional estadounidense cumplir su objetivo de alcanzar a corto plazo[3] el 10 por ciento del mercado español de transporte *express* nacional o el 25 por ciento del internacional.

"Otras empresas están comprando cajitas muy bonitas, pero vacías", dijo Christos Cotsakos, vicepresidente para Europa de Federal Express, para quien "desde luego,[4] no se puede estar en Europa sin estar en España".

Aerpons ya funcionaba como agente para España de Federal Express, salvo[5] para las operaciones de importación que afectaban a Madrid y Barcelona, que realizaba la propia compañía americana.

Federal Express se ha situado en el primer puesto del correo urgente, con una facturación[6] de 900.000 millones de pesetas, tras la compra de Tiger Internacional por unos 9.600 millones de pesetas, una de las 15 o 20 empresas que ha adquirido en los últimos años. Al frente de la filial[7] española está José Luis Garcés. ●

Actualidad Económica (España)

---

1 *claws* 2 **llegó...** *reached an agreement* 3 **a...** *in the short term* 4 **desde...** *of course* 5 *except* 6 *billing* 7 *subsidiary*

Después de leer

A. Conteste a las siguientes preguntas según lo que ha leído.

1. ¿Qué compró Federal Express, y dónde?
2. ¿Cuál es la intención de la compañía?
3. Según Christos Cotsakos, ¿por qué es tan importante para Federal Express la inversión en España?
4. ¿Qué puesto ocupa Federal Express entre los negocios del correo urgente?
5. ¿Cuántas empresas ha adquirido en los últimos años?

B. Escoja el mejor sinónimo para cada una de las palabras en negrita.

1. La compañía de transporte United Parcel Service se especializa en el transporte **urgente.**
   a. rápido   b. diario   c. directo

2. Federal Express es un **coloso** entre las empresas multinacionales estadounidenses.
   a. monstruo   b. gigante   c. monumento

3. La **empresa** española Aerpons se dedica a los negocios de transporte.
   a. compañía   b. industria   c. entidad

4. Federal Express **adquirió** una empresa competidora.
   a. amplió   b. compró   c. consolidó

5. El director **realizaba** un trabajo excelente.
   a. hacía   b. pasaba   c. daba

6. Francisco Molina **estaba al frente** de la filial de Buenos Aires.
   a. preparaba   b. construía   c. dirigía

C. Lea el artículo otra vez y resúmalo por escrito en sus propias palabras.

INTERPRETANDO LA PUBLICIDAD

Basándose en el siguiente anuncio, representen con un(a) compañero(a) de clase los papeles de dos socios(as) que quieren comprar un fax para su nueva oficina en Madrid. Hablen de las ventajas y desventajas del modelo anunciado, teniendo en cuenta los siguientes factores.

▼ Llaman frecuentemente a sus veinticinco clientes más importantes. Se comunican principalmente por fax con otros veinte clientes.

▼ Saben que el IVA (*value-added tax*) generalmente eleva el precio anunciado de los productos.

▼ Ya tienen una línea telefónica en la oficina, pero para poner otra tendrían que esperar un mes.

▼ Uds. han hablado de comprar un fax en los Estados Unidos, pero no saben si sería compatible con el sistema telefónico español.

ALIMENTADOR HOJAS SUELTAS.
Sólo tendrá que colocar las hojas y el fax las irá transmitiendo una por una.

CONTESTADOR.
Graba hasta una hora de mensajes en un microcassette. Puede ser accionado y escuchado por control remoto.

CORTADORA DE PAPEL.
Cada hoja de papel es cortada y colocada según su orden de llegada. Así se evitan esos largos rollos que cuelgan de otros fax.

FX 6000 AT Disfrute de la comunicación total con un sólo aparato, el nuevo fax FX 6000 AT, de Amstrad.
El FX 6000 AT incorpora fax, teléfono, contestador automático con control remoto y función de fotocopiadora. Entre otras ventajas, cuenta con discriminador de llamadas. Así, sabe automáticamente cuando la llamada procede de otro fax o de otro teléfono. Equipado con memoria para 30 números telefónicos y otros 30 de fax, está homologado por el Ministerio de Transportes, Turismo y Comunicaciones y el Ministerio de Industria para su perfecto uso en la Red Telefónica Española. Todo, por un precio que le dejará sorprendido: 99.900 ptas., IVA incluido. Por ese dinero puede dejar de ir a la oficina.

99.900
PTAS. IVA INCLUIDO

Amstrad

Por escrito
▼▼▼▼▼▼▼▼▼▼▼▼▼

Introducción a la correspondencia comercial

La correspondencia comercial puede ser la clave para las buenas relaciones o la causa de numerosos malentendidos (*misunderstandings*). En los países de habla hispana la correspondencia de los negocios se distingue por una gran atención a los títulos y a las expresiones de cortesía, y suele ser más formal y florida que en los Estados Unidos. En las cartas se mantienen las normas de estilo identificadas en la siguiente carta modelo.

**Línea Dorada, S.A.**
Avenida Insurgentes No. 460
15900 México, D.F.

└── membrete

destinatario

Ciudad de México, 20 de agosto de 19__

ciudad de origen
y fecha

Sr. Manuel Sandoval Jiménez
Director de Compras
Almacenes La Epoca, S.A.
Rafael Landívar No. 510
Guatemala, Guatemala, C.A.[1]

Muy señor mío: ──── salutación

Le agradezco mucho la oportunidad de discutir con Ud.
personalmente los detalles de la compraventa. Me permito
dirigirle esta carta para recordarle que tan pronto como
los documentos estén listos, podremos finalizar los
trámites de la misma. Le reitero nuestro aprecio por su
colaboración.
──── cuerpo

Aprovecho la ocasión para saludarles muy atentamente, ──── despedida

LINEA DORADA, S.A. ──── antefirma

──── firma

Alfonso Corona Alarcón
GERENTE

ACA/mta ──── iniciales

Anexo: Catálogo ──── anexo/adjunto

c.c.: S. Johnson ──── con copia

1 Centroamérica

Títulos académicos y profesionales

Arquitecto(a) (Arq.)
Director(a)
Doctor(a) (Dr., Dra.)
Don (D.), Doña (Dª)
Ingeniero (Ing.)[1]
Licenciado(a) (Lic.)

El título de Licenciado(a) se usa en México y Centroamérica para los abogados. En otros países latinoamericanos, el título para los abogados es Doctor(a). En España, Don y Doña se usan en la correspondencia como título general para graduados universitarios y como señal de respeto para las personas mayores.

Salutaciones

Distinguido(a) señor(a)
Muy señor(a) mío(a)
Muy señores míos
Estimado(a) señor(a)

Despedidas

En espera de su pronta contestación, quedo de usted...	*In the hope of a prompt response, I remain . . .*
Quedamos de ustedes atentamente...	*We remain sincerely yours . . .*
Le (Les) agradezco por anticipado...	*Thanking you in advance . . .*
Aprovecho la ocasión para saludarles muy atentamente...	*I take this occasion to send my most sincere greeting . . .*
Atentamente...	*Sincerely . . .*

La carta de pedido (*purchase order*)

La carta de pedido sirve para que una empresa haga un encargo de compra. Generalmente comienza con una introducción en la que se mencionan las condiciones de compra y venta que constituyen el contrato entre las dos compañías. A continuación se detallan el método de transporte, fecha de la entrega (*delivery*), términos y forma de pago y especificaciones sobre el producto. Véase el modelo de la siguiente página.

---

[1]En este caso se usa **la ingeniera** como la forma femenina.

ALMACENES LA EPOCA, S.A.
Rafael Landívar No. 510
Guatemala, Guatemala, C.A.

Guatemala, 15 de septiembre de 19_

Sr. Felipe Huerta Ibarra
Jefe de Ventas
Línea Dorada, S.A.
Avda. Insurgentes No. 460
15900 México, D.F.

Estimado Sr. Huerta:

Con referencia al catálogo que nos enviaron Uds. con fecha 20 de agosto del corriente año, le ruego me envíe los siguientes artículos:

· 5 cajas de palos de golf, marca "Ariel", modelo 2bc
· 3 cajas de raquetas de tenis, marca "Campeón", modelo xh3
· 5 cajas de balones de fútbol, marca "Saeta", modelo YNP

Le agradeceré que envíe la mercancía por correo aéreo certificado y que cargue los costos a mi cuenta.

En espera de recibir el pedido a la mayor brevedad posible, quedo de Ud. atentamente,

LA EPOCA, S.A.

Manuel Sandoval Jiménez
DIRECTOR DE COMPRAS

Frases útiles

Nos es grato solicitarles...   *We are pleased to request . . .*
Les ruego me (nos) envíen...   *Please send me (us) . . .*

Práctica

Ud. es gerente de la compañía Del Valle, S.A. de Lima, Perú y le escribe una carta de pedido de tres archivos, cuatro escritorios y cuatro sillas a la compañía de muebles de oficina Alfredo Godínez y Sobrinos de la misma ciudad. Escriba una carta de pedido a la compañía incluyendo toda la información necesaria para que la transacción se lleve a cabo (*is carried out*).

▲▲▲ Situaciones ▲▲▲

Lea cada uno de los casos siguientes y piense en lo que dirían los diferentes personajes en cada situación, refiriéndose al *Vocabulario general* en la página 18 cuando sea necesario. Represente las situaciones con sus compañeros de clase.

1. Una compañía de vinos de Santiago de Chile acaba de adquirir un sistema nuevo de computadoras para automatizar totalmente su oficina. Dos empleados(as) le hacen preguntas al (a la) representante sobre las nuevas máquinas, su funcionamiento y sus ventajas. **Términos útiles: banco de datos, diskette, impresora, funcionamiento, teclado, procesador de texto**

2. Un(a) cliente de una editorial de revistas de Madrid, España llama por teléfono para hablar con el (la) jefe(a) del departamento de subscripciones sobre un error en su cuenta. El (La) telefonista de la editorial contesta al teléfono y le comunica con el (la) jefe(a) de subscripciones. **Términos útiles: cuenta, factura, pedido de subscripción, devolución**

3. El (La) jefe(a) de personal de una compañía colombiana de café está presentando al (a la) nuevo(a) director(a) de ventas a varios de los empleados de la empresa. **Términos útiles: estar encargado(a) de..., Les presento a..., supervisar**

Práctica del vocabulario general

A. Empareje las columnas A y B.

A

_____ 1. archivar
_____ 2. detallar
_____ 3. empleado
_____ 4. mantener al corriente
_____ 5. impresora
_____ 6. horario
_____ 7. cuota
_____ 8. teclado

B

a. persona que trabaja
b. cantidad fija de dinero o productos
c. organizar documentos según un sistema
d. el conjunto de signos y letras en una computadora o máquina de escribir
e. dar un informe exacto sobre algo
f. lista que especifica lo que va a pasar a diferentes horas del día
g. máquina que pasa la información de una computadora a una hoja de papel
h. informar a alguien sobre lo que está pasando

B. Complete cada oración con la palabra más adecuada.

1. La _____ de mi padre es pequeña; solamente tiene 35 empleados.
   a. carpeta
   b. empresa
   c. impresora
   d. cuota

2. Nos van a _____ los escritorios nuevos la semana próxima.
   a. entregar
   b. funcionar
   c. detallar
   d. llamar

3. Ya mandaron la _____ de las copiadoras que pedimos.
   a. compañía
   b. oficina
   c. socia
   d. factura

4. El _____ firmó la carta.
   a. despacho
   b. teclado
   c. jefe de ventas
   d. domicilio

5. El empleado _____ el pedido rápidamente.
   a. llamó
   b. envió
   c. abrevió
   d. preguntó

6. Los empleados se quedaron hasta más tarde para completar el _____.
   a. inventario
   b. teclado
   c. modelo
   d. salario

C. Escriba oraciones empleando las palabras dadas.

1. información, registrar, hoja de cálculo
2. empleado, funcionamiento, oficina
3. secretario, archivo, poner al corriente
4. abreviar, palabras, carta
5. jefe, borrador, informe
6. tablero de anuncios, anunciar, reunión

D. Traduzca las oraciones siguientes al español.

1. The folder was on the desk.
2. The office has a new address.
3. He bought furniture for his office.
4. We are going to prepare the inventory.
5. The order arrived early.
6. My business partner is in Mexico City.
7. The company had many regulations.

Vocabulario general

SUSTANTIVOS

el archivo, archivero   file, file cabinet
el banco de datos   data base
el borrador   draft (of a document)
la carpeta   folder
la cuenta   bill; account
la cuota   fee; fixed amount of a product
la devolución   refund
el domicilio   address, residence
el (la) empleado(a)   employee
el escritorio   desk
la factura   invoice
el fax   fax; fax machine
la fotocopiadora   photocopier

el horario   schedule
la impresora   printer
el inventario   inventory
el (la) jefe(a)   boss
el (la) jefe(a) de ventas   sales manager
el módem   modem
la pantalla   screen
el papeleo   paperwork; red tape
el pedido   order
el reglamento   regulation
el tablero de anuncios   bulletin board
el teclado   keyboard
el (la) vendedor(a)   salesperson

VERBOS

abreviar   to shorten; to abridge
archivar   to file
detallar   to describe or list in detail; to itemize
entregar   to deliver
enviar   to send

poner (mantener) al corriente   to update, to keep up-to-date
registrar   to record
supervisar   to supervise

ADJETIVOS

empresarial   (related to) business

laboral   (related to) work

OTRAS PALABRAS Y EXPRESIONES

a la atención de   to the attention of
estar encargado(a) de   to be in charge of
para su aprobación   for your approval

para su firma   for your signature
para su información   for your information

DOS

EL ENTORNO ECONÓMICO

Edificios de oficinas en Santafé de Bogotá, Colombia.

Funciones	Conversando sobre el estado de la economía
	Comparando situaciones económicas
Comercio y cultura	El estado actual de la economía en los países hispanos
Aclaraciones gramaticales	Usos del futuro y del condicional
Por escrito	Carta de acuse de recibo

La sobremesa
▼▼▼▼▼▼▼▼▼▼▼▼▼▼▼▼▼▼▼

Adolfo Ginés y Roberto Prado, gerentes de la compañía Vidrios Internacionales de Guadalajara, México, están almorzando en el restaurante El Tapatío con Gene Moore, ejecutivo de la compañía World Glass, Inc. Moore ha venido a Guadalajara con el objeto de iniciar conversaciones sobre una posible alianza entre las dos compañías.

Sr. Prado —¿Es ésta su primera visita a Guadalajara?

Sr. Moore —Estuve aquí hace cinco años, pero veo que todo está muy cambiado. Ya en el viaje desde el aeropuerto vi que hay construcciones nuevas por todas partes.

Sr. Ginés —Sí, en los últimos años la economía ha crecido mucho y se ha controlado la inflación, lo cual ha estimulado la expansión de muchos sectores.

Sr. Prado —Creo que la privatización de los bancos y las facilidades de inversión han ayudado considerablemente a este crecimiento. Estoy seguro que con la aprobación del Tratado de Libre Comercio el país se recuperará aún más.

Sr. Moore —Por eso nosotros hemos elegido este momento para hablar de la posibilidad de una alianza con Uds. Las posibilidades para la fabricación de vidrio son excelentes en este momento aquí.

Sr. Prado —Efectivamente, a mí me parece que éste es un buen momento, no sólo para México sino para la América Latina en general. Por ejemplo, estoy seguro que la reciente privatización de empresas en la Argentina contribuirá al aumento de la inversión extranjera y al fin de la recesión en ese país.

Sr. Moore —Sí, pero desafortunadamente, hay otros países en los que la inestabilidad política está impidiendo el progreso económico.

Sr. Ginés —Estoy de acuerdo. No hay duda que la estabilidad política es un factor importante para una economía saludable. Pero también una mejor explotación de las materias primas ayudaría a la disminución de la deuda pública de muchos países latinoamericanos.

Sr. Moore —Hay varios factores críticos, eso es cierto... Oigan, ¿a qué hora nos esperan en su oficina?

Sr. Prado —Esta tarde... No se preocupe, que todavía hay tiempo para tomar el café en otro sitio, si quiere, y platicar un poco más.

Sr. Moore —Ah, sí, la hora del almuerzo es sagrada aquí, ¿verdad?

Sr. Ginés —Por desgracia, ya no tanto como antes... pero hoy, sí.

Vocabulario en contexto

SUSTANTIVOS

la alianza, la empresa en participación   joint venture
el aumento   increase
el crecimiento   growth
la deuda pública   national debt
la explotación   exploitation
la fabricación   manufacture, manufacturing
las facilidades   opportunities, facilities

la inestabilidad   instability
la inflación   inflation
la inversión   investment
las materias primas   raw materials
la privatización   privatization
la recesión   recession
el sector   sector, area
el vidrio   glass

VERBOS

contribuir   to contribute
estimular   to stimulate
impedir   to impede, to prevent

platicar   to talk, to chat (*Mexico and Central America*)
preocuparse   to worry
recuperarse   to recover

ADJETIVOS

extranjero(a)   foreign

saludable   healthy

OTRAS PALABRAS Y EXPRESIONES

el Tratado de Libre Comercio de América del Norte (TLC)   North American Free Trade Agreement (NAFTA)

por desgracia   unfortunately

Práctica

A. Conteste a las siguientes preguntas.

1. ¿A qué compañía representan los Sres. Ginés y Prado?
2. ¿Por qué visita Gene Moore Guadalajara?
3. ¿Qué cambios ha notado en la ciudad desde su última visita?
4. ¿Cuáles son dos de las causas del progreso económico de México que se mencionan?
5. ¿Cuál es un factor mencionado como impedimento al progreso económico?
6. ¿Es optimista o pesimista el Sr. Prado en cuanto al futuro de la América Latina? ¿Por qué?
7. ¿Está de acuerdo con él el Sr. Moore? Explique.
8. ¿Qué sugiere el Sr. Prado que hagan antes de ir a la oficina?

B. Complete cada oración con la palabra más adecuada.

1. A los recursos naturales de un país se les llaman también _____.
2. Para tener una economía _____ es necesario controlar la inflación.
3. Algunos gobiernos latinoamericanos están a favor de la _____ de las empresas públicas.
4. Para tener un mejor acceso al mercado global, muchas empresas estadounidenses y mexicanas están formando _____.
5. Hay muchas construcciones nuevas en la ciudad; se está pasando por un momento de gran _____.
6. La _____ política contribuye a los problemas económicos de algunos países.
7. Un aumento de actividad económica es necesario para poner fin a la _____.
8. Para aumentar el crecimiento económico, algunos países de Latinoamérica les están dando _____ de inversión a países extranjeros.

C. Basándose en el anuncio de la página 24, representen con un(a) compañero(a) de clase los papeles de dos organizadores(as) de una exposición interamericana para promover la integración comercial entre los países de Latinoamérica. Han pasado dos semanas desde que apareció el siguiente anuncio sobre la exposición, y ahora quieren llamar personalmente a posibles expositores. Decidan a quiénes van a llamar y qué argumentos pueden ofrecer sobre la importancia de participar en la exposición.

1990 - 2000
Década de la Integración Latinoamericana.

Y sólo un sistema financiero regionalmente integrado la hará posible. Porque este sector es la piedra angular del desarrollo económico en cada una de los países del Continente.

¡Adelántese a la década! ¡Reserve ya su stand y marche al ritmo de los nuevos tiempos!

▲▲▲ Comercio y cultura ▲▲▲

PREPARACION

¿Está Ud. de acuerdo con las siguientes afirmaciones? Justifique sus respuestas.

1. Una economía diversificada permite más flexibilidad para comerciar.
2. Las empresas privadas son más eficientes que las empresas públicas.
3. Los países hispanos deben adoptar las prácticas comerciales de los países que tienen economías más fuertes.

Participantes de la Conferencia de Líderes Iberoamericanos en Sevilla, España.

EL ESTADO ACTUAL DE LA ECONOMIA EN LOS PAISES HISPANOS

Aunque sería injusto hacer afirmaciones absolutas refiriéndose a todos los países hispanos en bloque, sí es posible afirmar que las últimas décadas les han traído a la mayoría de ellos grandes cambios económicos provocados por la realidad política de cada país y sus relaciones con el mundo exterior. Estos cambios se ven no sólo en los indicadores cuantitativos de actividad económica, sino también en la vida diaria, sobre todo en las grandes ciudades.

Uno de los cambios más prevalentes en los países hispanos ha sido la transformación de una economía basada casi exclusivamente en la explotación de la agricultura a una economía más diversificada en la que la industria adquiere una mayor importancia. Los países que más han adelantado en este aspecto son aquéllos que tienen materias primas con demanda en el mercado mundial. Este es el caso de México y Venezuela, por ejemplo, que figuran entre los países productores de petróleo más importantes del mundo. Las economías de ambas naciones se han beneficiado del desarrollo de una serie de industrias derivadas de este producto.

En cumbres (*summits*) económicas celebradas con la participación de los países latinoamericanos y España se debate cómo competir mejor en el mercado global, cómo pueden cooperar los países hispanos a beneficio de todos y cuáles son los intereses particulares de diferentes países. Algunas medidas que varios países hispanos han adoptado para integrarse a la economía global han sido la privatización de empresas públicas, la apertura de sus mercados a la inversión extranjera y la unión económica a través de tratados de libre comercio entre países vecinos.

La migración a las grandes ciudades industrializadas y la entrada en el mercado global han afectado algunas prácticas relacionadas con el trabajo, como el horario laboral. Aunque muchas compañías hispanas todavía mantienen como norma el almuerzo de dos o tres horas, en la actualidad muchos negocios, sobre todo las empresas multinacionales, permanecen abiertos a la hora del almuerzo para darles más facilidades a sus clientes. Además muchos empleados viven lejos del trabajo, circunstancia que no les permite volver a casa al mediodía a comer con la familia, como es la costumbre tradicional.

Actividades

A. Diga si la siguientes oraciones son ciertas o falsas, según lo que ha leído. Si son falsas, explique por qué.

1. La economía de todos los países hispanos en la actualidad está basada en la agricultura.
2. México y Venezuela tienen mucho petróleo.
3. En años recientes muchos países hispanos han nacionalizado empresas públicas.
4. Muchos países hispanos se están adaptando a la economía global.
5. Los países hispanos no quieren unirse económicamente.
6. Hoy en día, todos los negocios en los países hispanos permanecen abiertos a la hora del almuerzo.
7. La tradición hispana es comer con la familia al mediodía.

B. Compare las siguientes prácticas económicas en los países hispanos y en los Estados Unidos, según sus propios conocimientos.

1. el horario de trabajo
2. el cambio de prácticas laborales tradicionales
3. la tendencia a la privatización

C. Lea el siguiente caso. Después, especule con un(a) compañero(a) sobre el punto de vista de los personajes. ¿Cómo explican Uds. sus acciones? ¿Qué harían Uds. en esta situación?

Justin O'Connor, vicepresidente de una compañía que fabrica piezas (*parts*) para aviones, está en el despacho de Juan Ortiz, vicepresidente de una compañía venezolana, para firmar un contrato. Es la una de la tarde y el Sr. Ortiz expresa el deseo de continuar la conversación a las cuatro de la tarde, después del almuerzo. Justin O'Connor se impacienta.

▲▲▲ Aclaraciones gramaticales ▲▲▲

Usos del futuro y del condicional

The Future

The future is expressed in Spanish in three different ways:

▼ The equivalent of the English *going to* (*do something*) is formed with the verb **ir** + **a** + *infinitive*. This construction is often used to describe plans for the future.

El país **va a privatizar** los bancos.	*The country is going to privatize the banks.*

▼ The future tense expresses *will* or *shall,* and is the construction most frequently used to describe events or conditions in the distant future. The future tense of regular verbs is formed by adding the following endings to the infinitive.[1]

yo	-é	nosotros(as)	**-emos**
tú	-ás	vosotros(as)	**-éis**
él, ella, Ud.	-á	ellos, ellas, Uds.	**-án**

Las cosas **serán** mejores el año que viene.	*Things will be better next year.*

▼ In informal speech, the future is often expressed by the present indicative tense.

Nos vemos mañana en la reunión.	*See you tomorrow at the meeting.*

In many instances, the three forms may be used interchangeably.

Los **vamos a recoger**		
Los **recogeremos**	dentro de dos horas.	*We will pick them up in two hours.*
Los **recogemos**		

---

[1] For the conjugations of verbs that are irregular in the future, see Appendix C.

The Conditional

The Spanish conditional tense, which describes hypothetical situations set in the past, corresponds to the English *would* or *should*. The conditional of regular verbs is formed by adding the following endings to the infinitive.[1]

yo	-ía	nosotros(as)	**-íamos**
tú	-ías	vosotros(as)	**-íais**
él, ella, Ud.	-ía	ellos, ellas, Uds.	-ían

Esteban dijo que **hablaría** del asunto con sus socios.	*Esteban said that he would discuss the matter with his partners.*

The conditional expresses the "future of the past," that is, an event anticipated to occur after another event in the past. The conditional is normally associated with the past tense, just as the future tense is associated with the present.

Pensábamos que nos **vendría** a recoger.	*We thought that he would come to pick us up.*
El Sr. Martí cree que **podremos** competir mejor en nuevos mercados.	*Mr. Martí thinks that we will be able to compete better in new markets.*

Expressing Conjecture and Probability

The future tense can be used to express conjecture (*I wonder . . .*) and probability in the present tense.

¿Quién **será**?	*I wonder who it is?*
Será Pedro.	*It's probably Pedro.*

The conditional expresses conjecture and probability in the past.

¿Quién **sería**?	*I wonder who it was?*
Sería la Srta. Rodríguez.	*It was probably Miss Rodríguez.*

Práctica

A. Complete las oraciones con el futuro o el condicional de los verbos entre paréntesis, según el contexto.

1. El representante venezolano cree que las negociaciones _____ (tener) éxito.

---

[1]For the conjugations of verbs that are irregular in the conditional, see Appendix C.

2. La directora no vino a la reunión ayer. ¿Dónde _____ (estar)?
3. Federico Márquez dijo que la economía _____ (poder) mejorarse.
4. El presidente asegura que _____ (haber) una apertura de mercados.
5. Alguien llegó tarde a la junta. ¿Quién _____ (ser)?
6. El gobierno piensa que otros países _____ (querer) unirse al tratado.
7. Los ejecutivos opinaron que la empresa _____ (necesitar) más fondos.
8. Los documentos ya estaban en la carpeta. ¿Quién los _____ (poner) allí?

B. Haga seis predicciones de cómo cambiará el panorama económico en el próximo año. Use un sujeto y un verbo diferente para cada predicción.

MODELO: la economía / mejorar
La economía de México mejorará.

las empresas	abrir
los países hispanos	dar
la inversión extranjera	facilitar
los mercados	producir
los gobiernos	unirse

C. Diga qué haría Ud. en las siguientes situaciones, usando los verbos de la lista.

MODELO: Ud. lleva media hora esperando a un cliente y todavía no ha aparecido. (llamar)
Lo llamaría por teléfono.

abrir	hablar
aumentar	pedir
consultar	reducir
crear	

1. Su compañía necesita ayuda económica urgentemente.
2. Otra compañía quiere unirse con la suya.
3. Hace dos años que su empresa opera con pérdidas.
4. Ud. no está contento(a) del trabajo de uno de sus abogados.
5. El bienestar económico de su compañía está amenazado por un competidor nuevo.
6. Su empresa necesita una oficina más grande.
7. Su empresa no tiene suficientes empleados.

▲▲▲ Los negocios en la prensa ▲▲▲

ANTES DE LEER

Conteste a las siguientes preguntas con dos o tres compañeros(as) de clase. Compartan sus conclusiones con toda la clase.

1. ¿Siempre estarán en desventaja los países débiles en una economía global?
2. ¿Es realista la idea de sincronizar la producción y otras gestiones económicas de varios países?
3. ¿Cuáles son algunos resultados del comercio libre?

ENTRADAS AL TEXTO

Basándose en los gráficos de la página 31, trate de adivinar cuál va a ser el enfoque (*focus*) de la lectura.

Entorno[1] económico de los 90

El mundo actual se encuentra atravesando[2] por un activo proceso de reformas económicas, que en esencia se caracteriza por la apertura[3] de las economías y la globalización de las actividades productivas y del comercio.

La globalización de la producción entre distintas regiones y países permite adquirir o complementar economías de escala[4] y tener acceso a productos, procesos, partes y componentes, con ventaja. De esta manera es posible combinar la tecnología más avanzada con precios competitivos de mano de obra,[5] materia prima y bajos costos de capital (Figura 1), de tal suerte[6] que la planificación de la producción de las empresas en los distintos países involucra[7] la consideración de numerosos factores que trascienden los límites de los mercados nacionales. No sólo se produce cada vez más para mercados foráneos,[8] sino que los mismos procesos productivos tienden a convertirse en un simple eslabón[9] de una gran cadena[10] productiva a escala mundial.[11]

Como resultado de la integración de los procesos productivos, así como de los avances en los sistemas de comunicación, ha sido posible organizar canales comunes de comercialización, de manera que existe una proliferación de convenios y tratados multilaterales que tienden a establecer condiciones homogéneas para el comercio mundial total. Esto causa que los sistemas de precios, fletes[12] y seguros tiendan a estandarizarse alrededor del mundo (Figura 2).

El surgimiento[13] de bloques comerciales, la incorporación de nuevos participantes en el comercio internacional y una creciente[14] competencia en los mercados, tanto de exportación como de recursos de inversión,[15] requiere una respuesta acelerada de México y de los países en desarrollo.[16] ●

Finanzas (México)

---

1 *environment* 2 **se...** *is going through* 3 *opening* 4 **economías...** *economies of scale* 5 **mano...** *labor* 6 **de...** *in such a way* 7 *involves* 8 *foreign* 9 *link* 10 *chain* 11 **a...** *worldwide* 12 *freight charges* 13 *rise* 14 *growing* 15 **recursos...** *investment resources* 16 **los...** *developing countries*

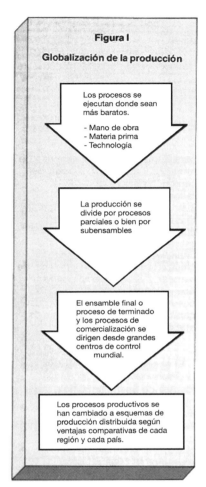

Figura I

Globalización de la producción

Los procesos se ejecutan donde sean más baratos.

- Mano de obra
- Materia prima
- Technología

La producción se divide por procesos parciales o bien por subensambles

El ensamble final o proceso de terminado y los procesos de comercialización se dirigen desde grandes centros de control mundial.

Los procesos productivos se han cambiado a esquemas de producción distribuida según ventajas comparativas de cada región y cada país.

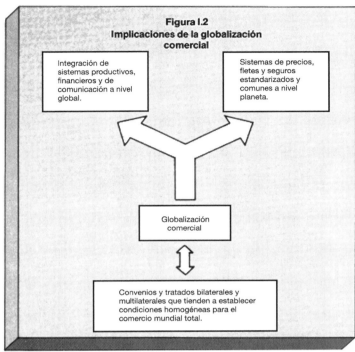

Figura I.2

Implicaciones de la globalización comercial

Integración de sistemas productivos, financieros y de comunicación a nivel global.

Sistemas de precios, fletes y seguros estandarizados y comunes a nivel planeta.

Globalización comercial

Convenios y tratados bilaterales y multilaterales que tienden a establecer condiciones homogéneas para el comercio mundial total.

Después de leer

A. Conteste a las siguientes preguntas según lo que ha leído.

1. ¿Cuál es el aspecto predominante de las reformas económicas que se ven en el mundo actual?
2. ¿Cuáles serán algunos resultados de la globalización de la producción?
3. ¿Cómo cambian los procesos productivos de un país en un mercado global?
4. ¿Qué tienden a establecer los convenios y tratados multilaterales?
5. ¿Cuáles son algunos aspectos del mercado global que les debe llamar la atención a México y a los países en desarrollo?

B. Explique el significado de los siguientes términos en sus propias palabras.

1. globalización de mercados
2. apertura de economías
3. precios competitivos
4. integración de procesos productivos
5. tratados multilaterales
6. bloques comerciales

C. Lea el artículo otra vez y resúmalo por escrito en sus propias palabras.

INTERPRETANDO LA PUBLICIDAD

A. Lea el anuncio de la página 33 y discuta con un(a) compañero(a) de clase las siguientes preguntas: De todos los beneficios que ofrece el Centro Mundial de Comercio en San Antonio, ¿cuáles serían los que la mayoría de los empresarios internacionales usaría más? ¿Cuáles son menos importantes? ¿Por qué?

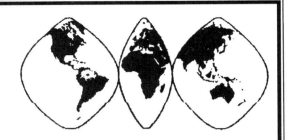

Por escrito
▼▼▼▼▼▼▼▼▼▼▼▼▼▼

Carta de acuse de recibo (*acknowledgment*)

Vidrios Internacionales
Avenida López Mateos 1701
45030 Guadalajara,
Jalisco, México

Guadalajara, 15 de septiembre de 19_

Sr. Eugene Moore
World Glass, Inc.
2476 Skillman Street
Dallas, Texas 75243
U.S.A.

Muy estimado Sr. Moore:

Acusamos recibo de su atenta carta fechada el 7 de este mes, con la que nos adjuntaba los documentos relacionados con las condiciones generales para la alianza entre nuestras dos compañías.

Tan pronto como nuestro departamento legal los examine, nos comunicaremos con ustedes para informarles de nuestra reacción.

Le agradecemos su pronta atención por enviarnos estos documentos que habíamos solicitado.

Le saluda muy atentamente,

VIDRIOS INTERNACIONALES

Adolfo Ginés Heredia
GERENTE

AGH/mlr

La carta de acuse de recibo se envía para indicar que se han recibido documentos, mercancía o cualquier comunicación escrita. Generalmente consiste en tres partes: la confirmación del recibo, con una descripción breve de su contenido; una descripción de lo que el destinatario va a hacer con respecto al asunto en cuestión; y el agradecimiento y despedida. Véase el modelo de la página 34.

Frases útiles

Acuso (Acusamos) recibo de...	*I (We) acknowledge receipt of...*
Les aseguramos que...	*We assure you that...*
tan pronto como	*as soon as*
Le agradecemos su...	*We thank you for your...*

Práctica

Ud. trabaja en la compañía mexicana Cerámicas de Michoacán, S.A., que acaba de recibir un pedido para sus cerámicas típicas de la tienda de artesanías Tesoros del Mundo en Ciudad de México. Escríbale una carta de acuse de recibo a la Sra. Moreno, dueña de la tienda, explicándole cómo se procederá al envío de la remesa (*shipment*).

▲▲▲ Situaciones ▲▲▲

Lea cada uno de los casos siguientes y piense en lo que dirían los diferentes personajes en cada situación, refiriéndose al *Vocabulario general* en las páginas 37 y 38 cuando sea necesario. Represente las situaciones con sus compañeros de clase.

1. Un(a) vicepresidente(a) de la compañía multinacional estadounidense All Appliances, Inc. está en Santiago de Chile para explorar las posibilidades de establecer una sucursal en esa ciudad. Por esta razón, se entrevista con dos funcionarios del departamento de desarrollo económico del Ministerio de Comercio para obtener información sobre futuros incentivos para la inversión extranjera, la política de privatización del gobierno y la formación técnica de los trabajadores chilenos. **Términos útiles: la economía de mercado, el desarrollo económico, la mano de obra, la tasa de crecimiento, la subvención**

2. Dos estudiantes norteamericanos(as), participantes en un curso de verano sobre negocios internacionales en la Ciudad de México, entrevistan a

un(a) ejecutivo(a) mexicano(a) que trabaja para una empresa multinacional de productos alimenticios con sede principal (*headquarters*) en Battle Creek, Michigan. A los (las) estudiantes les interesa hablar de cómo las diferencias entre los dos países se reflejan en las prácticas comerciales. **Términos útiles: diversificación, escasez de capital, privatización, apertura de mercados, horario laboral**

3. Un(a) economista, que trabaja para el Pacific Bank, está en Caracas, Venezuela para visitar la sucursal chilena de este banco, que quiere ampliar sus servicios de préstamos. La oficina central del banco necesita que el (la) economista investigue la situación económica actual de Venezuela. Como primer contacto, él (ella) se entrevista con dos de los (las) oficiales chilenos(as) del banco. Los (Las) tres van a discutir la relación que hay entre el estado económico del país y el del banco, el impacto del aumento de la construcción en la demanda de préstamos y proyecciones generales para el año próximo. **Términos útiles: avanzar, apoyo, acelerar, estabilidad, estímulo, éxito, ganancia, hipoteca, meta, población**

Práctica del vocabulario general

A. Complete cada oración con la palabra más adecuada.

1. El _____ de los bienes se hizo de una manera justa.
   a. mercado   c. análisis
   b. reparto   d. superávit

2. El gran _____ mundial de petróleo resulta en una gran dependencia de los países productores.
   a. producto   c. crédito
   b. crecimiento   d. consumo

3. Es bueno tener _____ en caso de necesidad.
   a. crédito disponible   c. índice del costo de vida
   b. tasa de crecimiento   d. amortización

4. La _____ es un obstáculo para el buen funcionamiento económico de un negocio.
   a. mercancía   c. escasez de capital
   b. renta   d. absorción

5. Muchos países hispanos están firmando _____.
   a. medidas   c. inversiones
   b. tratados de libre comercio d. exigencias

6. Una _____ exterior grande es un factor negativo para la buena economía de un país.
   a. renta   c. deuda

    b. tasa de crecimiento   d. explotación

7. El _____ de producción algunas veces es un factor positivo para la economía de un país.
   a. abastecimiento   c. consumo
   b. aumento   d. acuerdo

B. ¿Qué asocia Ud. con los siguientes términos?

1. bienes de consumo
2. libre empresa
3. país deudor
4. recursos naturales

C. Explique el significado de los siguientes términos.

1. amortizar
2. absorción
3. superávit
4. deuda
5. análisis de costo
6. diversificación

D. Complete las siguientes frases de una manera lógica.

1. El <u>desarrollo económico</u> de un país depende de...
2. La excesiva explotación de ciertas <u>materias primas</u> puede causar...
3. Es necesario pagar <u>impuestos sobre la renta</u> para...
4. El cambio a <u>economías de mercado</u> puede mejorar la situación económica de la América Latina porque...
5. Es difícil encontrar <u>mano de obra</u> apropiada para industrias de alta tecnología porque...
6. Una <u>economía de libre empresa</u> permite...
7. Actualmente hay un <u>aumento</u> de inversiones en México porque...

Vocabulario general

SUSTANTIVOS

el abastecimiento supply
la absorción takeover
el acuerdo, el convenio, el tratado agreement
la alianza estratégica strategic alliance
el análisis de costo cost analysis
el aumento, el alza increase

el consumo consumption
el crédito disponible available credit
el desarrollo económico economic development
la deuda debt
la disminución decrease
la diversificación diversification

la balanza de pagos   balance of payments
los bienes de consumo   consumer goods

el empréstito, el préstamo   loan
la escasez de capital   capital shortage
las exigencias   demands
el (la) funcionario(a)   government employee;
   functionary
el impuesto sobre la renta   income tax
el índice del costo de vida   cost-of-living
   index
los ingresos, la renta   income
la libre empresa   free enterprise
la mano de obra   labor
las medidas   measures

la economía de mercado   free-market
   economy

el mercado nacional   national market
la mercancía   commodity
el país deudor   debtor country
el producto nacional bruto (PNB)   gross
   national product (GNP)
los recursos naturales   natural resources
el reparto   distribution
la subvención   subsidy
el superávit   surplus
la tasa de crecimiento   growth rate
el tratado de libre comercio   free trade
   agreement

VERBOS

adelantarse   to get ahead
amortizar   to pay off
firmar   to sign

mejorar   to improve
revaluar, revalorizar   to revalue
unirse   to join with, to merge

ADJETIVOS

alimenticio(a)   related to food
capacitado(a)   equipped, capable

financiero(a)   financial
integrado(a)   integrated

▲▲▲ TRES ▲▲▲

LA ADMINISTRACIÓN DE LAS EMPRESAS

Centro de capacitación profesional en Santiago, Chile.

Funciones	Planeando a corto y a largo plazo Estableciendo prioridades
Comercio y cultura	Las tradiciones administrativas
Aclaraciones gramaticales	El participio presente en español y en inglés
Por escrito	Carta circular

La visita de los asesores
▼▼▼▼▼▼▼▼▼▼▼▼▼▼▼▼▼▼▼▼▼▼▼▼▼▼▼▼▼▼▼

Armando del Valle, vicepresidente de La Forestal, S.A., una compañía mediana internacional chilena que produce papel y sus derivados, se reúne en su despacho con Peter Brown y Roberta Pool, dos asesores norteamericanos contratados por La Forestal para ayudar en la reestructuración de la compañía. El señor del Valle y los asesores están conversando sobre la propuesta que estos dos últimos van a presentar al consejo de administración de la empresa para su estudio.

Sr. Brown —Ya estamos dando los últimos toques a la propuesta. Esta semana va a estar terminada y lista para repartir entre todos los miembros del consejo.

Sra. Pool —Hemos dividido la propuesta en dos tipos de estrategias, unas para planes a corto plazo y otras para planes a largo plazo.

Sr. del Valle —¿En sus estrategias a corto plazo, están considerando el despido de empleados?

Sr. Brown —Solamente de una manera limitada. Creemos que para obtener un aumento permanente en los beneficios no es conveniente despedir a muchos empleados. Nuestra experiencia es que esto causa desmoralización, la lealtad a la compañía sufre y el rendimiento disminuye.

Sr. del Valle —A mí, naturalmente no me gustan los despidos pero, de alguna manera, hay que disminuir los gastos.

Sra. Pool —Ud. tiene razón, pero ustedes pueden disminuir gastos eliminando la producción de mercancía que se vende mal o que produce pocos beneficios y concentrándose en los productos que se venden más. De esta manera, es posible disminuir la enorme burocracia que crea la excesiva diversificación.

Sr. Brown —Nosotros pensamos que la excesiva diversificación en la mayoría de los casos no da resultado. Es mejor buscar nuevos mercados y buenos canales de distribución para los productos de gran aceptación.

Sr. del Valle —¿Han considerado un aumento de inversión en su propuesta?

Sra. Pool —Por supuesto, eso es necesario antes de hacer una buena campaña internacional de nuevos mercados.

Sr. Brown —Aumentar la inversión para el desarrollo de nuevos productos también va a ser importante para los planes de investigación de estos productos. Esto es parte de nuestras estrategias a largo plazo.

Sr. del Valle —¿Siguen pensando que nuestra compañía puede tener un buen futuro?

Sr. Brown	—Absolutamente, creemos que las empresas pequeñas y medianas, más ágiles que las grandes, van a tener ventaja en el futuro, especialmente si se eliminan barreras en el mercado internacional.
Sr. del Valle	—Debo decir que estamos ansiosos por estudiar su propuesta y que nos alegramos de tenerlos con nosotros.
Sra. Pool	—Muchas gracias, nosotros también estamos contentos de estar aquí.

Vocabulario en contexto

SUSTANTIVOS

la aceptación acceptance
el (la) asesor(a), el (la) consejero(a) consultant, adviser
la barrera barrier
el beneficio profit
la burocracia bureaucracy
la campaña campaign
el canal channel
el consejo de administración board of directors

los derivados derivative, related product
el despido layoff, firing
la estrategia strategy
el gasto expense
la investigación research
la lealtad loyalty
la propuesta proposal
el rendimiento performance; output
el reparto distribution
la ventaja advantage

VERBOS

despedir to lay off, to fire

disminuir to reduce, to diminish

ADJETIVOS

a corto plazo short-range
a largo plazo long-range

ágil flexible
contratado(a) employed

OTRAS PALABRAS Y EXPRESIONES

dar resultado to function, to work
ser conveniente to be a good idea

los últimos toques the finishing touches

SOPLAN VIENTOS DE APERTURA Y PROGRESO PARA LA INDUSTRIA Y EL COMERCIO

Ahora que el progreso se ha impuesto, pague su impuesto

INDUSTRIA Y COMERCIO

HASTA EL 20 DE AGOSTO LA SEGUNDA CUOTA

FALTAN POCOS DIAS

Práctica

A. Conteste a las siguientes preguntas.

1. ¿Quiénes son Peter Brown y Roberta Pool?
2. ¿A quiénes van a presentar su propuesta?
3. ¿Qué dos tipos de planes tiene la propuesta?
4. ¿Por qué no es bueno despedir a muchos empleados según Brown y Pool?
5. ¿Cómo se pueden eliminar gastos?
6. ¿Es necesario buscar más inversión según los asesores?
7. ¿Qué estrategia es muy importante a largo plazo?
8. ¿Por qué van a tener ventaja las empresas pequeñas y medianas sobre las grandes?

B. Complete cada oración con la palabra más adecuada.

1. Si los empleados de una empresa están contentos, hay más probabilidad de un buen _____.
2. Algunas compañías tienen menos beneficios que _____.
3. Si no hay suficientes empleados la producción _____.
4. Hoy en día una estrategia que emplean muchas empresas para disminuir gastos es _____ a sus empleados.
5. Un país con mucho petróleo tiene una gran _____.
6. Las empresas pierden mucho tiempo si hay mucha _____.
7. México tiene una buena industria de petróleo y sus _____.
8. Para tomar decisiones importantes en una empresa se reúne _____.

C. Basándose en el anuncio de la página 43, representen con un(a) compañero(a) de clase los papeles de un hombre o mujer de negocios de una empresa pequeña que está hablando por teléfono con un(a) asesor(a) de IESC. Los (Las) dos hablan sobre sus metas (*goals*) y posible colaboración.

▲▲▲ Comercio y cultura ▲▲▲

PREPARACION

¿Está Ud. de acuerdo con estas afirmaciones? Justifique sus respuestas.

1. El nepotismo es aceptable en el mundo de los negocios.
2. Siempre es mejor reconocer (*admit*) un error.
3. Delegar responsabilidades es perder poder.

Un pequeño negocio familiar en la Ciudad de México.

LAS TRADICIONES ADMINISTRATIVAS

Muchas prácticas administrativas prevalentes en el mundo hispano reflejan la tradición del pequeño negocio familiar que sigue siendo la norma en muchos países. En estos negocios, el jefe de la compañía, casi siempre un hombre, es el cabeza de familia y los empleados son miembros de la familia o amigos íntimos; por lo tanto, las relaciones son muy personales y el nepotismo se acepta como algo normal.

Naturalmente, en las compañías grandes no es tan frecuente que los miembros de una familia trabajen juntos. Sin embargo, aun cuando las relaciones entre el jefe y los empleados no sean tan personales como en los negocios familiares, se continúan algunas de las mismas prácticas, pues se ve al jefe como una figura patriarcal. Existe una jerarquía bien definida en la que cada uno sabe su lugar. El jefe es el que toma las decisiones y, aunque se deleguen responsabilidades, no se delega el poder. Los desacuerdos entre jefes y subordinados casi nunca se comunican, pues esto iría en contra del sentido hispano de la autoridad. En general, este sistema es preferido no sólo por los jefes sino también por los subordinados, pues disminuye para todos la posibilidad de tener que reconocer errores, algo que frecuentemente se ve como una debilidad de carácter.

La participación en el mercado global, la proliferación de las empresas multinacionales y la ampliación de programas de administración de empresas en las universidades han introducido algunos cambios al estilo tradicional empresarial, sobre todo en los países hispanos más desarrollados económicamente. La delegación de autoridad ya acompaña en algunos casos la delegación de responsabilidad; y aunque no se ha logrado acabar del todo con la tradición de limitar a las mujeres a cargos subalternos (*subordinate positions*) en los negocios, recientemente se ve a la mujer participando más al nivel ejecutivo de las empresas.

Actividades

A. Complete las siguientes oraciones según lo que ha leído.

1. El modelo empresarial más prevalente en muchos países hispanos es...
2. El nepotismo se practica frecuentemente en los países hispanos porque...
3. Algunas prácticas que se mantienen aún en empresas grandes son...

4. Algunos factores que han producido cambios en el sistema empresarial son...

5. El papel de la mujer en el mundo de los negocios...

B. Conteste a las siguientes preguntas según sus propios conocimientos.

1. ¿Qué diferencias hay entre las empresas grandes y las empresas pequeñas en los Estados Unidos?

2. ¿En qué son diferentes las relaciones entre los jefes y los subordinados en las empresas hispanas pequeñas y en las de los Estados Unidos?

3. ¿Cuáles son algunos cambios en prácticas administrativas que se han introducido en los Estados Unidos en años recientes? ¿A qué factores se deben estos cambios?

C. Lea el siguiente caso. Después, especule con un(a) compañero(a) sobre el punto de vista de los personajes. ¿Cómo explican Uds. sus acciones? ¿Qué harían Uds. en esta situación?

Michael Brown está en México, D.F. desde hace seis meses como director ejecutivo de la filial mexicana de la compañía estadounidense Universal Appliances, Inc. En una inspección de uno de los productos ha notado algunos defectos en el acabado (*finish*). Por esta razón, ha llamado a dos técnicos de la planta a una reunión formal para averiguar la causa del problema. Brown se siente muy frustrado porque parece que ninguno de los técnicos quiere dar su opinión sobre el problema.

▲▲▲ Aclaraciones gramaticales ▲▲▲

El participio presente en español y en inglés

In both Spanish and English, the present participle functions as an adverb when it is used independently, without a helping verb. The English construction often requires a preposition (such as *while, by,* or *upon*) in such constructions. In Spanish, no preposition is used.

Ustedes pueden disminuir gastos **eliminando** la producción de algunas mercancías.

You can diminish expenses by eliminating the production of some merchandise.

Spanish does not use the present participle as the subject, as the object of a verb, or after a preposition, as English does. The infinitive is used in those instances.

Es importante aumentar el presupuesto para **investigar** nuevos
productos.

*It is important to increase the budget
for researching new products.*

In Spanish the present participle is most commonly used with a helping verb (such as **estar, seguir,** or **continuar**) to form the progressive tenses.

Ya **estamos dando** los últimos
toques a la propuesta.

*We are already putting the finishing
touches on the proposal.*

Note that object pronouns may precede the conjugated verb or be attached to the end of the present participle.

Práctica

A. Traduzca las oraciones al español. Tenga en cuenta que en algunos casos el orden de las cláusulas varía del inglés al español.

1. Talking to the board of directors is a good idea.
2. By meeting with the advisers, we will obtain some answers.
3. After seeing the proposal, we can decide what to do.
4. I prefer giving priority to the contract with Mr. Solís.
5. Performance will not be improved by laying off more employees.
6. I noticed the problem while examining the merchandise.
7. Looking for more investment opportunities will help the company.
8. We will not resolve this situation without making some sacrifices.

B. Complete las oraciones usando el participio presente de los verbos de la lista u otros de su elección.

MODELO: Se gana experiencia...
Se gana experiencia viajando mucho.

| aprovechar | disminuir | investigar | trabajar |
| despedir | hablar | reducir | vender |

1. No se consiguen beneficios...
2. Se crean enemigos...

3. Se aumentan las ventas...
4. Se llega a una posición importante...
5. Se disminuyen los gastos...
6. Se pierden oportunidades...
7. Se corren riesgos...
8. Se consigue un mayor rendimiento...

C. A su jefe le gusta saber lo que hacen sus empleados en todo momento. Conteste a sus preguntas usando tiempos progresivos y el verbo **estar** o **seguir** como auxiliar.

MODELO: —¿Qué hace María?
           —*Está usando la computadora.*

1. ¿Qué hace Pedro?
2. ¿Qué hacía Teresa cuando llamé por teléfono?
3. ¿Qué hará Alonso en este momento?
4. ¿Qué haría Francisco en el despacho del Sr. Jiménez?
5. ¿Qué le preguntaba Pedro a Juanita hace un momento?
6. ¿Qué preparaba Alonso esta mañana?
7. ¿Con quién habla Paloma?
8. ¿A quién entrevista Pedro ahora?

▲▲▲ Los negocios en la prensa ▲▲▲

ANTES DE LEER

Conteste a las siguientes preguntas con dos o tres compañeros(as) de clase. Compartan sus conclusiones con toda la clase.

1. ¿Cuáles son dos o tres cosas importantes que una empresa debe tener o usar para funcionar bien?
2. ¿Cree que las empresas privadas deberían contar con la ayuda del gobierno? ¿Por qué o por qué no? ¿Qué tipos de ayuda les ofrece este país a las empresas?
3. ¿Puede Ud. nombrar alguna asociación de empresarios? ¿Para qué sirve este tipo de organización?

ENTRADAS AL TEXTO

Lea el título y la primera oración del artículo. Basándose en estos, haga una lista de algunas palabras que Ud. espera encontrar en el artículo.

El Grupo Futura trabaja años adelante

En Costa Rica funcionan unas cincuenta empresas clasificadas por el Ministerio de Ciencia y Tecnología como de punta en dicha materia.[1] Se trata de compañías que incorporaron la tecnología como una de sus características fundamentales para la producción. Se habla de que son capaces de diseñar sus productos con las últimas técnicas en la materia y de resolver por sí solas[2] o con poca ayuda los problemas que enfrenten.[3] Los empresarios que están en esa línea, se han reunido para conformar Grupo Futura y promover[4] toda una revolución industrial en Costa Rica.

''Al principio estamos trabajando más como grupo informal que como grupo organizado. Hemos promovido una serie de reuniones para conocernos y buscar objetivos y metas[5] comunes para tomar luego el camino de la organización'', manifestó el coordinador y gran promotor de esta iniciativa, el empresario Carlos Martín Alcalá.

Al hablar de estas nuevas compañías costarricenses, se debe aclarar que han introducido la administración de la tecnología en sus negocios. Son empresas involucradas[6] en la modernización industrial y para las cuales la reconversión industrial es cosa de todos los días, de todo el tiempo. Han llevado a sus escritorios la informática, la computación,[7] para mejorar la calidad y el diseño de sus productos. Este esfuerzo las lleva a coordinar su trabajo con instituciones públicas y centros de investigación. El apoyo[8] recibido por el Ministerio de Ciencia ha sido fundamental pues el Estado costarricense ha estimulado a esta clase de empresarios.

Las proyecciones del Gobierno de la República son las de generar todo un cambio en el uso de ciencia y aplicación de la tecnología en la producción diaria de la nación. El Ministro de Ciencia y Tecnología calcula que partiendo[9] de cincuenta empresas de base tecnológica, en pocos años podrían funcionar unas doscientas cincuenta o trescientas. ●

Exportación (Costa Rica)

---

1 **de...** *advanced in that field*   2 **por...** *by themselves*   3 *they face*   4 *to promote*   5 *goals*   6 *involved*   7 *computer science*   8 *support*   9 *starting from*

Después de leer

A. Conteste a las siguientes preguntas según lo que ha leído.

1. ¿Qué es el Grupo Futura?
2. ¿De qué manera han mejorado sus productos las empresas del grupo?
3. ¿Cómo se formó el grupo?
4. ¿De quiénes han recibido apoyo las empresas del grupo?
5. ¿Cuáles son las proyecciones del gobierno costarricense referentes a la producción diaria de la nación?

B. Explique el significado de las siguientes palabras.

1. promover   3. informática   5. apoyo   7. tecnología
2. meta   4. reconversión   6. proyecciones

C. Lea el artículo otra vez y resúmalo por escrito en sus propias palabras.

INTERPRETANDO LOS GRAFICOS

Conteste a las siguientes preguntas según la información en el gráfico.

1. ¿Cuánto dinero tendría Ud. si cambiara mil quinientos dólares a la moneda de Argentina, Chile, España, México o Venezuela?
2. Si Ud. cobra doscientos dólares al día como asesor(a), ¿cuál sería su remuneración en Colombia, Costa Rica, Ecuador y Perú?
3. ¿Cuál sería su sueldo (salario) actual (su alquiler, su factura de teléfono) en la moneda de Bolivia, Guatemala y la República Dominicana?
4. Si alguien le ofreciera una máquina de fax por 60.000 pesetas, ¿pensaría Ud. que es un buen precio?

EL DOLAR EN EL MUNDO[1]

País	Moneda	Cambio
Argentina	peso	0,99[2]
Bolivia	boliviano	4,67
Colombia	peso	818,73
Costa Rica	colón	156,00
Cuba	peso	1,32
Chile	peso	454,05
Ecuador	sucre	2059,00
España	peseta	132,48
Guatemala	quetzal	5,72
Honduras	lempira	8,57
México	nuevo peso	3,39
Nicaragua	nuevo córdoba	7,22
Panamá	balboa[3]	
Paraguay	guaraní	1793,00
Perú	nuevo sol	2,19
República Dominicana	peso	13,20
Uruguay	peso uruguayo	4,92
Venezuela	bolívar	196,25

[1] Los cambios de moneda extranjera pueden fluctuar diariamente.
[2] Recuerde que la coma se usa en español para indicar el punto decimal del inglés.
[3] La moneda de curso legal es el dólar estadounidense. El balboa tiene, por tanto, el mismo valor que el dólar.

Por escrito
▼▼▼▼▼▼▼▼▼▼▼▼▼▼▼

Carta circular

La carta circular es una comunicación general dirigida a los clientes y a toda persona relacionada con la empresa. En las cartas circulares se comunican convocatorias de reuniones, cambios en los precios de los productos, cambios de domicilio, promoción de productos nuevos e información sobre nuevas filiales o agencias.

El texto se redacta de una manera muy general pero, al mismo tiempo, incluyendo toques personales para que parezca que se escribe especialmente para un destinatario.

La Forestal, S.A.
Avenida Bernardo O'Higgins 310
Santiago, Chile

Santiago, 24 de marzo de 19___

Martínez Packaging Co., Inc.
1340 Hialeah Drive
Hialeah, Florida 33012
Estados Unidos

Muy señores nuestros:

Por la presente tenemos el gusto de comunicarles el cambio de domicilio de nuestra administración, que recientemente se ha trasladado a la Avenida Bernardo O'Higgins, No. 310 en la ciudad de Santiago.

Aprovechamos esta ocasión para saludarlos y ponernos de nuevo a su servicio.

Atentamente,

Armando del Valle
VICEPRESIDENTE

Frases útiles

Tenemos el gusto de comunicarle(s)...	*We are pleased to inform you . . .*
Por la presente les avisamos...	*With this letter we notify you . . .*
Nos es grato ofrecerle(s) los nuevos servicios (productos)...	*We are pleased to offer you new services (products) . . .*
a partir de	*as of*

Práctica

La compañía de conductores eléctricos Versalles, S.A., de San José, Costa Rica, va a participar en una exposición de empresas electrónicas centroamericanas que va a tener lugar en esa ciudad. Escriba una carta circular como gerente de Versalles, S.A., invitando a sus clientes a que visiten la caseta (*booth*) de su empresa en la exposición. Incluya los siguientes datos.

▼ Fecha de la exposición
▼ Lugar de la exposición
▼ Número de la caseta

▲▲▲ Situaciones ▲▲▲

Lea cada uno de los casos siguientes y piense en lo que dirían los diferentes personajes en cada situación, refiriéndose al *Vocabulario general* en la página 53 cuando sea necesario. Represente las situaciones con sus compañeros de clase.

1. El (La) vicepresidente(a) de una empresa de calzado (*footwear*), ubicada en Buenos Aires, Argentina, se reúne con un grupo de asesores para discutir el desarrollo de un nuevo centro de distribución que la compañía va a abrir en San Juan, Puerto Rico. Los (Las) asesores(as) y el (la) vicepresidente(a) hablan sobre el tamaño (*size*) de las instalaciones, tipos de tiendas en que se va a distribuir el producto y tipo de consumidor a que se va a dirigir el producto. **Términos útiles: ampliar, analistas, internacionalización, presupuesto, red, oficina, competencia**

2. Los gerentes de cuatro filiales de la multinacional Cementos Cifuentes, S.A. de México se reúnen para discutir la manera de reducir la excesiva burocratización de la compañía. Se discuten planes a corto y largo plazo. Entre los planes a corto plazo que van a estudiar están la delegación de autoridad a nivel medio y una mayor automatización de las oficinas. A largo plazo se proponen la descentralización de la empresa y la disminución de personal intermediario. **Términos útiles: empleados principales, personal administrativo o de oficina, recortes de costos, ajustes, segmentación, descentralización, pequeños directivos, ampliar**

3. El consejo de administración de la compañía de textiles El Quetzal, S.A. de Guatemala se reúne para discutir las prioridades de la empresa para el año próximo. **Términos útiles: ajustes, departamento de ventas, incorporar, presupuesto, recortes de costo**

Práctica del vocabulario general

A. Empareje las columnas A y B.

A	**B**
_____ 1. director(a)/gerente	a. resumen detallado de gastos e ingresos que se proyectan
_____ 2. junta general	b. persona encargada de los fondos de una empresa
_____ 3. analistas	c. unir
_____ 4. presupuesto	d. ejecutivo(a) de alto mando
_____ 5. tesorero(a)	e. lugar donde se guardan maquinarias y otros artículos
_____ 6. almacén	f. expertos que estudian en detalle los diversos aspectos de una empresa
_____ 7. incorporar	g. reunión de empleados y directivos

B. Complete cada oración con la palabra más apropiada de la lista.

ajustes   desregulación
almacén   emplear
ampliar   segmentación
consejero delegado

1. La junta directiva está presidida por el Sr. López, el _____.
2. El paquete del _____ llegó ayer.
3. En el departamento de ventas van a tener que _____ más vendedores.
4. La empresa tiene tanto éxito que va a _____ sus oficinas.
5. La compañía perdió dinero y ahora tiene que hacer varios _____.
6. Algunas veces una _____ es necesaria para eliminar la burocracia.
7. Se usa la _____ del mercado para estimular nuevas demandas de los consumidores.

C. ¿Qué asocia Ud. con los siguientes términos?

1. red
2. recortes de costos
3. competencia
4. empresarial
5. descentralización
6. gestión

D. Complete las siguientes oraciones de una manera lógica.

1. En una empresa es muy importante tener un buen <u>personal de dirección</u> porque...
2. Generalmente, hay que considerar la opinión de los <u>pequeños directivos</u> para...
3. Vamos a tener una reunión del <u>personal administrativo</u> para...
4. El <u>alto mando</u> de la compañía se reunió urgentemente cuando...
5. Los <u>empleados principales</u> de una empresa se encargan de...
6. La <u>competencia empresarial</u> beneficia a...
7. Van a establecer una <u>sucursal</u> en Caracas para...

Vocabulario general

SUSTANTIVOS

el ajuste   adjustment
el almacén   warehouse
el alto mando   senior management
el (la) analista   analyst
la competencia   competition
el (la) consejero(a) delegado(a) (*España*), **el (la) presidente(a) del consejo de administración** (*América Latina*)   chair(man) of the board
el departamento de ventas   sales department
la descentralización   decentralization
la desregulación   deregulation
el (la) director(a) gerente   managing director
el (la) empleado(a) principal   senior employee
la gerencia, la directiva, la gestión   management
el (la) gestor(a), el (la) jefe(a), el (la) gerente   manager

la internacionalización   internationalization
el (la) jefe(a) de oficina   office manager
la junta directiva   board of directors
la junta general   general board meeting
la pequeña directiva   middle management
el pequeño directivo   middle manager
el personal administrativo (de oficina)   office personnel, support staff
el personal de dirección   executive personnel
el presupuesto   budget
el recorte de costos   cost-cutting measure
la red   network
la segmentación   segmentation
el (la) subdirector(a)   assistant manager, assistant director
la sucursal   branch office
el (la) técnico(a)   technician, specialist
el (la) tesorero(a)   treasurer

VERBOS

ampliar   to expand
convocar una junta (una reunión)   to call a meeting

emplear   to employ
incorporar   to incorporate

ADJETIVOS

administrativo(a)   administrative

CUATRO

EL ESTADO DE LA INDUSTRIA

Obrero industrial en Santa Fe, Chile.

Funciones	Hablando de procedimientos industriales Informándose sobre el panorama laboral
Comercio y cultura	La producción y el manejo de las industrias
Aclaraciones gramaticales	El uso del subjuntivo en cláusulas subordinadas para expresar manera de pensar
Por escrito	Carta de cancelación

La reunión de alto nivel
▼▼▼▼▼▼▼▼▼▼▼▼▼▼▼▼▼▼▼▼▼▼▼▼▼▼▼▼▼▼

Michael Moreno y Martha Collins, altos ejecutivos de la compañía multinacional estadounidense White Enterprises, Inc., están en Caracas, Venezuela, visitando una de las plantas industriales de la compañía PLASTIN (Plásticos Industriales, S.A.), que fabrica plásticos y otros derivados del petróleo. White Enterprises quiere montar un complejo industrial en Venezuela dedicado a la fabricación de plásticos especiales para ingeniería. Las dos compañías están tramitando una empresa colectiva y, por esta razón, los ejecutivos norteamericanos hablan con Humberto Sandoval, presidente de PLASTIN.

Sr. Moreno	—Estamos bastante impresionados con las instalaciones que tienen Uds. aquí.
Sr. Sandoval	—Gracias. Es probable que Uds. hayan reconocido algunas de las máquinas que usamos; la mayoría son importadas de los Estados Unidos.
Sra. Collins	—¿Entrenan Uds. mismos a sus obreros para el manejo o es necesario que técnicos del país de origen vengan a ayudarlos?
Sr. Sandoval	—Bueno, eso depende del tipo de máquina.
Sra. Collins	—De cualquier manera sus trabajadores parecen trabajar bien y estar interesados en lo que hacen.
Sr. Sandoval	—Sí, aquí los tratamos bien.
Sr. Moreno	—¿Qué tipo de beneficios, además del salario, les ofrecen Uds. a sus empleados?
Sr. Sandoval	—Todos nuestros empleados tienen seguro de enfermedad e indemnización por accidente de trabajo.
Sra. Collins	—En ese caso, probablemente no es frecuente que sus empleados abandonen la compañía.
Sr. Sandoval	—En este país, los cambios no son frecuentes; no es raro que un obrero se quede en el mismo empleo hasta jubilarse.
Sr. Moreno	—Me gustaría saber qué porcentaje de sus productos es para el consumo nacional y qué porcentaje para la exportación. ¿Podría decírmelo?
Sr. Sandoval	—Sí, por supuesto. Aproximadamente un 70 por ciento de nuestros productos es para la exportación. Esto nos permite no depender tanto de subsidios del gobierno como otras compañías, aunque a veces necesitamos alguna ayuda para adquirir la tecnología apropiada.
Sra. Collins	—Por lo menos no tienen mucho problema para obtener la materia prima que necesitan. Es una gran ventaja que Venezuela produzca tanto petróleo.
Sr. Sandoval	—Sí, realmente no tenemos problema en ese aspecto. Pero aún así, no podemos huir de la necesidad de colaborar con otras empresas a nivel internacional.

Sr. Moreno —Nosotros tampoco, evidentemente. No creo que queden muchas industrias en los Estados Unidos en las que sus productos sean totalmente nacionales, desde su financiamiento hasta su distribución mundial. Estamos contemplando claramente como, para competir, las industrias en todo el mundo se están internacionalizando. Ya no sólo se busca una mano de obra más económica, sino también la manera de disminuir tarifas y aprovechar hasta el máximo la aportación de otros países a través de sus recursos naturales, medios de producción y especialistas.

Sr. Sandoval —Estoy completamente de acuerdo con Ud.

Sr. Moreno —Creo que esto beneficiará tanto a Uds. como a nosotros. Nos alegramos mucho de estar aquí.

Vocabulario en contexto

SUSTANTIVOS

la aportación contribution
el beneficio benefit
el complejo industrial industrial complex
el consumo nacional domestic consumption
la empresa colectiva (mixta), la alianza joint venture
la indemnización por accidente de trabajo workman's compensation
la ingeniería engineering

la instalación facility, plant
el medio means
el (la) obrero(a) blue-collar worker, laborer
el porcentaje percentage
el seguro de enfermedad, el seguro médico health (medical) insurance
el subsidio subsidy
la tarifa tariff

VERBOS

beneficiar to benefit
entrenar to train
fabricar to manufacture
huir to run away, to escape

jubilarse, retirarse to retire
montar to set up
tramitar to process; to establish

ADJETIVOS

mundial worldwide

raro(a) unusual

OTRAS PALABRAS Y EXPRESIONES

evidentemente clearly, without a doubt

por supuesto, claro que sí of course

Práctica

A. Conteste a las siguientes preguntas.

1. ¿Qué fabrica la empresa PLASTIN?
2. ¿Qué proyectos tiene la compañía White Enterprises?
3. ¿Quién visita la compañía venezolana?
4. ¿De dónde vienen muchas de las máquinas de la planta?
5. ¿Quién entrena a los obreros de PLASTIN?
6. ¿Qué beneficios reciben los empleados?
7. ¿Hay muchos cambios de personal en PLASTIN?
8. ¿Recibe mucha ayuda del gobierno la compañía venezolana? ¿Por qué o por qué no?
9. ¿De qué materia prima hablan Moreno, Collins y Sandoval en su reunión?
10. ¿Por qué le interesa a White Enterprises montar una compañía mixta con PLASTIN?

B. Complete cada oración con la palabra más adecuada.

1. Cuando dos compañías se unen para producir algo se dice que han formado _____.
2. Los productos que se venden en el país de origen, son productos para el _____.
3. Un beneficio importante si una trabajadora se pone enferma es _____.
4. Muchas empresas tienen programas especiales para _____ a sus trabajadores en técnicas nuevas.
5. Para _____ una industria es necesario tener capital.
6. Muchos trabajadores tienen que _____ a los 65 años.
7. En algunos países hispanoamericanos el gobierno les ofrece _____ a las industrias.
8. En la América Latina un _____ grande de empleados se queda en la misma empresa toda su vida activa.

C. Con un(a) compañero(a) de clase, representen los papeles de dos ejecutivos(as) de una compañía industrial que tienen que decidir si deben asistir a la exposición descrita en el anuncio de la página 58. En el momento de la conversación, las dos personas no están de acuerdo en sus opiniones.

2a exposición internacional ecológica

8 al 10 de agosto
Palacio Mundial de las Ferias
Lafragua No. 4

Objetivos:

- Lograr un foro abierto a industriales, fomentando un intercambio tecnológico y comercial, que permita el acceso a procesos, equipos y sistemas para el control de la contaminación.

- Reunir la mayor tecnología posible para que los diversos procesos industriales puedan sustituirse o modificarse para garantizar un medio ambiente cada vez más limpio.

- Proporcionar información objetiva de Instituciones, Organismos y Empresas Privadas que ofrecen apoyo para la realización de desarrollos tecnológicos y escalamientos a nivel industrial que consideren la preservación del medio ambiente y disminuyan o anulen la emisión de contaminantes.

Para mayor información comuníquese a los teléfonos:			
256-54 64	286-92 74	256-50 18	FAX 286-90 52

▲▲▲ Comercio y cultura ▲▲▲

PREPARACION

¿Está Ud. de acuerdo con las siguientes afirmaciones? Justifique sus respuestas.

1. Los gobiernos no tienen derecho a regular la industria privada.
2. Los sindicatos son un derecho y una necesidad fundamental para los obreros.
3. Las industrias nacionales se benefician de la inversión extranjera.

Construyendo carreteras para mejorar la infraestructura de Colombia.

LA PRODUCCION Y EL MANEJO DE LAS INDUSTRIAS

En los países hispanos, predominantemente agrícolas con tradición artesanal, la industria ha oscilado (*ranged*) durante mucho tiempo entre la fábrica pequeña o mediana, en la que el dueño y su familia controlan el proceso de producción, y las industrias públicas o nacionalizadas en las que el gobierno ejerce la función de patrón (*boss*). Hoy en día la necesidad de poder competir en el mercado global ha hecho que el desarrollo de una infraestructura industrial avanzada sea una preocupación tanto de los gobiernos como de los industriales (*industrialists*).

Aun antes de los cambios de política (*policy*) industrial, provocados por la privatización y la llegada de nuevas empresas nacionales e internacionales, existían sindicatos obreros y se habían legislado en el mundo hispano leyes laborales a fin de proteger la salud y el bienestar de los trabajadores, especialmente en los países que tienen más industria, como México, Venezuela, Argentina y Chile. En la actualidad, sin embargo, muchas de estas leyes laborales no se cumplen. En España, país con tradición de industria privada a escala (*scale*) grande, los sindicatos tienen una gran fuerza; la mayoría de los obreros pertenece a ellos y las huelgas (*strikes*) son algo común.

En cuanto a la producción, uno de los problemas con que se enfrenta la industria en el mundo hispano, sobre todo en la América Latina, es la falta de tecnología apropiada y recursos para adquirirla. En años recientes se han hecho esfuerzos (*efforts*) para mejorar esta situación mediante la modernización de maquinaria, a veces con el apoyo de subsidios oficiales, de ayuda de otros países más avanzados tecnológicamente y de cursos de capacitación profesional para crear una infraestructura humana capaz de enfrentar las exigencias (*demands*) tecnológicas del futuro. Otro hecho muy significativo es el interés en la creación de nuevas industrias que permitan la diversificación de los productos para aumentar así las oportunidades de comerciar internacionalmente. Así mismo, en algunos de los países hispanos se está realizando un movimiento de reconversión de la industria. Siguiendo una trayectoria mundial, puede verse la disminución de la industria militar a favor de la industria civil, como es el caso de Argentina, Chile y España.

Una atención aparte merece el establecimiento de las maquiladoras. Creadas con un cien por cien de inversión y control extranjero, estas plantas industriales de ensamblaje (*assembly*) han proliferado en los últimos años, sobre todo en México y Guatemala. Las maquiladoras proporcionan un gran número de empleos en estos países y una mano de obra más económica para los países inversionistas. Pero también son causa de controversia, tanto en los Estados Unidos, donde algunos creen que les están quitando puestos de trabajo a los obreros estadounidenses, como en los países donde están establecidas, en los que se teme que toda su industria se convierta en una gran maquiladora, a detrimento de la industria nacional.

Actividades

A. Diga si las siguientes oraciones son ciertas o falsas, según lo que ha leído. Si son falsas, explique por qué.

1. Los gobiernos de los países hispanos no se interesan por el desarrollo de la industria nacional.
2. No existen leyes laborales en la mayor parte del mundo hispano.
3. Los sindicatos no existen en el mundo hispano.

4. La falta de tecnología es un problema para la industria latinoamericana.
5. La disminución en la industria militar ha dado paso a la reconversión industrial en algunos países.
6. Las maquiladoras son causa de controversia en los Estados Unidos, pero no en México y Guatemala.

B. Comparen los siguientes aspectos de la industria en los países hispanos y en los Estados Unidos, según sus propios conocimientos.

1. la importancia de los sindicatos
2. las leyes laborales y su cumplimiento
3. las actitudes hacia las maquiladoras

C. Lea el siguiente caso. Después, especule con un(a) compañero(a) sobre el punto de vista de los personajes. ¿Cómo explican Uds. sus acciones? ¿Qué harían Uds. en esta situación?

Julie Ellis ha venido a Guatemala como parte del equipo investigador de una multinacional estadounidense que piensa establecer una maquiladora en un pueblo cerca de la frontera con México. En una cena en casa de unos amigos guatemaltecos, menciona la razón de su viaje y se sorprende cuando algunos de los invitados reaccionan negativamente a los planes de su compañía. No comprende como pueden estar en contra de un proyecto que promete beneficiar mucho la economía local.

▲▲▲ Aclaraciones gramaticales ▲▲▲

El uso del subjuntivo en cláusulas subordinadas para expresar manera de pensar

Formas del presente de subjuntivo de los verbos regulares[1]

	-ar	-er, -ir
yo	-e	-a
tú	-es	-as
él, ella, Ud.	-e	-a
nosotros(as)	-emos	-amos
vosotros(as)	-éis	-áis
ellos, ellas, Uds.	-en	-an

---

[1] For the conjugations of stem-changing verbs and verbs that are irregular in the present subjunctive, see Appendix C.

To form the present subjunctive of regular verbs, drop the **-o** from the **yo** form of the present indicative and add the present subjunctive endings to the stem.

Formas del imperfecto de subjuntivo		
	Terminaciones en -ra	**Terminaciones en -se**
yo	**-ra**	**-se**
tú	**-ras**	**-ses**
él, ella, Ud.	**-ra**	**-se**
nosotros(as)	**-´ramos**	**-´semos**
vosotros(as)	**-rais**	**-seis**
ellos, ellas, Uds.	**-ran**	**-sen**

To form the imperfect subjunctive, drop the **-ron** ending from the third-person plural of the preterit and add the imperfect subjunctive endings to the stem. The subjunctive is used in subordinate clauses with verbs that express opinions, doubts, reactions, requests, and advice, including those listed below.

aconsejar	dudar	necesitar	(no) pensar
agradecer	esperar	negar	preocupar
(no) creer	gustar	pedir	sentir
decir			

With the exception of verbs of opinion [**dudar, negar, (no) creer, (no) pensar**], the subjunctive is used only when there is a change of subject in the subordinate clause. When there is no change of subject, the infinitive is used.

Dudo que **pueda** ir a la reunión.   *I doubt that I can go to the meeting.*
(yo)   (yo)

Me alegro de que **esté** aquí el director.   *I am glad the director is here.*
  (yo)   (él)

Me alegro de **estar** aquí.   *I am glad to be here.*
  (yo)

The subjunctive is also used with impersonal expressions that express doubt or uncertainty, including **es importante, es necesario, es mejor, es (im)probable,** and **es dudoso,** when a subject is expressed or implied in the subordinate clause. When no such subject is expressed, the infinitive is used.

No es raro que un obrero **se quede** en el mismo empleo hasta jubilarse.

It's not unusual for a worker to stay in the same job until he retires.

No es raro **quedarse** en el mismo empleo hasta la jubilación.

It's not unusual to stay in the same job until retirement.

The subjunctive is *not* used with the verbs **pensar** and **creer** when they express certainty, nor is it used with impersonal expressions used to express certainty, such as **es verdad, es seguro, es evidente,** and **es cierto.** The subjunctive *is* used with these verbs and expressions, however, when they express doubt or denial.

Pienso que Uds. **trabajan** mucho.

I think that you work hard.

¿Cree Ud. que **podamos** aumentar las ventas este año?

Do you believe that we can (may be able to) increase sales this year?

Es evidente que la economía **está** debil.

It's clear that the economy is weak.

No es verdad que los empleados **sean** incompetentes.

It's not true that the employees are incompetent.

Correspondencia de los tiempos verbales en oraciones que requieren el subjuntivo

Cláusula principal	*Cláusula subordinada*
Presente de indicativo	Presente de subjuntivo
Pretérito perfecto	o
Futuro	Pretérito perfecto de subjuntivo[1]
Futuro perfecto	
Mandato	
Imperfecto	Imperfecto de subjuntivo
Pretérito	o
Condicional	Pluscuamperfecto de subjuntivo[1]
Condicional perfecto	
Pluscuamperfecto	

---

[1]The perfect tenses will be examined in more detail in Chapter 7.

Siempre les **dice**
Les **ha dicho**
Les **dirá**   } que **examinen** bien los documentos.
Les **habrá dicho**
Dígales

Siempre les **decía**
Les **dijo**
Les **diría**   } que **examinaran** bien los documentos.
Les **habría dicho**   (**examinasen**)
Les **había dicho**

Práctica

A. Complete el diálogo con las formas apropiadas de los verbos entre paréntesis.

Srta. Sánchez —Buenas tardes, ¿me había llamado?

Sr. Rodríguez —Sí, entre, Ana, me alegro de (vea, ver)la.

Srta. Sánchez —Esperaba que me (llame, llamara), pero no tan pronto. Sé que está muy ocupado.

Sr. Rodríguez —Siempre tengo tiempo para los buenos empleados. Siento mucho que Ud. (quiera, quiere) irse. No puedo creer que (vayamos, vamos) a perderla.

Srta. Sánchez —Yo también lo siento, Sr. Rodríguez, pero quiero empezar mi propia empresa y he pensado que éste (es, fuera) el momento oportuno.

Sr. Rodríguez —Comprendo sus razones. Creo que Ud. (tenga, tendrá) éxito, aunque dudo que nosotros (podamos, podemos) encontrarle un buen sustituto. Le deseo buena suerte.

Srta. Sánchez —Gracias, Sr. Rodríguez...

B. Complete el diálogo con el tiempo correcto de los verbos entre paréntesis.

Marta —Me alegro mucho de que la compañía _____ (firmar) el convenio.

Roberto —Es posible que ahora la dirección _____ (aumentar) nuestro salario anual.

Pedro —Lo que sí es seguro es que los métodos nuevos _____ (ir) a necesitar cierto aprendizaje.

Marta —Me preocupa que a Francisco no le _____ (dar) ese puesto que quería en Chile.

Juana   —Es evidente que mucha gente _____ (solicitar) ese puesto.

Roberto   —De cualquier manera me encanta que nuestra producción total _____ (alcanzar) un nivel tan alto.

Pedro   —Me sorprendió saber que Chile no _____ (tener) tanto desempleo como yo creía.

Juana   —A veces es difícil _____ (tener) toda la información completa.

Roberto   —Me encantaría que nos _____ (mandar) a todos a Chile.

C. Complete las oraciones para expresar su opinión de las técnicas industriales, usando el subjuntivo, el indicativo o el infinitivo según corresponda.

1. Era importante que el gobierno...
2. Será necesario que las máquinas...
3. Sería bueno que los empleados...
4. Es conveniente que el jefe de ventas...
5. Es evidente que una industria...

▲▲▲ Los negocios en la prensa ▲▲▲

ANTES DE LEER

Conteste a las siguientes preguntas con dos o tres compañeros(as) de clase. Compartan sus conclusiones con toda la clase.

1. ¿Qué condiciones son importantes para que un producto alimenticio se venda bien?
2. ¿Cuáles son algunas razones del éxito o el fracaso de un producto alimenticio en los Estados Unidos?
3. ¿Cuáles son algunos factores que hay que tener en cuenta para establecer un sistema de control de calidad?

ENTRADAS AL TEXTO

1. Al leer el artículo por primera vez, trate de identificar las palabras claves (*key words*) de cada párrafo y subráyelas (*underline them*).
2. Escriba una frase o oración que resuma la idea principal de cada párrafo.

Grupo Industrial Bimbo

Una pequeña panificadora,[1] fundada por un grupo de mexicanos de ascendencia catalana a mediados de los años 40, hoy es el consorcio panificador más importante del país. Comercializa más de 200 marcas[2] diferentes de pan, pastelillos y bocadillos[3] en 350 mil puntos de venta. El Grupo Industrial Bimbo cuenta con más de 35 mil empleados y se le considera una de las empresas más modernas de México.

Las dos principales estrategias de mercadeo[4] de Bimbo, que figura entre los diez principales anunciantes de México, se han mantenido desde sus inicios: la propuesta de higiene, que representa el celofán de sus productos de distribución masiva, y una eficaz red de distribución y reposición[5] que asegura la rotación y frescura de sus productos.

A lo largo de los últimos cinco años, Grupo Industrial Bimbo, que actualmente se autoabastece[6] en un 20 por ciento y representa aproximadamente un 12 por ciento del consumo mexicano de trigo,[7] fortaleció sus operaciones adquiriendo empresas competidoras. En la actualidad únicamente se enfrenta a la pequeña panadería de la esquina y a una que otra[8] panificadora industrial regional. Pero el Grupo también encara los retos[9] de un mercado en plena apertura[10] así como sus planes de exportación.

Control de calidad

Roberto Servitje, presidente ejecutivo del Grupo, explicó a PROGRESO que se están invirtiendo 400 millones de dólares para lograr una reconversión industrial ''gradual pero profunda'', mediante la instalación de equipos electrónicos de medición y control numérico, silos y maquinaria con tecnología de punta[11] que servirán para consolidar la integración del Grupo.

Servitje admitió que quizás uno de los mayores desafíos[12] que enfrenta el Grupo es el de la mejoría constante en calidad que se han propuesto. Por la entrada al país de productos importados de Francia, Estados Unidos, Alemania, Dinamarca, Inglaterra e Italia con motivo de la apertura comercial mexicana, desde hace año y medio los productos Bimbo enfrentan la competencia de estos países en supermercados de todo México. Pero como ejemplo de que el Grupo Industrial Bimbo está logrando la calidad deseada figuran sus incursiones al mercado hispánico estadounidense. Esta empresa exporta a diferentes plazas en California y Texas, y recientemente abrió Miami, Chicago y Nueva York. Además, Bimbo ha roto récords de venta mundiales desde México como proveedor de bollos[13] para las operaciones locales de la cadena estadounidense de hamburguesas McDonald's, que impone a todos sus proveedores internacionales un estricto control de calidad. ●

Progreso (México)

---

1 *bread company*   2 *brands*   3 *snacks, sandwiches*   4 *marketing*   5 *replenishment*   6 **se**... *generates its own raw materials*   7 *wheat*   8 **a**... *a few*   9 **encara**... *faces the challenges*   10 **en**... *that is in the process of opening up*   11 **de**... *state-of-the-art*   12 *challenges*   13 *buns, rolls*

Después de leer

A. Conteste a las siguientes preguntas según lo que ha leído.

1. ¿Cuáles son algunos de los productos que vende el Grupo Industrial Bimbo?
2. ¿Cuáles son las dos principales estrategias del grupo?
3. ¿Cuáles son los principales desafíos que enfrenta el grupo?
4. ¿Cuáles son algunos de los países de origen de los productos con los que tiene que competir Bimbo en México?
5. ¿Hacia qué tipo de consumidor se dirigen sus exportaciones a los Estados Unidos?
6. ¿A qué empresa estadounidense sirve como proveedor de bollos?

B. Busque frases en la lectura que tengan el mismo significado que las frases a continuación.

1. tiendas, mercados y otros lugares donde la gente hace sus compras
2. el papel que usan para envolver sus productos de mayor venta
3. el grupo produce el trigo que necesita para sus productos
4. se hizo más fuerte al comprar otras compañías del mismo sector

C. Lea el artículo otra vez y resúmalo por escrito en sus propias palabras.

INTERPRETANDO LA PUBLICIDAD

Lea el anuncio de la página 68 y hable sobre lo siguiente con un(a) compañero(a) de clase.

1. ¿Qué tipo de seminario se anuncia? ¿A quiénes está dirigido el anuncio? ¿Qué sector industrial lo patrocina?
2. Consulten el gráfico en la página 49. Según el valor del quetzal guatemalteco indicado en la tabla, ¿consideran Uds. caro o barato el seminario? ¿Para quiénes es más caro? ¿Para quiénes es más barato? ¿A qué atribuyen Uds. la diferencia de precio?
3. De los módulos anunciados, ¿cuál creen Uds. que sería el más útil? ¿Por qué? ¿Consideran Uds. útiles los seminarios de capacitación profesional en general? ¿Por qué o por qué no?

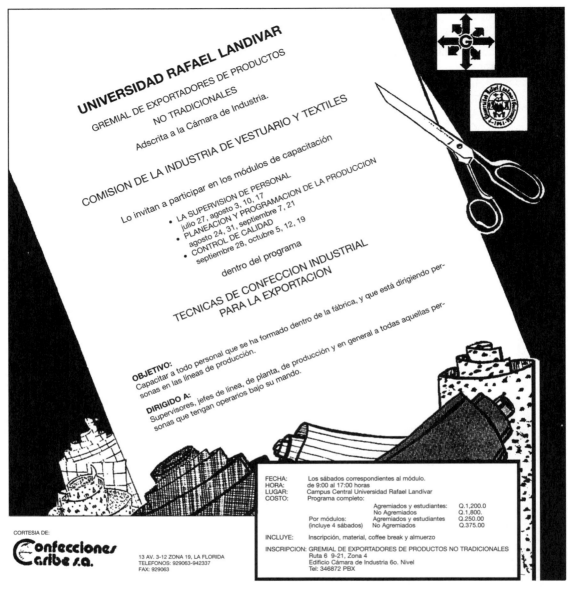

Por escrito

Carta de cancelación

La carta de cancelación la escribe el comprador al vendedor para anular un pedido. Este tipo de carta debe incluir una referencia completa sobre el pedido (fecha, cantidad y descripción), una justificación para la cancelación, tal como incumplimiento por parte del vendedor de los términos acordados para la compra (precio, fecha de entrega o condiciones de pago) o circunstancias imprevistas por parte del comprador (cambio de negocio, quiebra, etc.).

Plásticos Industriales, S.A.
San Ramón a crucecita
Caracas, Venezuela

PLASTIN

3 de febrero de 19—

Sr. Peter Marino
Durex Machinery Sales Corp.
1 Longfellow Place
Boston, MA 02114
Estados Unidos

Muy señor nuestro:

Con referencia a nuestro pedido del 15 de enero del
presente año de un moldeador automático[1] modelo 45HB3,
siento comunicarle que debemos cancelarlo debido a un
cambio en nuestro negocio. Por razones de reestructuración
de nuestra compañía, nos vemos obligados a cerrar nuestro
departamento de plásticos moldeados para dedicarnos
exclusivamente a fabricar láminas.[2]

Sentimos enormemente la inconveniencia que esta cancelación
pueda causarles y esperamos que en un futuro próximo
tengamos la oportunidad de volver a ponernos en contacto
con ustedes para hacer otros pedidos.

Les saluda atentamente,

PLASTICOS INDUSTRIALES, S.A.

Mario Echevarría
GERENTE DE COMPRAS

ME/mcr

---

1 **moldeador...** *automatic blow molder* 2 *sheet plastic*

Frases útiles

Con referencia a...	*With reference to . . .*
Debido a... nos vemos obligados a...	*Due to . . . we find ourselves obliged to . . .*
Siento (Sentimos) comunicarle(s)...,	
Lamento (Lamentamos) informarle(s)...	*I (We) regret to inform you . . .*

Práctica

Ud. es el (la) jefe(a) de compras de la empresa Advanced Technology, ubicada en Richmond, Virginia, y acaba de recibir una carta de la compañía Metales Incorporados, S.A. comunicándole el retraso de un pedido de aluminio debido a una reducción de sus trabajadores. Escriba una carta a la compañía Metales Incorporados, S.A. para cancelar su pedido. Incluya lo siguiente:

▼ referencia al pedido
▼ razón de la cancelación
▼ deseos de hacer negocios con ellos en un futuro próximo

▲▲▲ Situaciones ▲▲▲

Lea cada uno de los casos siguientes y piense en lo que dirían los diferentes personajes en cada situación, refiriéndose al *Vocabulario general* en la página 73 cuando sea necesario. Represente las situaciones con sus compañeros de clase.

1. El (La) director(a) de personal de una compañía multinacional está hablando con el (la) jefe(a) de personal de una maquiladora que la empresa mantiene en México. El (La) director(a) está investigando ciertas quejas de los obreros de la planta. Los (Las) dos discuten las causas de las quejas, las peticiones de los obreros y posibles soluciones. **Términos útiles: semana laboral, negociación salarial, permiso por enfermedad, turno laboral, conflicto salarial, convenio colectivo**

2. Un(a) ejecutivo(a) estadounidense, que desea vender en Venezuela un aparato electrónico que su compañía fabrica para medir el porcentaje de agua en el petróleo, habla con un(a) representante de Petróleos Venezolanos para convencerle de la alta calidad de su producto. En la conversación hablan de la historia de la compañía estadounidense, ventajas de adquirir el medidor, servicios de consulta y ayuda para el uso correcto del aparato, precio, durabilidad y tiempo que se necesita para recibirlo. **Términos útiles: asesorar, medir, estudio, aprendizaje, automatización, producción total**

3. A petición del gobierno de Colombia, el gobierno de los Estados Unidos ha enviado varios asesores a ese país para que hagan recomendaciones a varias industrias medianas sobre posibles cambios en producción y administración que las haga más eficientes. Uno(a) de los asesores se entrevista con un(a) representante de una industria de productos químicos para obtener información sobre el número de obreros y empleados administrativos que emplean, el estado físico de la fábrica y oficinas, el salario medio que pagan, métodos de empleo y el nivel de automatización en sus instalaciones. **Términos útiles: capataz, nómina, fábrica, día laborable, salario anual, prima**

Práctica del vocabulario general

A. Empareje las columnas A y B.

A	**B**
_____ 1. capataz	a. producción con máquinas
_____ 2. conflicto salarial	b. desarrollar algo dándole apoyo
_____ 3. baja por enfermedad	c. autorización para trabajar
_____ 4. turno laboral	d. problema con salarios
_____ 5. permiso de trabajo	e. lugar donde se hace algo
_____ 6. fábrica	f. cese temporal en el trabajo por problemas de salud
_____ 7. asesorar	g. tiempo que se trabaja durante el día
_____ 8. automatización	h. persona que supervisa un grupo de trabajadores
_____ 9. capaz	i. competente
_____ 10. fomentar	j. dar consejos

B. Complete cada oración con la palabra o expresión más adecuada.

1. En algunos países hispanos los trabajadores reciben una _____ en Navidad.
   a. gratificación
   b. asociación
   c. visita
   d. industria

2. Cuando la economía de un país no es fuerte, hay _____ en las industrias.
   a. producción
   b. paro temporal no voluntario
   c. trabajos
   d. jefes

3. La _____ en las empresas depende de la necesidad de trabajadores.
   a. contratación laboral
   b. profesión
   c. planta
   d. autorización

4. En muchos países el _____ es de ocho horas.
   a. permiso
   b. trabajo
   c. salario mensual
   d. día laborable

5. Si una industria tiene problemas con sus obreros, se pueden resolver por _____.
   a. convenios colectivos
   b. horas de trabajo
   c. asociaciones
   d. jefes

6. Los jefes de Juan están muy contentos con él porque es muy _____.
   a. generoso
   b. trabajador
   c. estudioso
   d. sensible

7. Se puede _____ el éxito de una industria por la venta de sus productos.
   a. trabajar
   b. buscar
   c. pedir
   d. medir

C. Diga si está de acuerdo con las siguientes afirmaciones. Explique sus respuestas.

1. Un salario anual se recibe una vez a la semana.
2. La producción en serie cuesta menos que la producción individual.
3. Oficio es sinónimo de profesión.
4. Si la economía de un país es sólida y hay bastante trabajo, también hay paro (desempleo).
5. Para competir con éxito es necesario ofrecer un buen producto a precios no muy altos.
6. Alemania no es un país muy desarrollado.

D. Complete las siguientes frases de una manera lógica.

1. La producción total de una industria puede aumentar si...
2. Las negociaciones salariales son necesarias cuando...
3. Las industrias fuertes tienen una nómina muy extensa porque...
4. Tener buenos empleados administrativos en una industria es muy importante porque...
5. La relación tradicional entre patrones y obreros en los países hispanos es...
6. Negociar es importante para...
7. Generalmente no se puede vender un producto a precio de fábrica porque...
8. Un trabajador muy competidor a veces tiene problemas con otros trabajadores porque...

Vocabulario general

SUSTANTIVOS

el aprendizaje   apprenticeship
la automatización   automation
la bancarrota, la quiebra   bankruptcy
la cadena de montaje (ensamblaje)
   assembly line
el (la) capataz   foreman, forewoman
el conflicto salarial   wage dispute
la contratación laboral   hiring
el convenio colectivo   collective agreement
el día laborable, la jornada   workday
el (la) empleado(a) administrativo(a)
   white-collar worker
el gremio   guild, professional association
la indemnización por despido   severance pay
la negociación salarial   salary negotiation
la nómina   payroll
el oficio   trade
el paro, el desempleo   unemployment

el paro temporal (no voluntario)   layoff
el (la) patrón(ona), el (la) empleador(a)
   employer
el permiso de trabajo   work permit
el permiso (la baja) por enfermedad   sick
   leave
la planta, la fábrica   factory, manufacturing
   plant
la prima, la gratificación   bonus
la producción en serie   mass production
la producción total   output
el salario (el sueldo) anual (mensual)
   annual (monthly) salary
el taller   workshop, repair shop
**el trabajo de media jornada (jornada
   reducida)**   part-time employment
el turno laboral   shift

VERBOS

abastecer, proveer, proporcionar   to
   provide, to supply
alcanzar   to reach, to achieve
asesorar, aconsejar   to advise
competir   to compete

esforzarse   to make an effort
fomentar   to promote, to encourage
medir   to measure
negociar   to negotiate

ADJETIVOS

capaz   capable
competidor(a)   competitive

desarrollado(a)   developed
trabajador(a)   hard-working

OTRAS PALABRAS Y EXPRESIONES

a precio de fábrica   at cost

gasto de puesta en marcha   start-up costs

CINCO

INVERSIONES FINANCIERAS

Profesionales de la Bolsa de Madrid.

Funciones	Pidiendo información y dando consejos sobre inversiones
Comercio y cultura	La inversión bursátil en el mundo hispano
Aclaraciones gramaticales	Posición de los pronombres de complemento Verbos que siempre se usan con complemento indirecto
Por escrito	Carta de solicitud de informes

En el despacho de un
asesor financiero
▼▼▼▼▼▼▼▼▼▼▼▼▼▼▼▼▼▼▼▼▼

Pedro Falcón trabaja como asesor financiero en Buenos Aires, Argentina. Hoy tiene cita con Antonio Castillo y su esposa Luisa Imedio,[1] quienes desean que Falcón les prepare una cartera de inversiones que les proporcione ingresos adicionales para su jubilación.

Sr. Falcón	—Muy buenas tardes, ¿cómo están? ¿En qué puedo servirles?
Sr. Castillo	—Buenas tardes. A mi esposa y a mí nos gustaría tener un plan de inversiones, algo que nos ofrezca una seguridad cuando nos jubilemos.
Sra. de Castillo	—Sabemos que existen algunas nuevas opciones para la inversión, pero no somos expertos en finanzas... por eso nos hemos decidido a pedirle consejo a Ud.
Sr. Falcón	—Sí, comprendo. A Uds. les interesa planear sus inversiones para el futuro. Pues, han escogido un buen momento. Ahora hay muchas oportunidades. La economía se ha abierto y el clima financiero del país en general es muy favorable para los inversionistas.
Sr. Castillo	—Entonces, ¿cree Ud. que es buen momento para invertir en la bolsa?
Sr. Falcón	—Bueno, claro que siempre hay riesgos, pero la bolsa está pasando por un período de gran actividad. Si les interesan las inversiones bursátiles, puedo recomendarles las acciones de la compañía de teléfonos o algo en telecomunicaciones.
Sr. Castillo	—Sí, a mí me interesa porque, aunque sé que hay riesgo en la bolsa, este tipo de inversión puede aumentar nuestra rentabilidad en el futuro.
Sr. Falcón	—Bueno, el problema es que en la bolsa las cosas pueden cambiar rápidamente.
Sra. de Castillo	—Fíjese, yo en este aspecto soy mucho más conservadora que mi esposo. Prefiero invertir en títulos públicos que son más seguros.

---

[1]Tradicionalmente, al casarse, la mujer hispana conserva su apellido paterno, pero reemplaza el apellido materno con "de" seguido del apellido del esposo. Esta costumbre se mantiene en la América Latina, aunque en España muchas mujeres jóvenes usan sólo su apellido de soltera (*maiden name*). En todos los países hispanos se usa sólo el apellido de soltera de la mujer (es decir, su apellido paterno y materno) en los documentos oficiales. La mujer hispana que vive en los Estados Unidos sigue las costumbres de este país.

Sr. Falcón	—Les recomiendo una cartera diversificada. Así si hay bajas en un tipo de mercado, no quedarán muy afectados. Les aconsejo invertir en fondos de pensión porque son más seguros y, además, ofrecen un crecimiento moderado.
Sr. Castillo	—A mí me parece que hay que tener cuidado con ser demasiado conservadora, Luisa. Eso es lo que le ha pasado a mi padre. A él siempre le han gustado los certificados de depósito porque le encantaba saber que su dinerito estaba asegurado. Pero ahora los dividendos que recibe son mínimos.
Sr. Falcón	—Ud. tiene razón. Fíjense que hoy, con el índice de inflación que estamos sufriendo, tengo que sugerirles que tomen algunos riesgos. De lo contrario, su capital no crecerá suficientemente para protegerlos contra la inflación.
Sra. de Castillo	—Mire, aquí le dejamos unos datos que le darán una idea de nuestros ingresos y nuestros gastos. De esta forma, podrá estudiarlos con más detalle.
Sr. Falcón	—De acuerdo. Así podré diseñarles un plan de inversiones a su medida. Me comunicaré con Uds. lo más pronto posible.
Sr. Castillo	—Muchísimas gracias, Sr. Falcón.
Sr. Falcón	—Fue un placer.

Vocabulario en contexto

SUSTANTIVOS

la acción stock; share

el (la) asesor(a) financiero(a) financial consultant

la baja low (in the stock market); drop (in value)

la Bolsa (de valores) stock market

el bono bond

la cartera portfolio

el certificado de depósito certificate of deposit

la cita appointment

el consejo advice

los datos data, information

el dividendo dividend

el fondo (plan) de pensión (de jubilación) pension fund

los ingresos income

el (la) inversionista, el (la) inversor(a) investor

la rentabilidad profitability

el riesgo risk

los títulos públicos government bonds or securities

VERBOS

diseñar to design
fijarse to notice; to take into account

proporcionar to provide

ADJETIVOS

bursátil related to the stock market

conservador(a) conservative

OTRAS PALABRAS Y EXPRESIONES

a su medida tailor-made

Práctica

A. Conteste a las siguientes preguntas.

1. ¿Por qué se entrevistan los Sres. Castillo con Pedro Falcón?
2. ¿Por qué quieren ellos planear sus inversiones?
3. ¿Cuál es la situación económica actual del país, según Falcón?
4. ¿Qué les aconseja Falcón sobre las inversiones en la bolsa?
5. ¿En qué quiere invertir Luisa y por qué?
6. ¿Cuál es la desventaja de invertir en certificados de depósito, según el Sr. Castillo?
7. ¿Qué le dejan los Sres. Castillo a Falcón? ¿Por qué?

B. Complete las siguientes oraciones de forma lógica, usando las palabras apropiadas del vocabulario.

1. Un asesor financiero es una persona que...
2. Los planes de inversión proporcionan...
3. Es recomendable diversificar una cartera de inversiones porque...
4. Los inversionistas que buscan diversificación frecuentemente invierten en...
5. Los certificados de depósito no proporcionan...
6. Hoy en día para prepararse para la jubilación hay que...
7. Para protegerse de la inflación los inversionistas tienen que...

C. Lea el anuncio y discuta con un(a) compañero(a) de clase el tipo de fondo que, en su opinión, debería invertir un(a) joven de 30 años, un matrimonio de 35 años con hijos, un matrimonio de 40 años sin hijos, una mujer u hombre soltero(a) de 50 años y un matrimonio de 55 años. Justifiquen sus opiniones.

BANCO DE BOSTON

SERVICIOS DE INVERSIONES

FONDOS INTERNACIONALES BOSTON

Los Fondos Internacionales Boston le permiten al inversionista aprovechar la disponibilidad de carteras ampliamente diversificadas, a la vez que gozan de los beneficios tributarios que reporta el invertir su capital en el extranjero. La inversión mínima es únicamente de sólo US$25.000 por Fondo. Cada Fondo tiene sus propios objetivos de inversión.

Aunque estos Fondos se conocen con el nombre de Fondos Internacionales Boston, cada uno es autónomo, y las suscripciones pueden hacerse a un Fondo individual o a cualquier combinación de los mismos.

El Fondo Líquido Boston está denominado en su totalidad en dólares de los EE.UU. y se invierte principalmente en instrumentos internacionales de corto plazo de tasa preferencial, que ofrecen tanto liquidez como preservación de capital.

El Fondo Renta Fija Boston invierte principalmente en valores internacionales de ingresos fijos denominados en dólares de los EE.UU. y en otras monedas importantes. Su objetivo es lograr un rendimiento total alto, por medio de una combinación de ingreso y crecimiento de capital.

El Fondo Bursátil Boston trata de conseguir el aumento del valor del capital por medio de inversiones de alto crecimiento y de sectores de alto valor en los mercados bursátiles de los EE.UU.

El Fondo Bursátil Internacional Boston trata de lograr el aumento del valor de capital por medio de carteras ampliamente diversificadas de valores bursátiles que no son de los EE.UU.

El Fondo Boston de Obligaciones Gubernamentales U.S.A. trata de lograr la preservación del capital por medio de inversiones en valores emitidos o respaldados por el gobierno de los EE.UU.

El Fondo Boston de Crecimiento en el Pacífico hace inversiones bursátiles en la región del Asia y del Pacífico, para el crecimiento de capital a largo plazo.

El Fondo Boston de Múltiples Divisas invierte en las principales monedas en el mundo entero, con la meta de lograr el máximo rendimiento, a través de una combinación de valorización de monedas y del interés ganado por depósitos.

▲▲▲ Comercio y cultura ▲▲▲

PREPARACION

¿Está Ud. de acuerdo con las siguientes afirmaciones? Justifique sus respuestas.

1. Las cosas que pasan en el mercado bursátil afectan a todos, no sólo a los accionistas (*stockholders*).
2. Es más patriótico invertir en la Bolsa de su propio país que en la de otros países.
3. Es mejor evitar el riesgo en las finanzas personales.

Un asesor financiero y su cliente en Madrid, España.

LA INVERSION BURSATIL EN EL MUNDO HISPANO

La actividad del mercado bursátil de muchos países latinoamericanos ha experimentado una gran alza (*increase*) en los últimos años. Nuevas políticas de inversión les ofrecen mayores opciones a los inversionistas, tanto institucionales como particulares, y la Bolsa se ve como un motor para el fomento del progreso industrial y económico.

En el momento actual, la mayoría de los países latinoamericanos está pasando por un proceso de liberalización de sus sistemas económicos bajo las presiones de la nueva economía de mercado. En algunos países, entre ellos Chile, México y Argentina, la apertura a inversionistas extranjeros, la privatización de empresas estatales y la desregulación de muchas industrias han creado un clima económico más atractivo para la inversión internacional. Otras medidas que se han tomado como incentivos para la inversión extranjera son el trato del capital extranjero al mismo nivel que el doméstico, cambios en las leyes de impuestos para reducir los impuestos en los dividendos pagados a los inversionistas y la formación de una unión de Bolsas entre varios países latinoamericanos. Estos mercados emergentes, aunque muy arriesgados y volátiles, resultan ahora más asequibles (*accessible*) para el inversionista.

Al abrir sus mercados bursátiles a las multinacionales extranjeras, los gobiernos latinoamericanos han tenido que enfrentarse a los sentimientos tradicionales de nacionalismo, comunes en la región. Los excesos de algunas compañías extranjeras en el pasado han causado una resistencia al libre mercado en muchos de estos sectores. Para muchos latinoamericanos, la inversión extranjera todavía se percibe como la explotación de sus economías por capitales extranjeros. A pesar de esto, en muchos países las dudas del pasado parecen haber sido suplantadas por el deseo de ver crecer los indicadores económicos nacionales.

Tradicionalmente, el mercado bursátil se ha usado casi exclusivamente a nivel empresarial en la América Latina, sin contar con la participación del pequeño y mediano inversionista particular. En cuanto a la inversión personal, el hispano se ha caracterizado más por su tendencia al ahorro en el banco o a la inversión conservadora en certificados de depósito que por la voluntad de arriesgar su capital en la espera de aumentar sus bienes rápidamente. Los servicios de asesoría financiera generalmente se obtienen a través de los bancos, aunque empiezan a adquirir importancia las consultoras. La evolución de nuevas actitudes hacia el riesgo se debe en parte a fenómenos sociales, como el crecimiento de los núcleos urbanos y cambios de la estructura familiar. Según la manera de pensar tradicional, la mejor inversión era tener una familia numerosa pues los hijos se ocuparían de cuidar a los padres en la vejez. En la actualidad ya no piensan todos de esta manera y, en los últimos años, los seguros de jubilación y los bonos del estado se han hecho muy populares como medios de planear un futuro económico seguro.

Actividades

A. Conteste a las siguientes preguntas según lo que ha leído.

1. ¿Qué ha ocurrido recientemente en ciertas Bolsas latinoamericanas?
2. ¿Qué medidas se han tomado para estimular la inversión extranjera en las Bolsas latinoamericanas?
3. ¿Por qué hay oponentes a la inversión extranjera en la América Latina?
4. ¿Cómo era tradicionalmente el pequeño y mediano inversionista hispano?
5. ¿Qué cambios han modificado la manera de pensar de los hispanos en cuanto a la inversión?
6. ¿Qué tipos de inversión se han popularizado recientemente?

B. Compare los siguientes aspectos de la inversión en los países hispanos y en los Estados Unidos, según sus propios conocimientos.

1. actividad del mercado bursátil en años recientes
2. actitudes hacia la inversión extranjera
3. inversión en la Bolsa por instituciones y particulares
4. maneras de planear para la jubilación

C. Lea el siguiente caso. Después, especule con un(a) compañero(a) sobre el punto de vista de los personajes. ¿Cómo explican Uds. sus acciones? ¿Qué harían Uds. en esta situación?

James Corrigan es un asesor de inversiones en Miami. Esta mañana se reúne con los Sres. Mejía, un matrimonio colombiano que vive y trabaja en los Estados Unidos. Ambos son profesionales y desean comenzar a planear para su futuro. De momento, la mayoría de sus ahorros está en cuentas bancarias de bajo interés. Los Sres. Mejía escuchan con gran interés al Sr. Corrigan, pero después de pasar una hora con la pareja, el Sr. Corrigan se siente frustrado porque, aun mostrándoles una gran variedad de posibilidades de inversión, no parecen decidirse por ninguna.

▲▲▲ Aclaraciones gramaticales ▲▲▲

Posición de los pronombres de complemento

Los pronombres de complemento		
	directo	*indirecto*
yo	**me**	**me**
tú	**te**	**te**
él, Ud. (*masc.*)	**lo**[1]	**le**
ella, Ud. (*fem.*)	**la**	**le**
nosotros(as)	**nos**	**nos**
vosotros(as)	**os**	**os**
ellos, Uds. (*masc.*)	**los**[1]	**les**
ellas, Uds. (*fem.*)	**las**	**les**

---

[1]In Spain, **le** and **les** are often used as masculine direct object pronouns when referring to persons.

In Spanish, both direct and indirect object pronouns are most often placed before a conjugated verb.

La asesora **me** espera en su despacho.	*The consultant is waiting for me in her office.*
Desean que **les** prepare una cartera de inversiones.	*They want him (her) to prepare them an investment portfolio.*

Object pronouns are attached to the ending of an infinitive, a present participle, or an affirmative command. A written accent is often required to retain the stress of the verb. Object pronouns are placed after the **no** in negative commands.

Su capital no crecerá suficientemente para proteger**los** contra la inflación.	*Your capital will not grow enough to protect you against inflation.*
No ganaremos nada contándo**le** las noticias de esta manera.	*We won't gain anything by breaking the news to him this way.*
—Díga**le** que ya hemos comprado las acciones.	*"Tell him (her) that we have already bought the shares."*
—No, no **le** diga eso.	*"No, don't tell him (her) that."*

When an infinitive or present participle is used in conjunction with a conjugated verb in a sentence or clause, object pronouns may either precede the conjugated verb or be attached to the infinitive or present participle.

La agente **nos** va a enviar (va a enviar**nos**) información sobre fondos de inversión.	*The agent is going to send us some information on investment funds.*
Les está aconsejando (Está aconsejándo**les**) que tomen unos riesgos.	*He (She) is advising them to take some risks.*

When the identity of an indirect object is not clear from context, an additional expression is used for clarification. This is most often necessary with **le** and **les,** which can represent several persons.

Pída**le a su agente** que me recomiende una buena inversión.	*Ask your agent to recommend a good investment for me.*

The expressions **a mí, a ti,** and so forth are often used for emphasis even when they are not required for clarity.

Mi agente ya **me** había aconsejado **a mí** invertir en la bolsa de Santiago.	*My broker had already advised me to invest in the Santiago stock exchange.*

When direct and indirect object pronouns are used together, the indirect object pronoun goes before the direct object pronoun. For phonetic reasons, the indirect object pronouns **le** and **les** are replaced by **se** when they are used with the third-person direct object pronouns **lo, los, la,** and **las.**

Se lo diré al Dr. Macías.	*I will tell (it to) Dr. Macías.*

Verbos que siempre se usan con complemento indirecto

Spanish uses the verb **gustar** (*to be pleasing to*) as the equivalent of the English verb *to like.* An indirect object pronoun is used to identify the person doing the liking.

A mi padre **le gustan** los certificados de depósito.	*My father likes certificates of deposit. (Certificates of deposit are pleasing to my father.)*

The following verbs are used with indirect object pronouns in the same manner as **gustar.**

atraer	*to attract*	molestar	*to bother*
encantar	*to delight (to like a lot)*	parecer	*to seem*
faltar	*to lack*	perjudicar	*to endanger, to hurt*
importar	*to matter*	sorprender	*to surprise*
interesar	*to interest*		

Práctica

A. Conteste a las siguientes preguntas que una cliente le hace a su agente de bolsa. Siga el modelo.

MODELO: —¿<u>Me</u> compró <u>las acciones</u> de empresas industriales?   (sí)
          —*Sí, <u>se las</u> compré.*

1. ¿Me tiene preparada una cartera bien diversificada?   (sí)
2. ¿Le explicó a mi socio el estado de las acciones de las empresas multinacionales?   (no)
3. ¿Me miró esta mañana los precios?   (sí)
4. ¿Me tiene ya anotado claramente el tipo de dividendo que puedo obtener?   (sí)
5. ¿Nos invirtió ya las ganancias que habíamos obtenido anteriormente?   (sí)
6. ¿Les dijo ya a todos los accionistas que hay tendencia a bajar?   (no)

B. Conteste a las preguntas de su socia usando mandatos y pronombres de complemento directo e indirecto.

MODELO: —¿Ponemos algo del dinero en acciones de petróleo?   (sí)
—*Sí, pongámoslo.*

1. ¿Examinamos primero el estado de la Bolsa?   (sí)
2. ¿Llamamos a Antonio para que nos diga cómo van esas acciones?   (sí)
3. ¿Crees que debemos consultar con Pedro también?   (sí)
4. ¿Les hablamos a nuestros otros socios de nuestra idea de invertir en bonos del Estado?   (no)
5. ¿Le pedimos consejo al corredor?   (sí)

C. Traduzca las oraciones al español.

1. I was surprised by the activity in the stock market yesterday.
2. The drop in stock prices won't hurt us because we have a diversified portfolio.
3. I am not interested in risky investments.
4. That investment counselor lacks experience.
5. They were attracted by the high dividends.

▲▲▲ Los negocios en la prensa ▲▲▲

ANTES DE LEER

Conteste a las siguientes preguntas con dos o tres compañeros(as) de clase. Compartan sus conclusiones con toda la clase.

1. ¿Cuáles son algunos factores que una empresa o entidad inversionista debe tener en cuenta antes de invertir su capital en un mercado extranjero?
2. ¿Qué tipos de incentivos serían necesarios para estimular la inversión extranjera en los países hispanos?
3. ¿Qué problemas podrían presentarse en un país de economía cerrada en la fase preliminar de abrirse a la inversión extranjera?

ENTRADAS AL TEXTO

Fíjese en el título del artículo y, antes de leer el artículo con cuidado, léalo rápidamente. Subraye las palabras y frases que Ud. crea que puedan ser esenciales en este artículo.

Capitales del mundo, venid[1]

Desde 1986 Venezuela inició el camino hacia la apertura del mercado nacional a los capitales extranjeros. Hasta ahora el turismo, la agricultura y los proyectos petroquímicos han sido los más favorecidos con esta política, que, además de estimular el desarrollo económico, emplea mano de obra y genera divisas.[2]

Entre las principales medidas adoptadas por el gobierno se encuentra la apertura a las inversiones extranjeras. Pero no se trata de una resolución fortuita, sino de una política global que nos ubica,[3] una vez más, en el contexto regional.

Los inversionistas no sólo dan, exigen

Quienes se aventuran a la experiencia de colocar sus capitales en una nación ajena[4] exigen de ese país una serie de condiciones que les garantice la seguridad de sus recursos invertidos.

Fundamentalmente el inversionista selecciona como lugar de destino aquel territorio donde se pueda probar la estabilidad del sistema político, pues los cambios frecuentes de gobierno, no por circunstancias preestablecidas sino por golpes de Estado[5] o revoluciones, constituyen un peligro real para el capital. Igualmente esta situación evita que el país ofrezca perspectivas de crecimiento, porque los conflictos en el área política crean fuertes tensiones que neutralizan proyectos en cualquier otra área de la vida nacional.

De esta manera el inversionista se abstiene de colocar sus recursos en países inestables económicamente, que no tengan claras políticas monetarias, cambiarias[6] y fiscales. A la vez rechaza[7] los posibles mercados donde impera[8] la inestabilidad social o se suceden frecuentes conflictos en la población civil.

Próximamente entrará en vigencia el Seguro Contra Riesgos Políticos Extraordinarios, medida que, entre otras virtudes, le brindará[9] al inversionista la garantía de que sus capitales le serán recompensados en casos de catástrofe de índole[10] natural o política.

El caso maquila

Dentro de la política de acercamiento[11] a los inversionistas internacionales el Instituto de Comercio Exterior ha venido propiciando un clima favorable hacia el sistema de maquila. Este programa estipula la posibilidad de que capitales foráneos[12] se instalen en ciertos lugares del país, aprovechen la capacidad instalada ociosa[13] que allí encuentren, importen materia prima y contraten mano de obra venezolana para realizar el ensamblaje. Una vez concluido el ciclo, la empresa maquiladora exporta sus productos gozando[14] del sistema general de preferencias. ●

Balances (Venezuela)

---

1 *come* (**vosotros** *command*)   2 **genera...** *foreign currency*   3 **nos...** *places us*   4 *foreign, different*   5 **golpes...** *coups d'etat*   6 *exchange*   7 *rejects*   8 *reigns*   9 *will offer*   10 *character*   11 *approaching, drawing near*   12 *foreign*   13 **aprovechen...** *they take advantage of existing facilities*   14 *enjoying*

Después de leer

A. Conteste a las siguientes preguntas según lo que ha leído.

1. ¿Qué industrias han preferido hasta ahora los inversionistas extranjeros que invierten en Venezuela?
2. ¿Cuál ha sido la meta del gobierno venezolano al abrir el mercado nacional a los capitales extranjeros?
3. ¿Qué condiciones toman en consideración los inversionistas antes de invertir en el extranjero?
4. ¿Cómo se piensa proteger al inversionista contra la pérdida de capital?
5. ¿Qué política se ha adoptado en cuanto al sistema de maquila?
6. ¿Qué ventajas ofrece el sistema de maquila para las empresas que lo aprovechan?

B. Complete las frases en sus propias palabras, según lo que ha leído.

1. La apertura del mercado venezolano se debe a...
2. Para invertir en el extranjero, los inversionistas necesitan que un país tenga...
3. Los cambios continuos de gobierno ponen en peligro...
4. Los problemas políticos crean...
5. El Seguro Contra Riesgos Políticos Extraordinarios le ofrecerá al inversionista...

C. Lea el artículo otra vez y resúmalo por escrito en sus propias palabras.

INTERPRETANDO LA PUBLICIDAD

Lea el anuncio de la página 87 con un(a) compañero(a) y conteste a las preguntas desde el punto de vista de posibles inversores(as). Después, comparen sus respuestas con las de sus compañeros de clase.

1. ¿Qué es lo más importante en el anuncio? Hagan una lista de al menos cinco cosas y justifiquen sus respuestas.
2. Si Uds. quisieran obtener más información de la Comisión para el Desarrollo de la Inversión en Uruguay, ¿qué preguntas le harían? ¿Qué aspectos querrían que les explicara con más detalle y por qué? Haga una lista de al menos cinco preguntas para la comisión.

Por escrito
▼▼▼▼▼▼▼▼▼▼▼▼▼▼

Carta de solicitud de informes

Este tipo de carta se utiliza para solicitar informes de varios tipos, desde información general, por ejemplo un folleto (*pamphlet*) informativo sobre productos o servicios, hasta información muy detallada sobre las operaciones de una empresa o sobre los precios de sus productos.

Como se trata de una petición, hay que redactarla en un estilo claro y cordial. Frecuentemente se explica cómo el remitente se ha enterado (*has found out*) de la existencia de la empresa u organización a la que escribe y el motivo de su interés en los productos o servicios que ofrece. A fin de obtener la información deseada, la descripción de la misma debe ser lo más detallada posible. La carta debe terminar con una expresión de agradecimiento anticipado por la atención que se dé a la solicitud y con una despedida atenta y cortés. Véase el modelo de la página 88.

Gloria M. Gordon
1599 N. Lake Shore Drive
Chicago, Illinois 60610

19 de mayo de 19—

Banco Interfinanzas
Calle Santa Fe 3300
1425 Buenos Aires
Argentina

Muy señores míos:

Por la presente, les ruego me envíen información sobre los
servicios de inversión que ofrece su banco. Me interesan
especialmente los fondos de renta fija y a plazo medio.
También les agradecería que me mandaran información sobre
sus fondos del Estado.

Agradeciéndoles por anticipado la atención que se sirva dar
a esta solicitud, quedo de Uds. atentamente,

Gloria M. Gordon

Frases útiles

a fin de	*in the interest of, in order to*
Agradeciéndoles anticipadamente su colaboración...	*Thanking you in advance for your assistance...*
En espera de su pronta contestación...	*In the hope of a prompt response...*
que se sirva dar	*that you choose to give*

Práctica

Ud. es un(a) inversionista que ha leído el anuncio que aparece en la página 87. Basándose en él, escriba una carta a la Comisión para el Desarrollo de la Inversión en Uruguay pidiendo información más detallada sobre el tipo de inversiones disponibles.

▲▲▲ Situaciones ▲▲▲

Lea cada uno de los casos siguientes y piense en lo que dirían los diferentes personajes en cada situación, refiriéndose al *Vocabulario general* en las páginas 91 y 92 cuando sea necesario. Represente las situaciones con sus compañeros de clase.

1. Un(a) agente de bolsa de Miami está aconsejando a un(a) cliente sobre posibles inversiones. El (La) cliente le indica la cantidad de capital que quiere invertir y algunos datos personales. El (La) agente de bolsa le explica qué tipos de inversión son preferibles según la edad y circunstancias del (de la) cliente. **Términos útiles: inversión, acciones de fondos del Estado, acciones de interés variable, bolsa, obligaciones, tipo de dividendo**

2. Un(a) ejecutivo(a) de una empresa mediana estadounidense en expansión se entrevista con un(a) asesor(a) de inversiones para preguntarle su opinión sobre la idea de invertir en una compañía argentina que acaba de poner al mercado una emisión de acciones especialmente dirigidas a atraer la inversión extranjera. Los (Las) dos hablan de los factores que la empresa estadounidense debe tener en cuenta antes de invertir, el tipo de dividendo que se puede obtener y el capital que la empresa estadounidense tiene disponible para invertir. **Términos útiles: mercado de valores, acciones especulativas, liquidez, participación extranjera**

3. Dos empresarios(as), un(a) latinoamericano(a) y un(a) estadounidense, conversan sobre inversiones personales. El (La) latinoamericano(a) comenta sobre las oportunidades de inversión que existen actualmente en la América Latina, así como sus propias preferencias. El (La) estadounidense comenta sobre su estilo como inversor(a). **Términos útiles: mercado alcista, invertir, negociar, arriesgar, tipo de dividendo**

Práctica del vocabulario general

A. Complete cada oración con la palabra o expresión más adecuada.

1. Casi todos los empleados de Teléfonos de México tienen _____ de la empresa.
   a. mercado
   b. rentabilidad
   c. acciones
   d. carteras

2. Con un mercado tan saturado es muy difícil encontrar _____.
   a. acciones de primera
   b. valores especulativos
   c. liquidez
   d. promedio

3. Mi socio tuvo suerte. Su primera inversión le dio grandes _____.
   a. accionistas
   b. deudas del Estado
   c. beneficios
   d. obligaciones

4. La compañía Floralia, S.A. acaba de poner al mercado una nueva _____.
   a. participación extranjera
   b. tendencia a la baja
   c. emisión de acciones
   d. información interna

5. Marcelino Cabrés tiene mucho poder en la empresa Telva porque es _____.
   a. accionista minoritario
   b. agente de bolsa
   c. especulador
   d. accionista mayoritario

6. Los inversionistas conservadores prefieren invertir en _____.
   a. beneficios por acción
   b. acciones divididas
   c. acciones de servicios públicos
   d. acciones de interés variable

7. Los que no temen tomar riesgos a menudo invierten en _____.
   a. obligaciones
   b. ganancias
   c. participación en los beneficios
   d. acciones especulativas

B. Empareje las columnas A y B.

A
_____ 1. acciones de interés variable
_____ 2. arriesgado
_____ 3. accionista
_____ 4. negociar
_____ 5. diversificado
_____ 6. participación en los beneficios
_____ 7. Bolsa de comercio
_____ 8. percibir
_____ 9. fondo público

B
a. persona que posee acciones
b. lugar donde se hacen transacciones financieras
c. opuesto de conservador o cauteloso
d. distribuido en cosas diferentes
e. bonos del Estado
f. observar
g. la acción de tomar parte en una ganancia
h. comerciar, intercambiar
i. en ellas los intereses fluctúan

C. Explique el significado de los siguientes términos.

1. agente (corredor) de bolsa
2. accionista minoritario
3. consultora
4. ahorros
5. especulador
6. liquidez

D. ¿Qué asocia Ud. con los siguientes términos o frases?

1. mercado alcista
2. promedio Dow Jones
3. acciones de primera
4. mercado de valores
5. participación extranjera

Vocabulario general

SUSTANTIVOS

las acciones convertibles convertible shares
las acciones divididas split shares
las acciones especulativas speculative shares
las acciones de interés variable variable yield shares
las acciones ordinarias common stocks
las acciones de primera blue chip stocks
las acciones de servicios públicos utility shares
el (la) accionista shareholder, stockholder
el (la) accionista mayoritario(a) majority shareholder
el (la) accionista minoritario(a) minority shareholder
el (la) agente de bolsa, el (la) corredor(a) de bolsa stockbroker
los ahorros savings
el alza increase
los beneficios, las ganancias earnings

los bienes goods
la Bolsa de Comercio stock exchange
la consultora consulting firm
las divisas foreign currency
el (la) especulador(a) speculator
el fondo del Estado, el fondo público, los bonos del Estado government securities
los fondos de inversión investment funds
la liquidez liquidity
el mercado alcista bull market
el mercado bajista bear market
el mercado de valores, el mercado bursátil stock market
las obligaciones bonds
el promedio average
el rendimiento performance
la tasa rate
el tipo de dividendo dividend yield
los valores securities

VERBOS

arriesgar to risk
cotizar to quote (the price of a stock)
desarrollar to develop

invertir to invest
negociar to trade (stocks)
percibir to perceive

ADJETIVOS

a plazo medio medium-term
arriesgado(a) risky
de renta fija fixed-interest, fixed-income

saturado(a) saturated
volátil volatile

OTRAS PALABRAS Y EXPRESIONES

beneficios por acción benefits per share
dividendos por acción earnings per share
emisión de acciones issue of shares

participación en los beneficios profit sharing
participación extranjera foreign shareholding

SEIS

LA MERCADOTECNIA

Artistas de diseño en una agencia de publicidad en Buenos Aires, Argentina.

Funciones	Explorando ideas sobre mercadotecnia
Comercio y cultura	El enfoque cultural en la mercadotecnia
Aclaraciones gramaticales	Usos de **por** y **para**
Por escrito	Carta de remisión

El lanzamiento de un nuevo producto
▼▼▼▼▼▼▼▼▼▼▼▼▼▼▼▼▼▼

Ernest García, director de ventas de Frodest, Inc., una empresa multinacional de productos alimenticios con sede en Dallas, Texas, come en un restaurante de Madrid con Ana María López, ejecutiva de cuentas de una agencia publicitaria española. Se han reunido para hablar de la posibilidad de poner en marcha una campaña de publicidad para introducir en España establecimientos que vendan yogur helado.

Sr. García —Nuestra compañía está planeando abrir cinco establecimientos en ciudades grandes españolas y, si tienen buena aceptación, ofreceríamos franquicias. El yogur helado tiene mucho éxito en América y creemos que aquí también lo tendrá. Sin embargo, necesitamos tener una gran campaña publicitaria preparada antes de abrir las tiendas.

Sra. López —¿Por qué quieren vender yogur helado en España? ¿Qué tiene este producto que pueda atraerle al consumidor de una manera especial?

Sr. García —Bueno, además de su exquisito sabor, es bajo en materia grasa y esto le encanta a la mayoría de la gente hoy en día porque es más saludable.

Sra. López —Eso parece muy interesante. Yo he visto este tipo de tiendas por muchas partes en los Estados Unidos. Pero, ¿cómo es que no piensan empezar con vender el producto en quioscos similares a los que aquí venden helados?

Sr. García —Pues, porque la idea es que se venda en lugares atractivos donde la gente pueda sentarse y charlar al mismo tiempo que lo comen. ¿No es precisamente eso lo que a la gente le gusta hacer aquí? De todas formas, eso es algo que se necesitará investigar por medio de un estudio de mercado.

Sra. López —Permítame darle una idea de lo que podemos ofrecerles. Como somos una compañía grande, nuestro departamento de investigación de mercados tiene muchos recursos. Estamos muy preparados para hacer encuestas que nos den una idea más clara de los gustos del consumidor. Podríamos averiguar quién come helado o yogur en España y diseñar una campaña que muestre que el yogur helado ofrece lo mejor de los dos productos.

Sr. García —En su opinión, ¿qué tipo de campaña funcionaría bien para este tipo de producto?

Sra. López —Bueno, hay varias posibilidades que pueden resultar bien, como anuncios en la televisión y la radio, anuncios en revistas y periódicos, carteles, promociones en supermercados... Todo depende del dinero que quieran invertir en ello.

Sr. García —Ya comprendo. Creo que es necesario discutir los detalles más a fondo.

Sra. López —Por supuesto. Me gustaría mostrarle una campaña que organizamos recientemente para otro producto alimenticio norteamericano, cierto tipo de galletas. ¿Por qué no viene Ud. por mi oficina el martes próximo? Le presentaré a nuestro director artístico, al jefe del departamento de investigación y a algunos de los redactores de texto.

Sr. García —Excelente. Yo puedo pasar por allí el martes como a las nueve de la mañana.

Vocabulario en contexto

SUSTANTIVOS

la agencia publicitaria   advertising agency

el anuncio   advertisement

la campaña de publicidad   advertising campaign

el cartel   poster, billboard

el (la) director(a) artístico(a)   art director

el (la) ejecutivo(a) de cuentas   account executive

la encuesta, el sondeo   survey, poll

el establecimiento   establishment, store, shop

el estudio (la investigación) de mercado   market study

la franquicia   franchise

el helado   ice cream

la materia grasa   fat

la mercadotecnia, el mercadeo   marketing

la promoción (de ventas)   sales promotion

el quiosco   kiosk, stand

el (la) redactor(a) de texto   copywriter

la sede   headquarters

VERBOS

averiguar   to find out

diseñar   to design

lanzar   to launch

resultar   to work, to function

ADJETIVOS

helado(a), congelado(a)   frozen

saludable   healthy

OTRAS PALABRAS Y EXPRESIONES

como a (+ *hora*)   at about (+ *time of day*)

poner en marcha   to implement

Práctica

A. Conteste a las siguientes preguntas.

1. ¿Para qué tipo de empresa trabaja Ernest García?
2. ¿Quién es Ana María López?
3. ¿Dónde están los dos ejecutivos?
4. ¿Qué quiere introducir en España la compañía del Sr. García?
5. ¿Qué necesitan para vender su producto?
6. Según la opinión del Sr. García, ¿qué cualidades especiales tiene su producto?
7. ¿Por qué quieren venderlo en tiendas especiales?
8. ¿Cuáles son algunas de las recomendaciones de la Sra. López para la campaña publicitaria?
9. ¿Por qué quiere la Sra. López que el Sr. García vaya a visitar su oficina?

B. Complete cada oración con la palabra o frase más adecuada.

1. Los anuncios se preparan en _____.
2. Antes de _____ una campaña de publicidad hay que decidir cuánto dinero se va a gastar.
3. La cadena McDonald's les ofrece _____ a las personas que quieran participar en el negocio.
4. En España los periódicos y los helados se venden en _____.
5. A veces es posible averiguar si el público está dispuesto a aceptar un producto nuevo a través de un _____.
6. Los concursos (*contests*) y la oferta de premios (*prizes*) para la compra de productos son ejemplos de _____ especiales.
7. No es fácil que las tiendas pequeñas compitan con las _____ grandes.
8. El _____ supervisa el diseño de las campañas de publicidad.

C. Discuta con un(a) compañero(a) de clase sobre cómo el anuncio de la página 97 trata de convencer al consumidor para que compre el producto anunciado. Después, diseñen un anuncio original en español para el yogur helado que espera vender en España la compañía de Ernest García. ¿Cuál es el mensaje que Uds. querrán comunicarle al público?

▲▲▲ Comercio y cultura ▲▲▲

PREPARACION

¿Está Ud. de acuerdo con las siguientes afirmaciones? Justifique sus respuestas.

1. Existen unos principios básicos de mercadotecnia que pueden emplearse con éxito en cualquier mercado.
2. No es posible crear una publicidad genérica, libre de referencias culturales.
3. Los avances tecnológicos de un país afectan al éxito de la mercadotecnia.

Centro de la Ciudad de Guatemala mostrando anuncios publicitarios.

EL ENFOQUE CULTURAL EN LA MERCADOTECNIA

El uso cada vez más frecuente del término *marketing* a través del mundo hispano refleja la aceptación de las técnicas de mercadotecnia estadounidenses en estos países. A pesar de esto, la experiencia les ha demostrado a las empresas de los Estados Unidos que las estrategias más exitosas para la promoción, distribución y venta de un producto en el extranjero son las que se basan no sólo en principios empresariales sino también en factores culturales. En el caso del mundo hispano, esto incluye un reconocimiento de que el mercado de habla hispana no es un bloque homogéneo, pues existen importantes diferencias en el lenguaje y en el estilo de vida entre varios países y regiones.

La falta de sensibilidad hacia la cultura y el lenguaje hispanos ha sido la causa del fracaso de varias campañas publicitarias. Por ejemplo, es bien conocido el caso de la presentación en la América Latina del carro *Nova* de General

Motors, que causó muchas risas entre los consumidores ante la perspectiva de comprar un carro que "no va". Otro ejemplo humorístico de desastre publicitario es el anuncio de la compañía Parker Pen que, al llevar a México la campaña publicitaria de un bolígrafo, tradujo erróneamente su mensaje *To avoid embarrassment, use Parker Super Quink* como "para evitar el embarazo (*pregnancy*)...." Pero es evidente que se empieza a dar una mayor atención a los factores que puedan influir en la aceptación de un producto. Por ejemplo, en España el mercadeo de *Diet Coke* ha incluido un cambio de nombre a *Coca-Cola Light*, pues en el momento en que el refresco se presentó al mercado español, el término *light* en inglés ya era generalmente reconocido entre los consumidores españoles. Además, los productos dietéticos no tienen todavía una amplia aceptación entre el público español, mientras que la palabra *light* se asocia más con la idea de mantener una buena forma física que con la pérdida de peso.

La publicidad es un aspecto de la mercadotecnia que requiere una especial adaptación a los diferentes mercados. Para algunos productos, la identificación con una cultura extranjera ha contribuido al éxito del producto (como en el caso de los cigarillos *Marlboro*). Hoy en día, sin embargo, es más frecuente que los textos e imágenes de los anuncios creados para mercados hispanos no proyecten el mismo mensaje publicitario que en el país de origen. La publicidad para los productos estadounidenses que se venden en los países hispanos ya tiende a dar menos énfasis a la cultura norteamericana. Hoy en día predominan imágenes publicitarias que muestran el consumo del producto en ambientes típicamente hispanos y en momentos tradicionales de la vida hispana, como las celebraciones de quinceañeras,[1] las reuniones familiares y de amigos donde aparecen las tres generaciones, la presencia de los tres Reyes Magos[2] en vez de (*instead of*) Santa Claus en Navidad y la celebración del día del santo.[3] Con frecuencia, las imágenes y los textos publicitarios muestran la importancia de las relaciones interpersonales y del saber vivir bien, así como las características psicológicas del hispano, como la emoción y la expresividad personal.

Así mismo, ciertas estrategias de mercadotecnia comunes en los Estados Unidos han tardado en desarrollarse en algunos mercados hispanos, por ejemplo la promoción y venta de productos por correo y por teléfono, que requieren no sólo servicios eficientes de correo y telecomunicación sino también un público dispuesto a comprar algo sin examinarlo primero.

---

[1] **Quinceañera** se refiere a la fiesta especial que se organiza en algunos países latinoamericanos para celebrar el quince cumpleaños de una joven.

[2] En la mayoría de las familias hispanas, los niños creen que son los tres Reyes Magos quienes les traen regalos de Navidad el día 6 de enero.

[3] Además de su cumpleaños, los hispanos generalmente celebran el día del santo cuyo nombre llevan.

Actividades

A. Diga si las siguientes oraciones son ciertas o falsas, según lo que ha leído. Si son falsas, explique por qué.

1. El mercadeo de productos estadounidenses a los países hispanos debe tomar en consideración sólo la tecnología.
2. En el mercado hispano no existen diferencias regionales.
3. Los productos estadounidenses no pueden venderse en el mundo hispano usando las mismas técnicas de mercadotecnia que en los Estados Unidos.
4. En España, la palabra *light* se identifica con los productos dietéticos.
5. Hoy en día, las empresas estadounidenses tienden a utilizar los mismos anuncios publicitarios en los Estados Unidos y en los países de habla hispana.
6. El mercadeo por teléfono no es popular en los países hispanos.

B. Conteste a las siguientes preguntas según sus propios conocimientos. Justifique sus respuestas.

1. ¿Toman en consideración factores culturales las empresas estadounidenses al organizar campañas publicitarias para promocionar sus productos en este país?
2. ¿Qué factores deben tener en cuenta las empresas extranjeras que quieran vender sus productos en los Estados Unidos?
3. ¿Ha visto Ud. anuncios para productos extranjeros en los Estados Unidos? ¿Cuáles? ¿Reflejan estos anuncios las realidades del mercado estadounidense?

C. Lea el siguiente caso. Después, especule con un(a) compañero(a) sobre el punto de vista de los personajes. ¿Cómo explican Uds. sus acciones? ¿Qué harían Uds. en esta situación?

Mary Ann Peterson es la directora de mercadeo de una compañía estadounidense de sopas en lata que quiere penetrar el mercado mexicano. La compañía de la Sra. Peterson ha gastado muchísimo dinero en la promoción de estos productos, pero con muy pocos resultados positivos. La Sra. Peterson se reúne con Francisco de la Osa, representante de una agencia de publicidad mexicana que estará a cargo de la nueva campaña publicitaria de su compañía. Ella sugiere que la agencia prepare un doblaje (*dubbed version*) de uno de los anuncios más populares de la empresa, en el cual un gracioso niño rubio sale de un autobús escolar durante una nevada (*snowstorm*) en un pequeño pueblo de los Estados Unidos. El niño entra en su casa y su mamá le sirve un tazón de sopa de pollo con fideos. El Sr. de la Osa pone una cara muy extraña que muestra que no le parece bien la idea de la Sra. Peterson.

▲▲▲ Aclaraciones gramaticales ▲▲▲

Usos de *por* y *para*

Por expresses:

▼ cause, motive, or reason for an action

Gracias **por** su amabilidad.	*Thank you for your kindness.*
La revista fracasó **por** falta de anunciantes.	*The magazine failed due to a lack of advertisers.*

▼ means or manner by which something is done (*by, through*)

La mayoría de los sondeos se llevan a cabo **por** teléfono.	*Most surveys are carried out by phone.*
Es posible saber los hábitos del consumidor **por** estudios de mercado.	*It's possible to learn about consumers' habits through market studies.*

▼ duration of time

La exposición iba a estar abierta **por** tres días.	*The exhibition was going to be open for three days.*

▼ rate or exchange

Una modelo en un anuncio publicitario gana miles de dólares **por** hora.	*A model in an advertisement earns thousands of dollars per hour.*
El cliente pagó mucho dinero **por** la campaña de prensa.	*The client paid a lot of money for the press campaign.*

▼ motion

Fue difícil rodar el anuncio en la calle porque mucha gente pasaba **por** allí.	*It was difficult to film the commercial in the street because many people were passing by.*
Vi a los clientes salir **por** la puerta principal.	*I saw the clients leave by the main entrance.*

▼ the performer of an action in the passive voice

El folleto fue diseñado **por** el director artístico.	*The pamphlet was designed by the artistic director.*

Para expresses:

▼ purpose, objective, or goal

Se reunieron **para** organizar una campaña publicitaria.	*They met to organize an advertising campaign.*
Necesitamos el pronóstico de ventas **para** el presupuesto del año que viene.	*We need the sales forecast for (in order to create) next year's budget.*

▼ point of reference or comparison (*considering that*)

Para una empleada nueva, sabe mucho de cómo funciona la compañía.

Considering that she's a new employee, she knows a lot about how the company works.

▼ intended recipient

El informe no es **para** tu compañía, sino para otro cliente nuestro.

The report isn't for your company, but rather for another client of ours.

▼ a deadline or any point of time by which an action is to be completed

Quiero que el sondeo esté listo **para** el mes de abril.

I want the survey to be ready by April.

▼ destination

El director de ventas salió **para** Madrid.

The sales manager left for Madrid.

▼ an action about to happen (with the verb **estar**)

La reunión está **para** terminar.

The meeting is about to end.

Práctica

A. Complete las siguientes frases que sugieren cómo mejorar técnicas de mercadeo con **por** o **para**.

1. Aumentar el número de empleados _____ la investigación.
2. Doblar el presupuesto _____ aumentar el número de anuncios en la televisión.
3. Cambiar los mensajes comerciales _____ otros que atraigan más a los clientes.
4. Firmar un contrato nuevo con una emisora de televisión al menos _____ tres años.
5. Sacar al mercado productos que los consumidores puedan adquirir _____ poco dinero.
6. Suplementar las campañas publicitarias actuales añadiendo diseños nuevos _____ atraer al cliente joven.
7. Dar cada cinco años un dinero adicional a los artistas gráficos que deseen tomar cursos avanzados de diseño _____ razones de desarrollo profesional.
8. Pedir que todos los departamentos entreguen a la administración más sugerencias recomendadas _____ los empleados.

B. Traduzca las oraciones al español. Incluya **por** o **para** en cada oración.

1. Pedro arrived to sign the contract.
2. The documents will be ready for Monday.
3. She worked on the report for six hours.
4. Considering the little time they had, they did a lot.
5. To go to Barcelona, they passed through Madrid.
6. The company paid a lot of money for their services.
7. The new executive was hired by the director of personnel.

C. Imagínese que Ud. es periodista y que va a entrevistar a la directora de una famosa agencia de publicidad. Prepare las preguntas que le va a hacer sobre los siguientes temas. Use **por** o **para** en cada pregunta.

MODELO: la importancia de la publicidad para las ventas
      ¿Por qué es tan importante la publicidad para atraer al consumidor?

1. fecha en que estará lista su próxima campaña publicitaria
2. cliente que ha solicitado la campaña
3. cuánto tiempo ha trabajado en esta campaña
4. cómo se realizaron los sondeos para la campaña
5. tiempo que se mantendrán los anuncios en la radio
6. dinero que le costará a la agencia los servicios de los modelos
7. fecha de su próximo viaje a los Estados Unidos

▲▲▲ Los negocios en la prensa ▲▲▲

ANTES DE LEER

Conteste a las siguientes preguntas con dos o tres compañeros(as) de clase. Compartan sus conclusiones con toda la clase.

1. ¿Qué anuncios de televisión son actualmente muy populares entre el público estadounidense?
2. ¿Por qué cree Ud. que disfrutan de esta popularidad?
3. ¿Puede Ud. mencionar algún anuncio que, en su opinión, haya tenido una influencia en los hábitos de su generación?

ENTRADAS AL TEXTO

Basándose en el título, trate de adivinar algunas ideas e historias que Ud. va a leer en el artículo de la página 104.

Los anuncios, dispuestos a cambiar las costumbres de los españoles

Hay anuncios de televisión que la gente no olvida a pesar de los años. Han llegado a pasar a los anales de la historia de la publicidad o, simplemente, han conseguido introducirse en la memoria de los telespectadores. La chica Martini, el ''si no hay Casera nos vamos'', los cuerpos Coca-Cola, los niños de Danone que alimentan a sus padres, los papás enternecedores[1] de Prenatal y la colonia S-3. Muchos ya no están en antena,[2] pero casi todos los recuerdan.

''¡Ese movimiento de caderas... !'' suspira un treintañero al recordar su anuncio favorito. Otro cuarentón entorna los ojos cuando explica con todo detalle ''ese *meneíllo*[3] en el ascensor''. Y es que la chica Martini ha dejado atontados a los hombres. Rodado en Los Angeles en 1983, este anuncio ha marcado época en la agencia McCann Erickson.

Limón y naranja

En lo que respecta a la producción nacional hay para todos los gustos, y últimamente están triunfando las segundas versiones, como el anuncio de Kas. Todo el mundo ha captado que el refresco de naranja es para la tarde y el limón para la noche. ''Se combina con el alcohol porque es el más ácido'', explica una entusiasta de este corto de la agencia MMLB, que acaba de terminar la segunda parte con la idea de sol y playa por la mañana y *movida*[4] discotequera nocturna.

La segunda tendencia está dominada por el objetivo de cambiar los papeles o de influir en la opinión y hábitos de los españoles. A pesar de que no han conseguido que los niños españoles jueguen al béisbol, por muchas gorras[5] y bates que metiesen en sus realizaciones, sí han logrado que los mayores usen colonias de bebés. Danone apostó fuerte[6] con la serie *Aprende de tus hijos*. La idea era conseguir que el yogur, que tenía una altísima penetración en los hogares, se quitase el sambenito[7] de ser un producto sólo para niños y empezase a ser consumido por los adultos. El éxito ha sido tal que en enero saldrá en antena la tercera parte, que conserva todas las raíces del proyecto *madre*.

La idea de que los padres ayuden en casa ha sido la estrella de la temporada, y las agencias están dispuestas a poner al personal masculino a colaborar en casa. Los dos anuncios de la agencia Bassat para Prenatal son los preferidos de las solteras o divorciadas, que ven en el modelo que se queda dormido dando el biberón[8] a su hijito o que sale a la calle de paseo el ideal de marido. El papá lleva al bebé con un *canguro*[9] que se agotó en las tiendas después de salir por televisión. Prenatal ha vendido durante este año 15.000 *portabebés* como el del anuncio.

''Se hizo un estudio y tuvo una aceptación increíble a pesar de que la madre no aparecía. En la segunda parte dimos un paso adelante ya que si el padre podía ayudar en la casa también lo podía hacer fuera de ella; además una mujer le cede el asiento a él, cuando siempre es al revés'', afirma la creativa responsable de la segunda versión. La idea es una mina[10] y en ella también se ha centrado el Instituto de la Mujer, que eligió a la agencia Bozell. ''No queríamos hacer una comunicación hiriente[11] ni acusar a nadie. Sólo presentar un problema: si sois unos tíos maravillosos[12] fuera de casa, sedlo[13] también dentro'', comenta el director. ●

El País (España)

---

1 *endearing*   2 **en...** *on the air*   3 *swaying of hips*   4 *action, good times*   5 *caps*   6 **apostó...** *gambled heavily*   7 *fixed idea*   8 *baby bottle*   9 *baby carrier (slang, from the word* kangaroo*)*   10 *mine (filled with possibilities)*   11 *wounding*   12 **tíos...** *great guys*   13 *be that way*

Después de leer

A. Conteste a las siguientes preguntas según lo que ha leído.

   1. ¿Cuáles son algunos anuncios de televisión que todavía se recuerdan en España?
   2. ¿Qué recuerdan los hombres entrevistados del anuncio de Martini?
   3. ¿Qué le han comunicado al público los anuncios del refresco Kas?
   4. ¿Cuál es la segunda tendencia en los anuncios españoles de televisión?
   5. ¿Qué idea quería dar Danone con su serie de anuncios "Aprende de tus hijos"?
   6. ¿Cuál ha sido el mensaje de los anuncios de Prenatal?

B. Explique el significado de los siguientes términos en sus propias palabras.

   1. telespectadores
   2. cambiar los papeles
   3. apostar fuerte
   4. sambenito
   5. la estrella de la temporada

C. Lea el artículo otra vez y resúmalo por escrito en sus propias palabras.

INTERPRETANDO LOS GRAFICOS

Con un(a) compañero(a) de clase, representen los papeles de dos ejecutivos(as) de una agencia de publicidad española que deben montar una campaña de publicidad para una cadena de supermercados. Usen la información del gráfico de la página 106 para hablar de los siguientes factores[1]:

▼ sector(es) del público al que debe ser dirigida la campaña
▼ tipos de anuncios (de televisión, de radio, en la prensa, etc.) que deben predominar en la campaña
▼ imágenes que deben aparecer en los anuncios

---

[1]Refiérase al gráfico en la página 49 para comprobar el valor aproximado de las cantidades monetarias citadas.

Lo que más valora una persona al entrar en un establecimiento

Mucha iluminación

Indicadores de secciones

Amplitud del establecimiento

Disponibilidad de carros y bolsas de diferentes tamaños

Gráfico:
RICARD GRÀCIA

Lo que gastamos en la compra

Un estudio de Aecoc* revela los hábitos de compra de los españoles en supermercados e hipermercados. Éstas son algunas conclusiones

Cantidad semanal según el número de componentes de la familia

	Sin hijos	De uno a dos hijos	Más de tres hijos
Hasta 5.000 pesetas	21%	14%	1%
De 5.000 a 10.000	35%	33%	29%
De 10.000 a 15.000	24%	30%	23%
Más de 15.000	18%	22%	45%
Ns-Nc**	2%	1%	2%

Cantidad semanal por nivel de estudios

	Sin estudios	Estudios primarios	Estudios secundarios	Estudios superiores
Hasta 5.000 pesetas	17%	15%	11%	14%
De 5.000 a 10.000	41%	35%	33%	20%
De 10.000 a 15.000	22%	28%	30%	27%
Más de 15.000	19%	21%	25%	35%
Ns-Nc	1%	1%	2%	4%

★ Aecoc: Asociación Española de Codificación Comercial
★★ Ns-Nc se usan como abreviatura de No sabe-No contesta

Por escrito
▼▼▼▼▼▼▼▼▼▼▼▼▼

Carta de remisión (*remittance*)

FRODEST, Inc.

1292 Harry Hines Boulevard   Dallas, Texas 75240

Dallas, 3 de febrero de 19—

Sra. Dª Ana María López
Ejecutiva de Cuentas
Publicidad Argensol, S.A.
28006 Madrid, España

Estimada Sra. López:

Con referencia a nuestra conversación del 10 de enero en
Madrid, me complace enviarle los contratos firmados que
establecen las relaciones comerciales entre Publicidad
Argensol, S.A. y Frodest, Inc.

No hay ni que decir lo satisfechos que estamos por nuestra
relación comercial. Estamos seguros que nuestra asociación
será muy beneficiosa para ambas compañías.

Le saluda atentamente,

FRODEST, INC.

Ernest García
DIRECTOR DE VENTAS
División Internacional

EG/sf

Anexo: Contratos

La carta de remisión comunica el envío de documentos, información, folletos, mercancía o dinero. El envío se puede hacer a petición del destinatario o por iniciativa del remitente. Después de la salutación habitual en toda carta de negocios, en el texto se debe mencionar:

▼ lo que se manda
▼ si va por separado o adjunto a la carta
▼ si va por separado, la forma de envío
▼ referencia a la petición del destinatario o la razón por la que se manda

Si se hace el envío a petición del destinatario, también se debe hacer referencia a esta petición. Véase el modelo de la página 107.

Frases útiles

correo ordinario	*surface mail*
por correo aparte	*under separate cover*
servicio aéreo de mensajería	*air courier*
sin otro particular	*with nothing further at this time*
no hay ni que decir	*it goes without saying*

Práctica

Escriba una carta de remisión de un catálogo de paquetes de *software*[1] para diseños que la agencia publicitaria Color e Imagen, ubicada en Santiago de Chile, le ha pedido a la empresa Sáenz y Cía. de Miami, Florida. Siguiendo el modelo, incluya referencia a la petición y modo de envío. Al redactar la carta, recuerde que el destinatario representa un posible cliente.

▲▲▲ Situaciones ▲▲▲

Lea cada uno de los casos siguientes y piense en lo que dirían los diferentes personajes en cada situación, refiriéndose al *Vocabulario general* en la página 111 cuando sea necesario. Represente las situaciones con sus compañeros de clase.

1. Una compañía de artículos de artesanía típica de Costa Rica quiere lanzar una campaña publicitaria para fomentar la venta de sus productos en el mercado hispano de los Estados Unidos. Por esta razón, un(a) ejecutivo(a) de la compañía se entrevista con el (la) director(a) de una empresa de sondeos comerciales que se especializa en este mercado. El (La) ejecutivo(a) está interesado(a) en averiguar la forma en que se van a obtener los datos necesarios, lugares donde se van a hacer las encuestas y personal necesario para este proyecto. **Términos útiles: demanda, folleto, catálogo, pronóstico, poder adquisitivo**

---

[1] Muchos productos relacionados con las computadoras se identifican en inglés.

2. Un(a) redactor(a) de textos de una compañía publicitaria en San Antonio, Texas, está planeando los detalles del texto, imagen y colores de un anuncio de maquillaje con el (la) jefe(a) de diseños de la compañía. Este anuncio va a dirigirse a las consumidoras hispanas de edad madura. **Términos útiles: esquema, dibujo, tamaño, disposición de texto, cartel, enfocar**

3. El (La) jefe(a) de ventas de una compañía estadounidense de teléfonos celulares está en la Ciudad de México. La compañía estadounidense quiere comenzar una agresiva campaña publicitaria para vender sus teléfonos en México. El (La) ejecutivo(a) estadounidense quiere saber el medio más efectivo para alcanzar ese mercado y para ello ha solicitado un estudio en que se averigüen el tamaño del mercado, potenciales competidores, preferencias y necesidades de los consumidores. Ahora se entrevista con el (la) director(a) de la agencia publicitaria que ha realizado el estudio para discutir los resultados. **Términos útiles: recopilar datos, demanda, identificación, orientar, oferta**

Practica del vocabulario general

A. Complete cada oración con la palabra o expresión más adecuada.

1. Uno de los mejores métodos para dar a conocer un producto a los consumidores es _____ en la televisión.
   a. hacer publicidad
   b. abastecer
   c. inundar el mercado
   d. recopilar datos

2. Uno de los objetivos de un estudio de mercados es la _____ de las necesidades y preferencias de los consumidores.
   a. identificación
   b. feria de muestras
   c. etiqueta
   d. oferta

3. Algunas veces para introducir un producto, además de anuncios en la televisión se usan _____.
   a. etiquetas
   b. campañas de prensa
   c. pronósticos
   d. agentes

4. Los _____ pagan mucho por los anuncios en la televisión.
   a. procesos
   b. trabajadores
   c. anunciantes
   d. editores

5. En las _____ los fabricantes tienen la oportunidad de presentar sus productos al público.
   a. ferias de muestras
   b. promociones
   c. editoriales
   d. plantas

6. La radio también es un buen método para _____ un producto.
   a. tomar
   b. promocionar
   c. publicar
   d. comprar

7. En los _____ se muestran artículos a la venta.
   a. muebles
   b. anunciantes
   c. sobreprecios
   d. escaparates

B. Empareje las columnas A y B.

A	**B**
_____ 1. mercado en potencia	a. probabilidad de ventas
_____ 2. disposición de texto	b. dimensión o medida
_____ 3. promocionar	c. reunir información
_____ 4. esquema	d. muestra el nombre del fabricante
_____ 5. tamaño	e. estimular ventas
_____ 6. etiqueta	f. dirigir
_____ 7. orientar	g. representación gráfica
_____ 8. recopilar datos	h. arreglo y colocación de material impreso para revistas o periódicos

C. Diga si está de acuerdo con las siguientes afirmaciones. Explique sus respuestas.

1. Honda es la marca de un coche.
2. Los folletos publicitarios contienen información acerca de un producto o servicio.
3. Los pronósticos del mercado informan sobre el tiempo que va a hacer.
4. Los carteles se ponen en los asientos.
5. Con sobreprecio los productos son más baratos.
6. Una persona que gana mucho tiene un buen poder adquisitivo.
7. Un producto se vende bien cuando hay mucha oferta y poca demanda.

D. Complete las frases siguientes de una manera lógica.

1. Los empresarios asisten frecuentemente a las exposiciones porque...
2. Es importante dar a conocer los productos nuevos en la televisión para...
3. Si una empresa no tiene un buen departamento de relaciones públicas no puede...
4. Un producto fracasará cuando la demanda...
5. En la publicidad usan carteles cuando...
6. Los editores orientan su publicidad para atraer...
7. La importancia de los medios de comunicación es vital para presentar un producto nuevo porque...

Vocabulario general

SUSTANTIVOS

el (la) agente   agent
el (la) anunciante   advertiser
la campaña de prensa   press campaign
el cartel   poster
el catálogo   catalogue
la demanda   consumer demand
el dibujo   drawing, illustration
la disposición de texto   text layout
el doblaje   dubbing
el (la) editor(a)   publisher
el escaparate   display window
el esquema, el trazado   layout
la etiqueta   label
la exposición   exhibition

la feria de muestras   trade fair
el folleto   brochure, booklet
la identificación   identification
el letrero   sign
la marca (de fábrica)   brand name
los medios de comunicación
   communciations media
el mercado en potencia   potential market
la oferta   supply
el poder adquisitivo   buying power
el pronóstico   forecast
las relaciones públicas   public relations
el sobreprecio   mark-up
el tamaño   size

VERBOS

enfocar   to focus
fomentar   to encourage, to increase

orientar   to direct
promocionar   to promote

OTRAS PALABRAS Y EXPRESIONES

a la venta   on sale
dar a conocer   to introduce
hacer publicidad   to advertise

inundar el mercado   to flood the market
recopilar datos   to compile data

SIETE

LA IMPORTACIÓN Y LA EXPORTACIÓN

Puerto de Buenos Aires, Argentina.

Funciones	Tramitando la exportación e importación de mercancía Resolviendo problemas aduaneros
Comercio y cultura	Los exportadores latinoamericanos y su integración a los mercados globales
Aclaraciones gramaticales	Los tiempos perfectos
Por escrito	Carta de oferta

Trámites de importación y exportación
▼▼

Francisco de la Torre, director del departamento de producción de una empresa costarricense que fabrica cemento, espera la llegada a su oficina de Juan Cortés, uno de los gerentes del departamento de compras, para hablar sobre un retraso en el recibo de cierta maquinaria nueva necesaria para completar un pedido.

Sr. Cortés (*Acaba de entrar al despacho del Sr. de la Torre*)
—¿Se puede o está Ud. ocupado en este momento?

Sr. de la Torre —No, pase, precisamente quería hablar con Ud. ¿Han recibido ya la autorización de la aduana para la entrada de la maquinaria que esperábamos?

Sr. Cortés —Sí, esta mañana me han llamado de la aduana. Me han dicho que ya habían examinado el conocimiento de embarque y el resto de los documentos, que todo estaba en regla y que ya podíamos ir a firmar el recibo de carga para su liberación. También me han dicho que tenemos que pagar por depósito aduanero, además de los gastos normales de derecho de importación que ya habíamos pagado.

Sr. de la Torre —Eso sí que no lo entiendo, de manera que son ellos los que retienen una mercancía con su debida licencia y ahora quieren cobrar por su lentitud en expedir los trámites. Con tanta burocracia, además de pagar extra vamos a perder dinero por no tener el pedido a tiempo.

Sr. Cortés —Al menos tenemos la autorización ya, y nos ha llegado antes de que subieran la tarifa de importación. Voy a decirle a Hernández que vaya inmediatamente a firmar los documentos y a asegurarse de que todos los trámites se han completado.

Sr. de la Torre —A propósito, he hablado con Rodrigo Soto del departamento de exportación y me ha dicho que parece que ya pronto vamos a poder mandar el pedido a Midwestern Construction. Estaban impacientes porque querían que se lo hubiéramos mandado hace dos semanas, pero hemos conseguido una prórroga y esta vez vamos a poder cumplir. Son buenos clientes y ellos también saben lo que es la burocracia. Por supuesto, también ayuda que llevamos tratando con ellos mucho tiempo.

Sr. Cortés —No se preocupe, su pedido estará listo pronto para el embarque. Amalia me ha dicho que también acabamos de recibir los sacos que habíamos encargado a Guatemala y, además, esta vez no han cobrado sobretasa.

Sr. de la Torre —¡Menos mal! Me disgustaría mucho no poder cumplir con el cliente.

Sr. Cortés —Bueno, me voy. Tengo que hablar con Hernández.

Sr. de la Torre —Hasta luego. Manténgame al corriente de la situación.

Vocabulario en contexto

SUSTANTIVOS

la aduana customs
la burocracia bureaucracy
el conocimiento de embarque bill of lading[1]
el departamento de compras purchasing department
el depósito aduanero customs warehouse
el derecho de importación import duty
el embarque shipment

la maquinaria machinery
la prórroga extension
el recibo de carga cargo receipt
el retraso delay
el saco sack
la sobretasa penalty, surcharge
la tarifa de importación import tariff

VERBOS

asegurarse to make sure
conseguir to get, to obtain
cumplir (con) to carry out, to follow through

disgustarse to become upset
encargar to order
retener to hold, to detain

OTRAS PALABRAS Y EXPRESIONES

a propósito by the way
con su debida licencia with the correct license
estar en regla to be in order

expedir los trámites to take care of the formalities
mantener al corriente to keep up-to-date

Práctica

A. Conteste a las siguientes preguntas.

1. ¿Quién es Francisco de la Torre?
2. ¿Por qué quiere hablar el Sr. de la Torre con el Sr. Cortés?
3. ¿Qué necesitan firmar?
4. ¿Qué va a tener que pagar la compañía?
5. ¿De qué se queja el Sr. de la Torre?
6. ¿De qué tiene que asegurarse Hernández?
7. ¿Por qué estaban impacientes en Midwestern Construction?
8. ¿Qué ha dicho Amalia que acaban de recibir?
9. ¿Por qué dice el Sr. Cortés que están de suerte?

B. Complete cada oración con la palabra más adecuada.

1. Todos los productos importados tienen que pasar por la _____.
2. Toda mercancía que se transporta a un país extranjero necesita tener un _____.
3. Si se necesita un tiempo adicional para mandar un pedido, generalmente se pide una _____.

---

[1]Documento que detalla el tipo, cantidad y características de las mercancías que se envían.

4. Para conservar un cliente es muy importante _____ lo que se promete.
5. Para exportar un producto es necesario _____ una licencia de exportación.
6. Cuando se recibe una mercancía, se tiene que firmar _____.
7. Si algo llega tarde, se dice que llega con _____.
8. Cuando se importan mercancías generalmente hay que pagar _____.

C. Lea el anuncio y con un(a) compañero(a) de clase, hagan los papeles de un(a) representante de Expocontrol, Inc. que está intentando convencer a un(a) posible cliente de las ventajas de utilizar los servicios de esta compañía.

SU OFICINA DE VENTAS EN MIAMI

MIAMI
EXPOCONTROL, INC.
8504 N.W. 66 ST.
MIAMI-FLORIDA 33166
PHONE: 305-591-3912
FAX: 305-593-0683

AGENTE EN CARACAS
TELEFONO: 284-8422
FAX: 284-8077

EXPOCONTROL, INC., empresa americana radicada en Miami, se dedica exclusivamente a la colocación y distribución de diversos productos en el mercado norteamericano.

Representamos productos de Argentina, Brasil, Costa Rica, Colombia, México y Perú entre otros países y estamos en la actualidad muy interesados en el manejo de productos fabricados en Venezuela.

Nuestro negocio no es la "reventa" de productos sino la distribución de ellos en forma directa o a través de fuentes de distribución especializadas, por lo que las mercancías que manejamos no se encarecen y conservan su alta competitividad.

Si en este momento usted fabrica algún producto y está interesado en comercializarlo en el mercado americano, generando de esta manera dólares para su empresa, le ofrecemos la manera más viable, directa y rápida para la venta de sus productos en los EE.UU.

Favor de ponerse en contacto con nuestro agente en Caracas o directamente con nuestras oficinas en Miami.

EXPOCONTROL, INC.

▲▲▲ Comercio y cultura ▲▲▲

PREPARACION

¿Está Ud. de acuerdo con las siguientes afirmaciones? Justifique sus respuestas.

1. Lo ideal es que un país no tenga que importar ni exportar productos.
2. El proteccionismo es inevitable en el clima económico de hoy.
3. En cualquier relación comercial lo único importante es el beneficio propio.

Agente aduanero examina importaciones colombianas.

LOS EXPORTADORES LATINOAMERICANOS Y SU INTEGRACION A LOS MERCADOS GLOBALES

Durante la mayor parte del siglo veinte, la política económica en los distintos países latinoamericanos se ha caracterizado por el proteccionismo hacia los productores domésticos mediante fuertes restricciones a los competidores extranjeros. Frecuentemente el proteccionismo se fomentaba como parte del mito nacionalista de autosuficiencia y se implementaba para alcanzar fines políticos más que económicos. Esta tendencia ya está modificándose y en la actualidad se acepta que el comercio libre puede beneficiar a todas las naciones. Sin embargo, muchos países de la América Latina todavía continúan afectados por las consecuencias de esta política proteccionista, como es evidente en las complicadas y lentas burocracias de la región.

Por otro lado, la incorporación de México al poderoso acuerdo comercial de los Estados Unidos y Canadá, a través del Tratado de Libre Comercio de América del Norte, y la proliferación de pactos regionales de integración comercial, como, por ejemplo, Mercosur (Argentina, Brasil, Uruguay y Paraguay), el Grupo de los Tres (México, Colombia y Venezuela) y el Pacto Andino (Bolivia, Colombia, Ecuador, Perú y Venezuela) han contribuido al fortalecimiento de la política de apertura a los mercados mundiales.

Estos acontecimientos han hecho posible que en la actualidad se esté también intentando cambiar el modelo tradicional de la exportación en la América Latina. En el pasado la actividad exportadora se limitaba a uno o dos productos básicos, generalmente alimenticios o minerales (azúcar, café, tabaco, petróleo, etc.). El énfasis estaba en la producción a granel (*in bulk*) de unos pocos productos. Los exportadores latinoamericanos de hoy van más allá de las materias primas o los artículos típicos de la región y desarrollan productos manufacturados. Con frecuencia, estos productos son técnicos y sofisticados, como los de ingeniería y computación.

Hoy en día los exportadores latinoamericanos estudian cuidadosamente los detalles y toman en consideración las características específicas de los diferentes mercados. Han aprendido a adoptar estrategias especiales para adaptar sus productos a las necesidades de mercados específicos. Se puede citar como ilustración el caso de los confites (*candies*) argentinos que se diseñan específicamente para el mercado *kosher* (judío) de los Estados Unidos. La creación de productos innovadores, como los embalajes (*packaging*) especiales de Colombia y Ecuador, creados para servir de envase a otras exportaciones, es otra característica de la nueva corriente de exportación en la América Latina.

La exportación se ha convertido en un sector económico de vital importancia para el crecimiento de estos países. Ha dejado de ser un apéndice de la economía doméstica, adonde se enviaban los productos excedentes (*surplus*). En la actualidad las empresas exportadoras investigan los mercados y buscan cuidadosamente a los distribuidores más eficientes. Además, se ocupan del diseño y de la publicidad de sus productos. Con frecuencia se valen (*they employ*) del más estricto control de calidad y crean productos especiales para el mercado de lujo (*luxury*), cobrando un sobreprecio (*surcharge*) por estas ventajas. También han descubierto los beneficios de cambiar marcas y, a menudo, se asocian con empresas del país al que van a exportar y adoptan una marca diferente para que sus productos resulten más atractivos en un mercado específico.

Actividades

A. Diga si las siguientes oraciones son ciertas o falsas, según lo que ha leído. Si son falsas, explique por qué.

1. Las economías proteccionistas reducen la burocracia.
2. Muchos países latinoamericanos forman parte de tratados comerciales con otros países de la región.
3. Tradicionalmente la exportación latinoamericana se ha basado en productos manufacturados.
4. En la actualidad los exportadores latinoamericanos tratan de adaptar sus productos a los diferentes mercados.
5. Hoy en día los países de la América Latina exportan sólo minerales o productos agrícolas.
6. Los exportadores se ocupan únicamente de producir y vender al extranjero los productos excedentes.

B. Compare los siguientes aspectos del comercio exterior en los países hispanos y en los Estados Unidos, según sus propios conocimientos.

1. actitudes hacia el proteccionismo en el pasado y en la actualidad
2. adaptación a las necesidades del mercado global
3. burocracia en el trámite del comercio exterior

C. Lea el siguiente caso. Después, especule con un(a) compañero(a) sobre el punto de vista de los personajes. ¿Cómo explican Uds. sus acciones? ¿Qué harían Uds. en esta situación?

En un seminario de negocios internacionales con énfasis en la importación y exportación se está hablando sobre asuntos de política proteccionista. Esto lleva a una discusión entre dos de los participantes. Phillip Kramer, hombre de negocios estadounidense que es propietario de una agencia de automóviles, está a favor de apoyar a la industria automovilística de los Estados Unidos, imponiendo límites a la cantidad de carros extranjeros que se venden en este país. El argentino Guillermo Gardini argumenta que el proteccionismo es una táctica de gobiernos represivos, como los regímenes de Juan Perón en Argentina y Francisco Franco en España. Kramer, por su parte, insiste en que la protección de empleos no tiene nada que ver (*has nothing to do*) con la represión.

▲▲▲ Aclaraciones gramaticales ▲▲▲

Los tiempos perfectos

Formas del pretérito perfecto

(Presente de indicativo de *haber* + participio pasado)

yo	**he negociado**
tú	**has negociado**
él, ella, Ud.	**ha negociado**
nosotros(as)	**hemos negociado**
vosotros(as)	**habéis negociado**
ellos, ellas, Uds.	**han negociado**

Formas del pretérito perfecto de subjuntivo

(Presente de subjuntivo de *haber* + participio pasado)

yo	**haya tenido**
tú	**hayas tenido**
él, ella, Ud.	**haya tenido**
nosotros(as)	**hayamos tenido**
vosotros(as)	**hayáis tenido**
ellos, ellas, Uds.	**hayan tenido**

Formas del pluscuamperfecto

(Imperfecto de *haber* + participio pasado)

yo	**había invertido**
tú	**habías invertido**
él, ella, Ud.	**había invertido**
nosotros(as)	**habíamos invertido**
vosotros(as)	**habíais invertido**
ellos, ellas, Uds.	**habían invertido**

Formas del pluscuamperfecto de subjuntivo
(Imperfecto de subjuntivo de *haber* + participio pasado)

yo	**hubiera / hubiese exportado**[1]
tú	**hubieras / hubieses exportado**
él, ella, Ud.	**hubiera / hubiese exportado**
nosotros(as)	**hubiéramos / hubiésemos exportado**
vosotros(as)	**hubierais / hubiéseis exportado**
ellos, ellas, Uds.	**hubieran / hubiesen exportado**

The present perfect (El pretérito perfecto)

The Spanish present perfect describes past actions or situations that are ongoing or whose results connect them to the present.

El cliente **no ha recibido** ningún pedido desde hace seis meses.	*The client has not received any shipments for six months.*

When no such connection to the present is expressed, the preterit is used.

El cliente **recibió** el envío la semana pasada.	*The client received the shipment last week.*

In contrast to the English present perfect tense, the Spanish present perfect is often used to describe actions or situations in the recent past.

Esta mañana **he ido** a ver al agente de aduanas.	*This morning I went to see the customs agent.*

The present perfect subjunctive (El pretérito perfecto de subjuntivo)

The present perfect subjunctive describes past actions or events that bear on the present in dependent clauses requiring the subjunctive, such as expressions of doubt or subjective reaction. The verb in the main clause may be in the present, the present perfect, the future, or a command.

Espero que la inspección **se haya terminado.**	*I hope the inspection has been completed.*
Dudo que **hayan disminuido** la tarifa sobre los productos importados este año.	*I doubt that they have decreased the tariff on imports this year.*

---

[1] Although the form *hubiera* is preferred in Latin America, *hubiese* is also used.

The past perfect (El pluscuamperfecto)

The past perfect expresses an action that occurred before another past action or before a specific time in the past.

Cuando la mercancía llegó a la aduana, la licencia ya **se había aprobado.**	*When the merchandise reached customs, the permit had already been approved.*
Se había añadido una sobretasa en la aduana.	*A penalty had been added at customs.*

The past perfect subjunctive (El pluscuamperfecto de subjuntivo)

The past perfect subjunctive describes past actions that preceded other past actions in dependent clauses that call for the subjunctive. The verb in the main clause may be in the past (preterit, imperfect, or past perfect), the conditional, or the conditional perfect.

No era probable que **hubieran querido** pagar a un intermediario para expedir los trámites.	*It wasn't likely that they would have wanted to pay a middleman to speed up the paperwork.*
Si **se hubieran pagado** a tiempo los derechos de aduana, ya habrían recibido la maquinaria.	*If the customs duties had been paid on time, they would already have received the machinery.*

Note that in the perfect tenses the auxiliary verb **haber** is never separated from the past participle. Object or reflexive pronouns always precede it.

Pedro **se ha quedado** para repasar unos documentos.	*Pedro has stayed to look over some documents.*

Práctica

A. Complete las siguientes oraciones con la forma apropiada de los verbos entre paréntesis.

1. Cuando llamé a Pedro ya (se había marchado, se ha marchado) de la oficina.
2. Antonia sabía que la secretaria (ha puesto, había puesto) los documentos en el archivo.
3. Esta mañana la jefa de personal les (había dicho, ha dicho) a los empleados que van a subir los sueldos.
4. Salvador le preguntó a su socio si (había encontrado, ha encontrado) el informe.

5. Teresa, ¿(ha visto, había visto) la carpeta del Sr. White?
6. Tomás piensa que es muy tarde y todavía no (había hecho, ha hecho) todo el trabajo.
7. Juana (había terminado, ha terminado) el estudio de mercados cuando el jefe entró a su despacho.

B. Complete las oraciones de una manera lógica usando el pretérito perfecto de subjuntivo o el pluscuamperfecto de subjuntivo.

1. Me sorprende que el agente...
2. Era dudoso que la carga...
3. No estaban seguros de que los clientes...
4. Me alegro de que...
5. Los empleados no creían que el jefe de ventas...
6. Era posible que el presidente de la compañía...
7. Nos preocupa que el retraso...
8. Temía que el gobierno...
9. Es increíble que la mercancía todavía no...

C. Ud. le informa a su socia de cómo van los preparativos para enviar unos productos enlatados (*canned*) a un cliente en Caracas. Use los tiempos perfectos y los verbos **llamar, escribir, mandar, llenar, firmar, ir, revisar** u otros de su elección para hablar de las cosas que...

1. Ud. ha hecho hoy.
2. varios empleados ya habían hecho cuando Ud. llegó a la oficina.
3. Ud. espera que haya hecho el cliente.
4. son probables o improbables con respecto al envío.

▲▲▲ Los negocios en la prensa ▲▲▲

ANTES DE LEER

Conteste a las siguientes preguntas con dos o tres compañeros(as) de clase. Compartan sus conclusiones con toda la clase.

1. ¿Creen Uds. que, con respecto al comercio, los países puedan considerarse aliados (*allies*) además de competidores? ¿Por qué o por qué no?
2. ¿Pueden Uds. nombrar algunos países que se han unido para aumentar su fuerza en el mercado global? ¿Qué resultados han tenido?
3. ¿Cuáles son algunos mercados que les puedan interesar a los países centroamericanos? ¿Por qué?

ENTRADAS AL TEXTO

1. Piense en las razones que un grupo de países pequeños puede tener para unirse económicamente.
2. Imagínese que Ud. es periodista y que va a entrevistar a varios dirigentes de una conferencia sobre estrategias de exportación de Centroamérica. ¿Qué tipo de comentarios imagina Ud. que van a hacer?

Unidad para mayores exportaciones en el área

La necesidad de producir más, para exportar más, para comprar con divisas propias lo que se requiere y para levantar el nivel de vida de la población de Centroamérica, Panamá y República Dominicana, son algunos de los objetivos globales de FECAEXCA.[1] A pesar de algunas diferencias políticas en las naciones que integran la federación y situaciones particulares distintas, priva[2] el sentimiento de que los problemas que enfrentan[3] para producir y exportar más, son comunes.

Así fue reafirmado en el Seminario sobre Estrategias de Exportación de Centroamérica, que realizó la SIECA[4] en Costa Rica, los días 16, 17 y 18 de enero. En San José, Costa Rica, se reunieron los presidentes de los exportadores de Guatemala, Honduras, El Salvador y Costa Rica.

En esta reunión se discutieron los esfuerzos conjuntos[5] que se pueden realizar para fortalecer[6] el desarrollo de las exportaciones de la región. El Sr. Carmelo Torreblarte de la Gremial de Exportadores de Guatemala indicó: "En general, existen impedimentos iguales para exportar. Ello obedece al diseño de nuestras economías. Tenemos que vencer[7] complejos de inferioridad y modificar nuestros esquemas[8] de producción para integrar nuevas empresas y nuevos empresarios a los mercados de exportación."

Se acordó en la necesidad de presentar posiciones conjuntas ante los Estados Unidos para la ampliación de oportunidades de exportación hacia ese país, ante la apertura[9] del Mercado Unico Europeo y para fortalecer la exportación a países como México. Don Hernán Piñeda, de la Federación de Productores y Exportadores de Productos Agrícolas y Agroindustriales de Honduras, recalcó[10] la necesidad de la unidad de los exportadores: "Las naciones de Centroamérica tienen limitadas sus oportunidades de acceso, de llegar a mercados como el de los Estados Unidos. Debemos integrarnos mejor para aprovechar la apertura de ciertos mercados sobre todo para productos no tradicionales." Además los dirigentes empresariales consideraron que no se debe olvidar el comercio regional, que para muchas empresas es muy significativo. ●

Exportación (Costa Rica)

---

1 **Federación de Cámaras** (*Chambers*) **y Asociaciones de Exportadores de Centroamérica** 2 *prevails* 3 *they face* 4 **Seminarios Internacionales de Exportación de Centroamérica** (organización encargada de coordinar este tipo de seminarios) 5 **esfuerzos...** *joint efforts* 6 *strengthen* 7 *conquer* 8 *plan* 9 *opening* 10 *emphasized*

Después de leer

A. Conteste a las siguientes preguntas según lo que ha leído.

1. ¿Cuáles son algunos de los objetivos de FECAEXCA?
2. ¿Qué países participan en la federación?
3. ¿Cuál fue el tema principal que se discutió en la reunión en Costa Rica?
4. ¿Cuál es uno de los impedimentos que enfrentan los países de la federación?
5. ¿Qué tipo de posición quiere presentar FECAEXCA a los Estados Unidos?
6. ¿Qué mercado es muy importante para muchas empresas de los países participantes en la reunión?

B. Explique el significado de los siguientes términos.

1. esfuerzo conjunto
2. esquema de producción
3. impedimento
4. complejo de inferioridad
5. fortalecer
6. productos no tradicionales

C. Lea el artículo otra vez y resúmalo por escrito en sus propias palabras.

INTERPRETANDO LA PUBLICIDAD

Reúnase con un(a) compañero(a) de clase e imagínense que la compañía Arce Campos, S.A. los (las) acaba de emplear como sus representantes, para ofrecer y vender los servicios de la empresa a potenciales clientes. Lean el anuncio de la página 125 y traten de pensar en dos o tres maneras diferentes de describir los servicios que ofrece la compañía. Traten también de ampliar (*expand upon*) la información que aparece en el anuncio a través de anécdotas o descripciones del proceso de exportación.

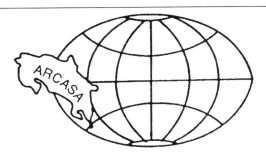

AGENCIA ADUANAL

ARCE CAMPOS S.A.

SU MEJOR ALTERNATIVA

- Servicios de intermediación aduanera en todo Costa Rica.
- Asesoramiento y consultorías especializadas en aduanas.
- Oficina de compras mundiales.
- Transporte interno propio.
- Sistema privado de comunicación con sus vehículos.
- Sucursales en todo el país.
- Respaldo de 12 años de experiencia y el aval de más de 500 importadores.

Teléfono: 23-9344 Apartado: 88 Plaza Víquez Telex: 3460 Arcasa C.R.
Fax: 23-4553 ARCASA Dirección: Av. Central, Calle 11

Por escrito
▼▼▼▼▼▼▼▼▼▼▼▼▼

Carta de oferta

La carta de oferta se usa para anunciar la venta de un producto o un servicio. Aunque generalmente se manda a muchos potenciales clientes, el estilo del texto debe ser personal para dar la impresión de que está dirigido específicamente al destinatario.

El propósito de la carta es llamar la atención del lector sobre cierta información esencial del producto o servicio, tal como sus características principales; el beneficio que le pueda proporcionar; las ventajas que le ofrece sobre productos o servicios competidores; y cómo, cuándo y bajo qué condiciones sea posible obtenerlo. Si la carta anuncia un nuevo producto, el nombre del producto debe repetirse varias veces para que el futuro cliente se familiarice con él. Véase el modelo de la página 126.

Avenida 14   Puerto Limón   Costa Rica

Puerto Limón, 24 de agosto de 19—

Sr. Joseph Weaver
Midwestern Construction, Inc.
9811 Metcalf Road
Overland Park, Kansas 66212
Estados Unidos

Distinguido cliente:

Nos es muy grato dirigirle esta carta para poner a su
disposición nuestro nuevo tipo de cemento, DURATEX. Este
cemento es ideal para todo tipo de masonería, y su
consistencia especial hace que sea muy fácil de mezclar.
DURATEX se vende en sacos de 40 kilos al precio especial de
introducción de US $1.50 por saco.

Como antiguos clientes que ustedes son, sabemos que además
de precios competitivos, requieren alta calidad para su
empresa. Estamos seguros de que estarán encantados con
DURATEX. En algunos días recibirán un saquito muestra para
que puedan comprobar la verdad de nuestras afirmaciones.

En espera de sus noticias, le agradecemos por anticipado la
consideración de nuestra oferta y les saludamos muy
atentamente,

CEMENTOS COSCO

Rodrigo Soto
JEFE DE EXPORTACIÓN

RS/agm

Frases útiles

Creemos que les interesará...	*We believe you will be interested in . . .*
Estamos a su disposición...	*We are at your disposal . . .*
Expresándole anticipadamente las gracias...	*Expressing our thanks in advance . . .*
Confiamos que podremos serle útiles en alguna ocasión...	*We trust that we might be of assistance in the future . . .*
Tenemos mucho gusto en ofrecerles...	*We are pleased to offer you . . .*

Práctica

Imagínese que Ud. representa a una compañía distribuidora de los Estados Unidos y que desea ofrecer sus servicios de distribución y venta en este país a La Gloria, una compañía de Sevilla, España, que produce aceite de oliva. Escríbale una carta a la empresa, incluyendo referencias a la estabilidad y antigüedad de la compañía y a la tendencia del consumidor norteamericano por cocinar comidas saludables.

▲▲▲ Situaciones ▲▲▲

Lea cada uno de los casos siguientes y piense en lo que dirían los diferentes personajes en cada situación, refiriéndose al *Vocabulario general* en la página 129 cuando sea necesario. Represente las situaciones con sus compañeros de clase.

1. La empresa electrónica estadounidense Compute K, Inc. acaba de llegar a un acuerdo con la compañía ecuatoriana Siglo Veintiuno para venderles directamente unas piezas de computadoras. Un(a) agente de ventas de Compute K habla con dos representantes de Siglo Veintiuno sobre la forma de envío de la mercancía, los documentos que se van a necesitar, el tiempo que pueda tardar en llegar y la forma de pago. **Términos útiles: derecho de exportación, guía aérea, carta de crédito, aduana, documentos de embarque**

2. El (La) vicepresidente(a) de la compañía estadounidense Medcert de productos farmacéuticos está preparando un informe sobre la posibilidad de vender estos productos en el mercado hispanoamericano. Llama a una agencia aduanal en Bolivia para hacer algunas preguntas generales acerca de los trámites para la exportación a los países de esa región. **Términos útiles: intermediario, disposiciones, derechos proteccionistas, comercio exterior, nota de entrega, exportador**

3. El (La) director(a) de compras de unos grandes almacenes (*department stores*) en Nueva York llama al (a la) representante de un grupo de artesanos en la ciudad mexicana de Taxco porque todavía no le ha llegado un envío de joyas que espera desde hace más de un mes. Las dos personas hablan de posibles problemas en la exportación o la importación de la mercancía y de lo que se debe hacer para que el envío llegue a su destino cuanto antes. **Términos útiles: cobro, licencia, transporte, precio, muestra, agente de aduana**

Práctica del vocabulario general

A. Complete las frases siguientes de una manera lógica.

1. Lo contrario de importar es _____.
2. Los documentos necesarios para transportar un producto se llaman _____.
3. Los productos animales o vegetales necesitan un _____ para exportarse.
4. Cuando algo ya está pagado, se dice que ha sido _____.
5. El tipo de crédito bancario que se usa en la exportación e importación se llama _____.
6. Los impuestos sobre productos que se importan se llaman _____.
7. Las personas que venden al extranjero son _____.

B. Empareje las columnas A y B.

A	**B**
_____ 1. suprimir	a. acción en contra de la ley
_____ 2. consignador	b. país de origen
_____ 3. disposiciones	c. documento que indica de dónde viene un producto
_____ 4. nación de registro	d. eliminar
_____ 5. infracción	e. persona que envía el producto
_____ 6. certificado de origen	f. artículos que se identifican
_____ 7. mercancías declaradas	g. leyes o estipulaciones
_____ 8. talón de ferrocarril	h. documento de transporte

C. Traduzca las siguientes oraciones al español.

1. A customs agent asked for the document.
2. The company paid a high freightage charge for the merchandise.
3. Some export firms use intermediaries in their business transactions.
4. A permit is needed to import products.
5. The computers were distributed as soon as they arrived.
6. Some products are duty-free.
7. The Latin American countries are increasing their manufactured exports.

D. Explique el significado de los siguientes términos.

1. derechos proteccionistas
2. eximir
3. almacenamiento
4. carga

5. multa
6. comercio exterior
7. nota de entrega

Vocabulario general

SUSTANTIVOS

el (la) agente de aduana customs agent
el almacenamiento storage
los aranceles, las tarifas tariffs
el aval guarantee
la carga cargo
la carta de crédito letter of credit
el certificado de origen certificate of origin
el certificado sanitario health certificate
el cobro collection (of payment)
el comercio exterior foreign trade
el (la) consignador(a) consignor
el (la) consignatorio(a) consignee
el derecho de exportación export duty
los derechos proteccionistas protective tariff
las disposiciones regulations
los documentos de embarque shipping documents

el (la) exportador(a) exporter
el flete freightage charge
la guía aérea air waybill
el (la) importador(a) importer
la infracción infringement
el (la) intermediario(a) intermediary, go-between
la licencia permit, license
las mercancías declaradas declared goods
la multa fine
la nota de entrega delivery invoice
el pedido del extranjero export order
el proveedor supplier
el registro registration
el talón de ferrocarril railway waybill
el transporte transport
la zona franca free trade zone

VERBOS

anular to cancel
caducar to expire
eximir to exempt, to free
exportar to export

importar to import
incrementar to increase (*a price*)
poner etiquetas to label
suprimir to eliminate

ADJETIVOS

almacenado(a) stored
cobrado(a) charged; collected (*payment*)
distribuido(a) distributed

exento(a) exempt
inscrito(a) registered

OTRAS PALABRAS Y EXPRESIONES

entrar en vigor to take effect
exento(a) (libre) de impuestos tax exempt, duty free

sujeto(a) a derechos subject to duty

OCHO

LA BANCA

Actividad bancaria en la Ciudad de México.

Funciones	Pidiendo y dando información sobre servicios bancarios
Comercio y cultura	Prácticas bancarias de los países hispanoamericanos
Aclaraciones gramaticales	El subjuntivo en oraciones adverbiales
Por escrito	Carta de confirmación

En el Banco Exterior de Crédito
▼▼▼▼▼▼▼▼▼▼▼▼▼▼▼▼▼▼▼▼▼▼▼▼▼▼▼▼▼▼▼▼▼▼▼▼▼▼

Felipe Mendoza, subdirector del Banco Exterior de Crédito de Montevideo, Uruguay, conversa en su despacho del banco con Amelia Alonso, presidenta de una empresa de servicios de impresión y fotocopias, Impresiones Reales. La Sra. Alonso, cuya compañía necesita importar equipo de los Estados Unidos, está interesada en utilizar los servicios de este banco para varias funciones, ya que el Banco Exterior tiene correspondencia directa[1] con un banco estadounidense.

Sr. Mendoza   —Buenos días, Sra. Alonso, ¿en qué puedo servirle?

Sra. Alonso   —Pues, he venido a hablar con Ud. porque nuestra compañía se ha desarrollado de tal manera que necesitamos una mayor variedad de servicios financieros.

Sr. Mendoza   —Me da mucho gusto que haya acudido a nosotros, porque somos un banco con muchos años de experiencia que sirve a todo tipo de empresas en todo el país.

Sra. Alonso   —Mire, últimamente, hemos tenido un gran número de operaciones financieras con los Estados Unidos. ¿Qué tipos de servicios pueden ofrecernos para facilitar las transacciones económicas con el exterior?

Sr. Mendoza   —Bueno, podemos asistirles en todas las operaciones de manejo de fondos —es decir, cobros y pagos— dentro y fuera del país. Contamos con un sistema muy moderno de transferencias para viajes y transacciones comerciales. Si Ud. quiere, cuando terminemos le presentaré al director de nuestra sección internacional para que le informe de todo eso con más detalle.

Sra. Alonso   —Bueno, y también es posible que necesitemos un préstamo de expansión, pues estamos planeando abrir otras oficinas y, además, queremos adquirir máquinas más modernas con tecnología más avanzada para competir mejor.

Sr. Mendoza   —Sí, como no, la concesión de créditos a empresas medianas o pequeñas, como la suya, es una de nuestras especialidades.

Sra. Alonso   —Y ¿qué interés cobran para este tipo de créditos?

Sr. Mendoza   —Bueno, eso depende del plazo a pagar y de la tasa de interés en el momento. Nosotros podemos asesorarles en la preparación de una solicitud de crédito.

Sra. Alonso   —¿Cuánto tardarían estos trámites?

---

[1]Se dice de los bancos que no necesitan intermediarios para hacer transacciones de clientes mutuos.

Sr. Mendoza —Mire, cuando Ud. nos entregue el estado financiero de la compañía con el informe completo de su activo y pasivo, iniciaremos el proceso. Tan pronto como se determine la solvencia de su empresa, el crédito se concederá con rapidez. También ofrecemos otros servicios que podrían facilitar el manejo de la empresa: cuentas de nómina, préstamos a corto y a largo plazo... Permítame darle este folleto que explica varios de ellos, para que Ud. pueda estudiarlos cuando quiera.

Sra. Alonso —¿Me quiere recomendar alguna inversión que pueda aumentar nuestro capital?

Sr. Mendoza —Les podrían interesar nuestros fondos de inversión, que ofrecen rendimientos muy atractivos y con disponibilidad inmediata. Estos fondos son una manera de invertir muy segura y eficaz y se ofrecen solamente al sector empresarial. (*Le ofrece otro folleto.*)

Sra. Alonso —¡Ahora sí que tengo lectura! Muchísimas gracias por su ayuda. Estaré en contacto con Ud.

Sr. Mendoza —Ha sido un placer, Sra. Alonso. Estoy a sus órdenes.

Vocabulario en contexto

SUSTANTIVOS

el activo assets

el asunto matter

el cobro collection

la disponibilidad availability

el estado financiero financial statement

la impresión printing

la nómina payroll

el pago payment

el pasivo liabilities

el plazo (a pagar) term (of payment)

el préstamo, el crédito loan, credit[1]

el rendimiento performance

la solvencia solvency

la tasa de interés interest rate

la transferencia bank transfer

VERBOS

acudir (a) to come, to turn to

contar (con) to have

OTRAS PALABRAS Y EXPRESIONES

¿Cuánto tardaría(n)... ? How long does . . . take?

de tal manera in such a way that

---

[1] **Crédito** en plural (**créditos**) equivale al inglés *loans* solamente.

Práctica

A. Conteste a las siguientes preguntas.

1. ¿Por qué ha ido la Sra. Alonso a hablar con el director del banco?
2. ¿Cómo describe el Sr. Mendoza al Banco Exterior de Crédito?
3. ¿Qué servicios financieros se ofrecen en el banco?
4. ¿Por qué le interesa a la Sra. Alonso un crédito de expansión?
5. ¿De qué dependería el interés del crédito, según el Sr. Mendoza?
6. ¿Qué necesita el banco para procesar un préstamo?
7. ¿Qué información contienen los folletos que se lleva la Sra. Alonso?
8. ¿Qué argumentos usa Felipe Mendoza para recomendar los fondos de inversión del banco?

B. Diga si las siguientes oraciones son ciertas o falsas. Si son falsas, explique por qué.

1. Los créditos se conceden de tal manera que el cobro esté asegurado.
2. Los bancos cobran intereses por los préstamos.
3. La tasa de interés puede variar según el tipo de préstamo solicitado.
4. El pasivo se refiere a dinero que genera intereses.
5. El estado financiero no está relacionado con la solvencia de una empresa.
6. Las cuentas de gran liquidez tienen disponibilidad inmediata.

C. Con un(a) compañero(a) de clase, lea y discuta el anuncio siguiente. ¿A quién o a quiénes se dirige? ¿Cuáles son los servicios más importantes que ofrece? ¿Es efectivo el lema (*slogan*) del banco?

D. Ahora escriban un anuncio para el Banco Exterior de Crédito que aparece en el diálogo. Describan los servicios del banco de manera que capten la atención de los clientes que Uds. esperan atraer.

▲▲▲ Comercio y cultura ▲▲▲

PREPARACION

¿Está Ud. de acuerdo con las siguientes afirmaciones? Justifique sus respuestas.

1. Los bancos privados son preferibles a los bancos estatales.
2. El sistema bancario es más o menos igual en todo el mundo.
3. Es mejor no permitir que los bancos participen en ciertos tipos de transacciones o servicios financieros.

Usando un cajero automático en la Argentina.

PRACTICAS BANCARIAS DE LOS PAISES HISPANOAMERICANOS

La profunda transformación económica que están experimentando muchos países hispanoamericanos al pasar de economías cerradas y proteccionistas a sistemas abiertos y de libre empresa se refleja en la banca —es decir, el sistema bancario— de cada país. El caso de México ilustra cómo la privatización y la desregulación de la banca han contribuido a la modernización y al fortalecimiento del sistema bancario. En ese país, el banco central (Banco de México), encargado de emitir moneda, regular las actividades de los bancos y establecer normas para las transacciones monetarias con el extranjero, recibió autonomía del gobierno en 1994 y sus funciones son ahora muy similares a las del Federal Reserve Bank en los Estados Unidos. Otro resultado de las corrientes de renovación económica se manifiesta en la proliferación de los bancos privados, tanto nacionales como internacionales.

El mercado bancario de Hispanoamérica está constituido por dos tipos fundamentales de instituciones: los bancos de desarrollo, creados por los gobiernos para suministrar financiamiento a largo plazo a sectores especiales de la economía (obras públicas, agricultura e industria), y los bancos comerciales, que ofrecen múltiples servicios a clientes empresariales e individuales. Estos últimos se encargan de los servicios de cuentas corrientes y de ahorro y de proporcionar créditos de diversos tipos.

Con el progresivo reemplazamiento (*replacement*) de la banca estatal por la privada como fuente principal de financiamiento, también se están ampliando radicalmente las funciones financieras de la banca para poder ofrecer toda una gama (*range*) de servicios financieros. La mayoría de los países hispanoamericanos más desarrollados económicamente sigue el modelo europeo del sistema financiero libre, que se caracteriza por pocas restricciones sobre el tipo de servicios que pueden ofrecer las instituciones financieras. Los bancos de estos países pueden satisfacer casi todas las necesidades financieras de sus clientes particulares e institucionales mediante una gran variedad de servicios, como por ejemplo pólizas de seguro (*insurance policies*), planes de pensión, inversiones, fusiones y adquisiciones, etc. En algunos países, los bancos están todavía excluidos de la venta de seguros y de la administración de fondos de pensión, así como de poseer empresas en estos sectores.

En México y en Chile, los bancos están rápidamente incorporando los últimos avances tecnológicos de servicios computarizados. Los bancos de estos países cuentan con sistemas de autoservicios y la tecnología ha hecho posible la automatización de sucursales bancarias y la independencia de las casas matrices (*main offices*).

El horario bancario generalmente es mucho más limitado que el de los bancos estadounidenses. En muchos países hispanoamericanos, los bancos se abren a las nueve de la mañana y se cierran a las dos de la tarde, de lunes a viernes.

Como resultado de la privatización, la apertura económica y la modernización tecnológica, se espera que en el futuro los bancos hispanoamericanos puedan prestar una mayor variedad de servicios con más eficacia y rapidez para sus clientes empresariales y particulares.

Actividades

A. Diga si las siguientes oraciones son ciertas o falsas, según lo que ha leído. Si son falsas, explique por qué.

1. Actualmente la banca estatal predomina en los países hispanoamericanos.
2. Existen muchas restricciones sobre los servicios que pueden ofrecer los bancos hispanoamericanos, aun en los países más desarrollados.
3. El Banco de México es un banco central.
4. Los bancos comerciales se encargan de financiar a largo plazo determinados sectores de la economía.
5. El horario bancario es más limitado en los países hispanos que en los Estados Unidos.
6. ''La banca'' se refiere al sistema bancario de un país.
7. Todavía no han llegado los cajeros automáticos a los países hispanoamericanos.

B. Compare los siguientes aspectos del comercio exterior en los países hispanos y en los Estados Unidos, según sus propios conocimientos.

1. los controles que impone el gobierno sobre los bancos
2. la variedad de servicios que ofrecen los bancos
3. el horario bancario

C. Lea el siguiente caso. Después, especule con un(a) compañero(a) sobre el punto de vista de los personajes. ¿Cómo explican Uds. sus acciones? ¿Qué harían Uds. en esta situación?

Son las dos de la tarde en La Paz, Bolivia y Jerry Carter llega al banco para hacer un cambio monetario. Se sorprende mucho cuando ve que están cerrando las puertas y se dirige algo enojado a uno de los empleados para preguntarle lo que está pasando. El empleado, Eusebio Ramírez, no comprende la razón de su enojo.

▲▲▲ Aclaraciones gramaticales ▲▲▲

El subjuntivo en oraciones adverbiales

The subjunctive is always used in adverbial clauses that begin with the following conjunctions.

a fin (de) que	*so that*
a menos que	*unless*
antes (de) que	*before*
con tal (de) que	*provided that*
en caso (de) que	*in case that*
para que	*in order that, so that*
sin que	*without*

Voy a llamar al banco para que me **digan** el saldo de mi cuenta de ahorros.	*I'm going to call the bank so that they'll tell me the balance of my savings account.*
No podemos conceder el préstamo a menos que su socia **firme** la solicitud.	*We can't grant the loan unless your partner signs the application.*

With certain other conjunctions, the subjunctive is used only when the main clause expresses doubt or uncertainty, or if it refers to a future action.

aunque	*although, even though*
cuando	*when*
de manera que	*in such a way that*
de modo que	
después (de) que	*after*
en cuanto	*as soon as*
hasta que	*until*
luego que	*as soon as*
mientras que	*as long as*
tan pronto como	*as soon as*

Cuando **vaya** al banco, pediré información sobre los servicios que ofrece.	*When I go to the bank, I'll ask for information about the services it offers.*
Sé que aunque mañana **consulten** con el banquero, seguiré teniendo dudas.	*I know that even if they talk to the banker tomorrow, they will still have doubts.*
No podemos tomar una decisión hasta que **revisemos** bien el folleto del banco.	*We can't make a decision until we review the bank's brochure carefully.*

When these clauses are used to describe habitual actions, completed actions, or statements of fact, the indicative is used.

Cuando **fui** al banco, el cajero me dijo que no podía cobrar este cheque.	*When I went to the bank, the teller told me that I couldn't cash this check.*
Aunque **consultan** frecuentemente con su asesor financiero, siempre tienen dudas.	*Even though they consult their financial advisor frequently, they still have doubts.*
No pudimos verificar el saldo hasta que **revisamos** el estado de cuenta para este mes.	*We couldn't verify the balance until we reviewed this month's bank statement.*

Práctica

A. Complete las siguientes oraciones con la forma apropiada de los verbos entre paréntesis.

1. El Sr. Sánchez vendrá a la junta tan pronto como (pueda, puede, podrá).
2. Pedro y Roberto salieron del despacho antes de que los clientes los (llamaran, llamen, llaman).
3. Teresa mandó las cartas después de que las (copiara, copie, copió).
4. Mario estaba un poco preocupado hasta que le (mandan, manden, mandaron) el informe.
5. María Luisa dice que de momento la cuenta está bloqueda, pero que en cuanto (nos den, nos darán, nos dieron) la autorización, se solucionará el problema.
6. El departamento tramitó la transferencia del dinero rápidamente para que la cliente (está, estuviera, esté) contenta.
7. La directora del departamento le comunicó la información al cliente de modo que no (se enfada, se enfadara, se enfadó).
8. El subdirector del banco llegó a su despacho sin que la secretaria (se dé cuenta, se da cuenta, se diera cuenta).

B. Complete los consejos que una jefa le da a una empleada nueva, usando la forma correcta del verbo entre paréntesis.

1. Es muy importante que todas las cuentas estén al día para que _____ (ser) fáciles de examinar.
2. Comuníquese con los clientes potenciales de manera que _____ (aclararse) las situaciones difíciles.
3. No se olvide de incluir todos los depósitos a fin de que las cuentas _____ (estar) al corriente.
4. Será necesario que controle el estado de pérdidas y ganancias de las compañías de modo que no _____ (haber) equivocaciones.

5. No salga de la oficina antes de las cinco a menos que me lo _____ (decir) con antelación (*in advance*).
6. Use una de las computadoras nuevas a fin de que las cuentas _____ (procesarse) más rápidamente.
7. En caso de que algun cliente _____ (llamar) por teléfono y yo no esté en la oficina, asegúrese de tomar el recado.

C. Complete las siguientes oraciones de una manera lógica, usando una cláusula adverbial diferente en cada oración y el subjuntivo o el indicativo según sea apropiado.

MODELO: La secretaria llegó temprano...
La secretaria llegó temprano para que el jefe estuviera contento

1. El banco aumentó los sueldos de los empleados...
2. Las tasas de interés no bajarán...
3. Algunas veces los bancos cobran una cantidad adicional...
4. Generalmente se conceden préstamos...
5. No se pueden cobrar los cheques...
6. Los cajeros automáticos son convenientes...
7. Las instituciones bancarias modifican los plazos a pagar...
8. Los cheques endosados se devuelven al cliente...
9. Se puede obtener dinero de un banco...

▲▲▲ Los negocios en la prensa ▲▲▲

ANTES DE LEER

Conteste a las siguientes preguntas con dos o tres compañeros(as) de clase. Compartan sus conclusiones con toda la clase.

1. En general, ¿qué factores y condiciones son necesarios para que una empresa consiga un préstamo?
2. ¿Cómo influyó en los procedimientos para la solicitud y concesión de préstamos en los Estados Unidos el fallo de algunas cajas de ahorro (*savings and loan institutions*) y bancos en los años ochenta?
3. ¿Cree Ud. que en los Estados Unidos se dan préstamos con demasiada facilidad? Explique su respuesta.

ENTRADAS AL TEXTO

1. Decida a quién acudiría Ud. si necesitara un préstamo para montar un negocio pequeño o mediano. Piense en dos o tres alternativas.
2. Antes de leer el artículo detalladamente, trate de identificar los cognados que contiene.

Llegan los avalistas[1]

En el esquema[2] de los cambios para facilitar financiamiento, la pequeña y mediana industria golpeará ahora las puertas de los bancos y podrá entrar. Lo más difícil era conseguir avales,[3] pero ha surgido SOGAMPI, un organismo que deberá facilitar garantías por más de 6 mil millones[4] de bolívares.

Las empresas del sector privado tienen una necesidad apremiante[5] de capitales para cubrir las exigencias de una nueva situación en el mercado, generada por los ajustes económicos del actual Gobierno. Pero al momento de acudir al sistema financiero en busca de financiamiento, los pequeños y medianos industriales encuentran poca receptividad a sus solicitudes. Esta situación justificó la creación de la Sociedad Nacional de Garantías para la Mediana y Pequeña Industria, SOGAMPI, con su respectivo Fondo de Garantías.

Daniel Buvat, presidente de SOGAMPI, dijo a *Dinero* que "Se trata de apoyar las empresas que nacieron subcapitalizadas, por lo cual sus niveles de endeudamiento[6] y de riesgo relativo son altos".

SOGAMPI empezó con un capital suscrito de 640 millones de bolívares, de los cuales, 602 millones fueron aportados[7] por el Estado, 15 millones por el sector financiero y 20 millones por el sector productivo privado. "Esto nos da capacidad para emitir[8] avales o fianzas por unos 6,300 millones de bolívares por año, que cubren la mitad de las necesidades estimadas del sector de la pequeña y mediana industria", dijo Buvat. Los sectores representados en la directiva son el Estado, Fedeindustria,[9] bancos medianos y grandes y socios institucionales de la pequeña y mediana industria. Concretamente están afiliados los bancos Industrial y de Fomento Regional de Los Andes. De los bancos privados, están inscritos Provincial, Unión, Citibank, Caribe, Insular, Capital y Barinas, además de las sociedades financieras Cordillera y Unión, Arrendadora Cordillera y Exterior. Al cierre de esta edición, se unen otros bancos: Mercantil, Consolidado, de los Trabajadores, Caracas y Venezuela.

Según Buvat, el Estado podrá ceder[10] sus acciones a los socios de la pequeña y mediana industria. Aunque tendrán prioridad los socios de SOGAMPI para cualquier negociación, podrán optar otras empresas no inscritas siempre y cuando obtengan un aval moral[11] de los afiliados a la Sociedad. Esta es una clave[12] de seguridad porque el socio está arriesgando su propio capital. ●

Dinero (Venezuela)

---

1 *backers, guarantors*   2 *plan, outline*   3 *deposits, guarantees*   4 **6 mil millones** = *6 billion* según el sistema utilizado en los Estados Unidos   5 *pressing*   6 *indebtedness*   7 *contributed*   8 *to issue*   9 **Federación de Industrias**   10 *yield* 11 *as long as they are vouched for*   12 *key*

Después de leer

A. Conteste a las siguientes preguntas según lo que ha leído.

1. ¿Qué es lo más difícil de conseguir en Venezuela para obtener un préstamo?
2. ¿Qué es SOGAMPI y para qué se creó?
3. ¿Quiénes son los socios de SOGAMPI?
4. ¿Es arriesgada la labor de SOGAMPI? ¿Por qué o por qué no?
5. ¿Con cuánto capital al año cuenta la sociedad?
6. ¿A quién podrá ceder el estado sus acciones además de a los socios de SOGAMPI?

B. Explique el significado de los siguientes términos.

1. avalistas
2. emitir
3. endeudamiento
4. depósito
5. garantías

C. Lea el artículo otra vez y resúmalo por escrito en sus propias palabras.

INTERPRETANDO LA PUBLICIDAD

En grupos de dos o tres estudiantes, hagan lo siguiente.

1. Identifiquen el servicio que ofrece el banco y a quién(es) va dirigido.
2. Averigüen el cambio de moneda según la tabla que aparece en la página 49 y determinen el tipo de compras que se pueden hacer dentro de los precios que se mencionan.
3. Comenten si se puede conseguir este servicio en los Estados Unidos, si conocen a alguien que lo haya usado y si le fue tan fácil obtener una devolución como se sugiere en el anuncio.

Ahora la Cuenta Corriente del Banco Caracas es más segura

EL SEGURO DE COMPRA PROTEGIDA AUMENTO SU COBERTURA A Bs. 60.000

Ahora el Seguro de Compra Protegida de la Cuenta Corriente del Banco Caracas, le asegura durante un mes contra robo o daño material, cualquier artículo que usted adquiera con un valor entre 3.000 y 60.000 bolívares.

Si usted tiene una Chequera del Banco Caracas y es Persona Natural, disfrute desde ya, sin necesidad de afiliación y sin costo alguno, la seguridad de estar protegido. Y si aún no ha abierto su Cuenta Corriente, hágalo ahora y obtenga todas las ventajas de este servicio único y exclusivo.

La Cuenta Corriente del Banco Caracas es la más segura porque le ofrece el Seguro de Compra Protegida y el respaldo de una de las instituciones financieras más sólidas del país.

Para mayor información, comuníquese con el Centro de Atención de Seguro de Compra Protegida por el teléfono 261.75.56

Banco Caracas

Por escrito
▼▼▼▼▼▼▼▼▼▼▼▼▼▼▼

Carta de confirmación

Banco Exterior de Crédito

Avenida de las Misiones 80   Montevideo, Uruguay

20 de julio de 19—

Sra. Amelia Alonso
Impresiones Reales
Calle Buenavista 63
Montevideo

Distinguida Sra. Alonso:

Nos complace confirmar por esta carta la compra con fecha
10 del corriente de 400 acciones del Fondo Latinoamericano
de Inversiones Jefferson por valor de US $50.00 por acción.
La compra de estas acciones complementa su cartera de
inversiones.

Según sus especificaciones hemos cargado esta compra a su
cuenta No. 3216/48.

Esperando poder servirle en otra oportunidad y
agradeciéndole de nuevo la confianza que ha depositado en
nosotros, le saluda atentamente,

BANCO EXTERIOR DE CREDITO

Felipe Mendoza
SUBDIRECTOR GENERAL

En los tiempos en que las relaciones comerciales se efectúan (*take effect*) cada vez más por teléfono, la carta de confirmación representa no sólo una cortesía sino también una protección tanto para la empresa como para el cliente. La carta puede confirmar un plan de acción acordado en una conversación, en una reunión o en correspondencia previa, como por ejemplo, la compra de un producto o servicio, o la intención de proporcionarle información deseada a un cliente.

Para evitar un malentendido (*misunderstanding*), la carta debe ser tan precisa y detallada como sea posible con respecto a cualquier acuerdo o decisión a que se haya llegado con el cliente. También se debe especificar todo trámite que sea necesario para implementar estos acuerdos, así como cualquier consecuencia financiera de importancia para el cliente.

Hoy en día, el uso de las computadoras se ha extendido de tal manera que muchas transacciones bancarias se realizan en forma electrónica. Sin embargo, en el mundo hispano todavía es común redactar cartas para confirmar la compra de acciones, la concesión de créditos u otras gestiones realizadas a petición del cliente. Véase el modelo de la página 142.

Frases útiles

Nos complace confirmar...	*We are pleased to confirm . . .*
Tal como acordamos en nuestra conversación telefónica de...	*As we agreed in our telephone conversation of . . .*
Según sus especificaciones...	*Per your instructions . . .*
Hemos cargado esta compra (transacción) a su cuenta.	*We have charged this purchase (transaction) to your account.*
Esperando poder servirle de nuevo...	*In the hope of serving you again . . .*
Sin otro particular...	*With nothing further at this time . . .*

Práctica

Ud. es subdirector(a) del departamento de crédito de la filial en Buenos Aires del Intercontinental Bank. Escriba una carta de confirmación comunicándole a un(a) cliente la aprobación de su solicitud de préstamo para la ampliación de su negocio.

Situaciones
▾▾▾▾▾▾▾▾▾▾▾▾▾▾▾▾

Lea cada uno de los casos siguientes y piense en lo que dirían los diferentes personajes en cada situación, refiriéndose al *Vocabulario general* en las páginas 146 y 147 cuando sea necesario. Represente las situaciones con sus compañeros de clase.

1. Un(a) representante de la compañía estadounidense de piezas para automóviles, Franklin, Inc., acaba de llegar a Caracas, ciudad a la que visita frecuentemente por motivos de negocios. Ahora ha decidido abrir una cuenta corriente en el Banco Camargo. Por esta razón, habla con un(a) administrador(a) del banco para pedirle información detallada de los servicios que ofrece el banco venezolano. Entre otras cosas, discuten los siguientes detalles: la posibilidad de poner la cuenta a nombre de más de una persona, si existen reglas especiales para clientes extranjeros, depósito mínimo necesario, las horas de servicio al público y servicios que ofrece el banco. **Términos útiles: cuenta bancaria, cuenta conjunta, depositante, moneda, transferible, cajero automático**

2. Un(a) oficial de una filial del Banco Monroe Trust en Ciudad de México se entrevista con los Sres. del Pino, que quieren solicitar un préstamo para una hipoteca. En la conversación hablan sobre el interés a cobrar, el plazo a pagar, las garantías y los trámites generales necesarios para la solicitud del préstamo. **Términos útiles: facilidades de pago, pedir prestado, aval, financiar, depositar, mensualidad**

3. Un(a) vicepresidente(a) del Capital Bank de Nueva York está en Santiago de Chile para hacer los trámites necesarios para la apertura de una sucursal del banco en la capital chilena. Se entrevista con un(a) ejecutivo(a) de cuentas de la empresa de tecnología chilena Telecables para hablar de los servicios que se podrán ofrecer en la nueva sucursal mediante la incorporación de los últimos avances de la tecnología electrónica. **Términos útiles: banca electrónica, ventanilla, cajero automático, extracto de cuenta**

Práctica del vocabulario general

A. Complete cada oración con la palabra o frase más adecuada.

1. Hoy me llegó _____ de mi banco y, milagrosamente, coincide con mis cálculos.
   a. la prestamista
   b. el extracto de cuenta
   c. el talonario
   d. la garantía

2. La secretaria no pudo cobrar el cheque porque a su jefa se le olvidó _____.

    a. negociarlo   c. endosarlo

    b. cambiarlo   d. depositarlo

3. Mi hijo quiere comprar más máquinas; pidió un préstamo y puso su casa como _____.

    a. fianza   c. pago

    b. interés   d. tasa

4. Mi socio y yo tenemos _____ en el Banco de Crédito Industrial para los gastos comunes.

    a. una cuenta conjunta   c. una hipoteca

    b. un giro   d. un cheque al portador

5. La junta ha aprobado _____ para el presidente de la compañía Plásticos y Derivados, S.A. porque necesita dinero urgentemente.

    a. un anticipo   c. un cheque sin fondos

    b. una mensualidad   d. un cajero

6. El _____ nuevo de la empresa Hervás y Hermano está en una zona muy comercial.

    a. cheque   c. local

    b. plazo   d. depositante

7. El banco concedió un _____ a la empresa estadounidense para que invierta en Argentina.

    a. cheque sin fondos   c. cajero automático

    b. crédito a largo plazo   d. sobregiro

B. Lea las afirmaciones siguientes e indique si son ciertas o falsas. Si son falsas, explique por qué.

1. Una persona solvente no tiene fondos.
2. Si tengo prisa, utilizo el cajero automático.
3. Si Ud. necesita saber cuánto dinero le queda en su cuenta corriente, le pide al banco un informe de saldo.
4. Se puede pagar en efectivo cuando no se tiene dinero.
5. Una persona se declara en quiebra cuando tiene más deudas que entradas.
6. El depositante es una persona que saca dinero del banco.
7. Un cheque al portador está dirigido a una persona específica.

C. Explique el significado de los siguientes términos.

1. cobrar interés
2. estado de cuentas
3. cuenta bancaria
4. empleado bancario
5. moneda
6. pagar con dinero en efectivo

D. Diga las siguientes oraciones de otra manera.

1. El cliente mandó el dinero por medio de un certificado especial de correos.
2. El banco tenía unos cheques que no se habían pagado.
3. La gerente puso dinero en el banco.
4. El cajero le devolvió el dinero.
5. La compañía mandó los cheques firmados por detrás.
6. Juan gastó más dinero del que tenía en su cuenta.
7. El Sr. González es una persona que siempre puede pagar sus cuentas.
8. Pagar el préstamo le va a costar a Francisco lo que gana en un mes.

Vocabulario general

SUSTANTIVOS

el anticipo advance
la banca electrónica automatic banking
el (la) banquero banker
la caja de ahorros savings bank
el (la) cajero(a) bank teller
el cajero automático automatic teller machine
la cuenta bancaria bank account
la cuenta conjunta joint account
la cuenta corriente checking account
el cheque, el talón check
— al portador check to the bearer
— cancelado cancelled check
— sin fondos overdrawn check
la chequera, el talonario checkbook
el (la) depositante depositor

el descubierto bancario, el sobregiro bank overdraft
el estado (extracto) de cuenta bank statement
la garantía, la fianza, el aval collateral, guarantee
el giro bank draft
el giro postal money order
la hipoteca mortgage
el local site
la mensualidad one month's pay
la moneda currency
el (la) prestamista lender
el saldo balance
la transferencia de fondos fund transfer
la ventanilla banking window

VERBOS

cobrar (un cheque) to cash (a check)
depositar, ingresar to deposit
endosar to endorse
financiar to finance
garantizar to secure

rebasar to overdraw
reembolsar to repay
sacar to withdraw
suministrar to provide

ADJETIVOS

bancario(a)   related to banking
computarizado(a)   computerized
quebrado(a)   bankrupt

solvente   solvent, reliable
transferible   transferable

OTRAS PALABRAS Y EXPRESIONES

a favor de   endorsed to, in the name of
declararse en quiebra   to declare bankruptcy
en efectivo   cash

facilidades de pago   easy repayment terms
pedir prestado   to borrow

LAS OFERTAS Y SOLICITUDES DE EMPLEO

Entrevista de empleo en México, D.F.

Funciones	Entrevistándose con firmas y potenciales empleadores Comunicando objetivos profesionales
Comercio y cultura	Las diferencias culturales en la contratación y la solicitud de empleo
Aclaraciones gramaticales	El subjuntivo en oraciones subordinadas de relativo
Por escrito	Carta pidiendo antecedentes profesionales y referencias

Una entrevista de empleo
▼▼▼▼▼▼▼▼▼▼▼▼▼▼▼▼▼▼▼▼▼▼▼▼▼▼▼▼▼

House-Wolfe International, una compañía multinacional de productos químicos cuya filial en Miami se encarga de ventas y exportaciones de acabados industriales a Centro y Sudamérica, está entrevistando a candidatos para reemplazar al director de ventas, que va a jubilarse. El director de la filial, Jeff Campos, y Rachel Hayworth, directora adjunta, hablan con Elena Salgado, una candidata al puesto que pronto estará vacante. Como uno de los requisitos del puesto es el dominio del español, la entrevista se lleva a cabo en ese idioma.

Sr. Campos —Buenos días, Srta. Salgado. Hemos recibido su planilla de solicitud, su currículum y su expediente académico. Ahora nos gustaría que nos hablara Ud. misma de su experiencia profesional.

Srta. Salgado —Sí, por supuesto, con muchísimo gusto. Soy química con un título de la Universidad de Arizona. Llevo cinco años trabajando en la compañía Manchester Royal, Inc., en el departamento técnico. Además he asistido a clases por las noches y acabo de recibir la maestría en Administración de Empresas. Aunque me gusta el trabajo que tengo ahora, quisiera un puesto con más responsabilidad. Sobre todo, busco un cambio que me incorpore a la sección de ventas de una empresa de productos químicos.

Sra. Hayworth —¿Por qué desea Ud. trabajar en este departamento?

Srta. Salgado —Bueno, como ya les dije, disfruto de mi trabajo. Pero creo que tengo capacidad para trabajar en equipo y, francamente, prefiero el contacto personal al trabajo solitario del laboratorio. Además mi empleo actual sólo me ofrece responsabilidades limitadas. Busco un reto que aumente mis oportunidades profesionales.

Sr. Campos —Por nuestro anuncio, ya sabe Ud. que para este puesto se necesita una persona que sepa bien el español. Por lo que se ve, esto no representa ningún obstáculo para Ud.

Srta. Salgado —Bueno, soy méxico-americana y aprendí el español en casa hablando con mis abuelos, que vivían con nosotros. Además, recientemente he tomado cursos de español comercial.

Sra. Hayworth —También sabe Ud. que necesitamos alguien que esté dispuesto a viajar.

Srta. Salgado —Eso para mí es un atractivo del puesto. Aunque no he tenido relaciones comerciales en toda Hispanoamérica, he ido a México con frecuencia y no sólo me gusta, sino que me encuentro como de allá.

Sr. Campos —La verdad, Srta. Salgado, es que buscamos sobre todo a una persona que encaje en el ambiente internacional. También queremos a alguien que tenga experiencia trabajando en varios países y que posea la capacidad de adaptarse a diferentes ambientes profesionales.

Sra. Hayworth —Para trabajar en la América Latina, se requieren personas que conozcan las formalidades sociales importantes en las relaciones comerciales latinoamericanas. Necesitamos a alguien que sepa desenvolverse en el ambiente conservador de estos países. También estamos buscando una persona que conozca a fondo el ambiente laboral en la América Latina para que sepa relacionarse con ejecutivos y directivos hispanos.

Srta. Salgado —Como química, tuve que visitar en varias ocasiones los laboratorios Manchester en la Ciudad de México. Allí tuve la oportunidad de tratar personalmente con el gerente de esa filial y con los químicos mexicanos y pude observar de cerca sus prácticas laborales.

Sr. Campos —¿Tendría Ud. algún inconveniente en entrevistarse con el Sr. Juan Carlos Montero? El Sr. Montero lleva nuestras oficinas en Caracas, pero estará en Miami la semana próxima.

Srta. Salgado —Sí, por supuesto, tendré mucho gusto en platicar con el Sr. Montero.

Sra. Hayworth —Podemos concretar el día y la hora con mi secretaria cuando terminemos aquí.

Sr. Campos —El Sr. Montero podrá darle una mayor perspectiva de nuestras operaciones en la América Latina y también podrá aclararle cualquier duda que Ud. pueda tener sobre el funcionamiento de las oficinas regionales.

Srta. Salgado —Les agradezco muchísimo la oportunidad que me han dado de expresar mi interés en este puesto. ¡Muchísimas gracias!

Vocabulario en contexto

SUSTANTIVOS

los acabados industriales industrial coatings
el atractivo attractive feature
el currículum, el C.V. résumé, curriculum vitae
el (la) director(a) adjunto(a) assistant director

el dominio mastery
el expediente académico academic transcript
el puesto job, post

VERBOS

desenvolverse   to behave, to comport oneself
encajar (en)   to fit (in)

llevar   to run, to be in charge of

ADJETIVOS

dispuesto(a)   willing

OTRAS PALABRAS Y EXPRESIONES

a fondo   thoroughly
de cerca   firsthand, close up
encargarse de   to be in charge of
llevar a cabo   to carry out
llevo... años trabajando   I have been working
   for . . . years
me encuentro como de allá   I feel at home
   there

por lo que se ve   as far as I can tell
¿Tendría Ud. algún inconveniente... ?
   Would you have any objection to . . . ?
trabajar en equipo   to work as part of a
   team, to be a team player

Práctica

A. Conteste a las siguientes preguntas.

1. ¿Qué puesto hay vacante en House-Wolfe?
2. ¿Qué ha recibido ya la compañía House-Wolfe de la Srta. Salgado?
3. ¿Cuánto tiempo lleva trabajando la Srta. Salgado con la compañía Manchester?
4. ¿Por qué quiere cambiar de trabajo la candidata?
5. ¿Qué tipo de persona necesita la compañía House-Wolfe para el puesto?
6. ¿Dónde ha aprendido la Srta. Salgado el español?
7. ¿Cuál ha sido la experiencia de la Srta. Salgado respecto al ambiente laboral en la América Latina?
8. ¿Con qué otra persona tiene que entrevistarse la candidata?
9. ¿Cómo va a ayudar el Sr. Montero a la Srta. Salgado?

B. Complete las siguientes oraciones con las palabras adecuadas del vocabulario.

1. Para buscar un trabajo, es importante tener un buen _____.
2. Hoy en día las compañías enfatizan la capacidad de _____ más que el trabajo individual.
3. Había muchos candidatos para ese _____.
4. Con frecuencia, los empleados consideran que los beneficios adicionales son un gran _____.

5. Después de hablar con la jefa de personal, tuve que entrevistarme con el _____.

6. Viví muchos años en Chile y, por lo tanto, conozco la cultura hispana _____.

7. Muchas empresas químicas se especializan en _____.

8. Para tener éxito en los negocios internacionales, hay que saber _____ en diferentes culturas.

C. Con un(a) compañero(a), representen una entrevista entre un(a) candidato(a) al siguiente puesto y un directivo o una mujer directiva de la compañía.

LABORATORIO FARMACEUTICO PRECISA PARA SU LINEA DE PRODUCTOS O. T. C.

PRODUCT MANAGER

Deberá aportar:
- 2-3 años de experiencia mínima en Marketing de productos de gran consumo u O. T. C.
- Gran capacidad de trabajo, creatividad y dinamismo.

- Titulación imprescindible en Marketing y/o Master (ESADE, EADA, IESE).
- Valoraremos muy positivamente la Licenciatura en Farmacia.

Sus funciones principales serán:
- La responsabilización de próximos lanzamientos de productos farmacéuticos publicitarios.
- Seguimiento y control de las estratégicas de marketing de la línea.
- Filtrar la información que nos ofrece el mercado nacional e internacional adecuando estrategias a medio plazo.

Ofrecemos:
- Interesantes condiciones económicas en función de la valía del candidato. No se descartará ninguna candidatura por este motivo.
- Línea de productos muy interesante a introducir en el mercado.
- Posibilidad de pertenecer al equipo de una compañía en fuerte crecimiento.

Enviar *curriculum vitae* con fotografía reciente al n.º 423

▲▲▲ Comercio y cultura ▲▲▲

PREPARACION

¿Está Ud. de acuerdo con las siguientes afirmaciones? Justifique sus respuestas.

1. En una entrevista de trabajo, el empleador debe valorar (*value*) la arrogancia profesional por parte del candidato como muestra de ambición.
2. El dinero es lo más importante para atraer a un candidato.
3. Es aceptable usar recomendaciones de miembros de la familia en la búsqueda de empleo.
4. Muchos profesionales están dispuestos a mudarse para obtener un ascenso.

Examinando las ofertas de empleo

LAS DIFERENCIAS CULTURALES EN LA CONTRATACION Y LA SOLICITUD DE EMPLEO

La fuerte corriente de integración comercial que atraviesa nuestro hemisferio y el estímulo adicional del Tratado de Libre Comercio de América del Norte han hecho que muchas compañías estadounidenses estén abriendo filiales o, al menos, oficinas de representación en la América Hispana. Generalmente, los directivos de estas empresas son los encargados de emplear al personal, en su mayoría nativo, del país donde van a operar. Con frecuencia, estos gerentes no conocen a fondo los valores, las costumbres laborales y los diferentes criterios que existen en las naciones hispanas para evaluar a potenciales empleados. Esto puede resultar en malentendidos tanto por parte de los empleadores como de los empleados. Para poder evaluar eficazmente la calidad de los aspirantes, resulta necesario conocer las cualidades y los requisitos empresariales con los que los candidatos hispanos están familiarizados.

Varios aspectos del código cultural hispano afectan directamente al proceso de oferta y selección de candidatos. El papel central que ejercen la familia, los parientes, cercanos y lejanos, e incluso los amigos se refleja en el entorno empresarial. La compañía se percibe como una extensión de la familia y el empleo se interpreta dentro de un marco patriarcal de fidelidad y seguridad personal. El alto grado de movilidad de los empleados estadounidenses no existe en el mundo hispano, donde la costumbre es quedarse en la misma ciudad, cerca de parientes y amigos. Por esta razón, los hispanos a menudo rechazan traslados con mayores ingresos.

Al empleador estadounidense no deberá causarle mala impresión que el potencial empleado utilice como referencias a miembros de su familia o a amigos que tengan conexión con la empresa. Estos contactos personales constituyen la manera más común de contratación. Para un empleo permanente, en los países hispanos no se usan mucho las agencias ni los asesores en la selección de ejecutivos. Sin embargo, los anuncios en la prensa se utilizan con frecuencia.

Existe también una diferencia fundamental en la percepción de la remuneración como reflejo del valor profesional del empleado. Los hispanos no consideran que el recibir un alto sueldo sea una muestra de lo que se le aprecia en el empleo. El aspecto que más estiman (*appreciate*) no es el dinero, sino el disponer de suficiente tiempo libre para disfrutar de sus ingresos. También se le da mucho valor a la promoción profesional que les pueda ofrecer más lustre social (*social status*).

Los ejecutivos estadounidenses que entrevistan en la América Hispana deben cultivar la diplomacia y la paciencia para tener éxito en un ambiente donde la rapidez y el "ir directamente al grano" (*going right to the point*) no se toman como factores positivos, sino como falta de modales. También hay que notar que, aunque el potencial empleado tenga mucha iniciativa, no se va a presentar, desde un principio, de una manera agresiva y directa, porque esto sería ir en contra del estilo cultural hispano. Es necesario enfatizar, además, que las metas del empleado hispano son, generalmente, a corto plazo. Las metas a largo plazo no se consideran muy importantes, porque el futuro se ve como algo muy distante que no se puede controlar.

Un fenómeno reciente es la importancia de las agencias de trabajo temporal, sobre todo en España, donde constituyen un factor indispensable de la economía. Esta importancia se debe al alto nivel de desempleo en ese país, y al hecho de que las compañías prefieren la flexibilidad del empleo temporal, ya que la fuerza de las leyes laborales y de los sindicatos hace casi imposible el despido de los empleados.

Otro factor que ha surgido recientemente en el mercado de trabajo para ejecutivos es el número de estadounidenses que está buscando empleo en la América Latina como asesores especializados para las grandes empresas de esos países. Esta nueva tendencia es consecuencia directa del crecimiento y de la apertura de las economías de este hemisferio en los últimos años, así como de la reducción de plazas de alto nivel en los Estados Unidos. Claro que para ser considerado un candidato competente en la América Latina, es preciso que los ejecutivos estadounidenses se adapten también a la manera de emplear de los países hispanos. Y sobre todo, tienen que poseer dos cualidades esenciales: conocimientos profesionales o técnicos y dominio del español.

Actividades

A. Conteste a las siguientes preguntas según lo que ha leído.

1. ¿Para qué se están trasladando muchos directivos estadounidenses a la América Hispana?
2. ¿Cómo percibe un candidato hispano a la empresa en que trabaja?
3. ¿Por qué no es común la movilidad para el empleado hispano?
4. ¿De qué medios se sirve un hispano para buscar trabajo?
5. ¿Cuál es el aspecto de un empleo que los hispanos aprecian más que el dinero?
6. ¿Qué cualidades son muy importantes en un ejecutivo estadounidense que tiene que entrevistar a un candidato hispano?

B. Compare los siguientes aspectos de la contratación y solicitud de empleo en los países hispanos y en los Estados Unidos, según sus propios conocimientos.

1. la movilidad de los empleados
2. la importancia de la remuneración
3. las referencias familiares
4. las agencias de empleo

C. Lea el siguiente caso. Después, especule con un(a) compañero(a) sobre el punto de vista de ambos personajes. ¿Cómo explican Uds. sus acciones? ¿Qué harían Uds. en esta situación?

Fred Myers, ejecutivo de la empresa estadounidense Sports Unlimited, Inc., está en Monterrey, México, entrevistando a Mauricio de la Serna, candidato para un empleo en la filial que su empresa tiene en esta ciudad. El Sr. Myers se siente frustrado porque, al preguntarle al candidato en qué posición se ve él dentro de diez años, éste le contesta que no lo ha pensado todavía.

▲▲▲ Aclaraciones gramaticales ▲▲▲

El subjuntivo en oraciones subordinadas de relativo (*adjective clauses*)

Adjective clauses modify nouns just as adjectives do. In Spanish, adjective clauses generally begin with the relative pronoun **que,** which can mean *that, which, who,* or *whom.* The noun, noun phrase, or pronoun that the adjective clause modifies is called the antecedent.

Juan García, que dirige la empresa FILA, S.A., es una persona eficiente.
  (*antecedent*)   (*adjective clause*)

When an antecedent is not a specific person or thing, or its existence is unclear to the speaker, the subjunctive is used in the adjective clause.

Busco un empleado que **hable** bien español.	*I am looking for an employee who speaks Spanish well.*
Necesito encontrar a alguien que **pueda** darme el nombre de un cazatalentos.	*I need to find someone who can give me the name of a headhunter.*

The subjunctive is also used when negative words such as **nadie, nada,** and **ninguno** express non-existence, and in interrogative sentences.

Aquí no hay nadie que **sepa** el español comercial.	*There is nobody here who knows business Spanish.*
¿Tienes algún libro de referencia que me **pueda** ayudar con mi C.V.?	*Do you have any reference books that could help me with my résumé?*

When the antecedent is a specific person or thing, the indicative is used in the adjective clause.

Al presidente le pagan un salario que **refleja** sus años de experiencia.	*They pay the president a salary that reflects his years of experience.*
Tengo una empleada que **habla** bien español.	*I have an employee who speaks Spanish well.*

Práctica

A. Complete el diálogo entre Elías Menéndez y Leticia Ramírez con la forma apropiada de los verbos entre paréntesis.

Sr. Menéndez   —Buenas tardes, Sra. Ramírez. Soy Elías Menéndez. Por nuestra conversación telefónica ya sabe Ud. que necesitamos una secretaria que _____ (saber) inglés y español.

Sra. Ramírez	—Sí, y nuestra agencia tiene mucha experiencia en solucionar problemas de este tipo. Ya le hemos preparado una carpeta con el historial de las candidatas. Hay varias personas que _____ (tener) las cualidades que Ud. busca.
Sr. Menéndez	—Aquí veo que hay dos o tres candidatas con buenos conocimientos de informática. Pero creo que no hay nadie que _____ (ser) totalmente bilingüe.
Sra. Ramírez	—Realmente es difícil encontrar personas que _____ (conocer) profundamente los dos idiomas. Sin embargo, esta tarde hablé con Antonio Redín en otra de nuestras sucursales y me dijo que han encontrado a alguien que _____ (hablar) y _____ (escribir) muy bien el español y el inglés.
Sr. Menéndez	—Excelente, me gustaría mucho conocerla, porque para este trabajo tengo que tener una empleada que _____ (estar) bien capacitada.
Sra. Ramírez	—Espero que esta persona le sirva. Somos famosos por encontrar empleados que les _____ (gustar) a nuestros clientes. Le llamaré por teléfono para concertar (*arrange*) la entrevista.
Sr. Menéndez	—Le agradezco mucho su ayuda.

B. Su compañía necesita un(a) secretario(a) bilingüe en inglés y español. Usen los verbos **buscar, desear, querer, necesitar** y otros de su elección para decirle al departamento de recursos humanos las características y aptitudes que deberán poseer los candidatos al puesto.

MODELO: *Busco una persona que sepa escribir a máquina rápidamente.*

C. Imagínese que Ud. tiene que dar un discurso sobre "Las diez cualidades esenciales que deben poseer los ejecutivos en la economía global de hoy". Complete las siguientes oraciones para desarrollar su lista.

1. Se aprecia la persona que...
2. Se buscan candidatos que...
3. Se requieren graduados que...
4. Se necesitan individuos que...
5. Las compañías quieren ejecutivos que...
6. Es importante que los ejecutivos...
7. Se valora mucho al aspirante que...
8. Se considera vital que un candidato...
9. El mercado exige que los directivos...
10. Dentro de diez años, será necesario que los ejecutivos...

▲▲▲ Los negocios en la prensa ▲▲▲

ANTES DE LEER

Conteste a las siguientes preguntas con dos o tres compañeros(as) de clase. Compartan sus conclusiones con toda la clase.

1. ¿Cuáles son algunos factores que contribuyen al éxito profesional de un(a) ejecutivo(a)?
2. ¿Cuáles son los puestos de dirección mejor pagados? ¿Cuáles son los peor pagados? ¿Por qué?
3. ¿Qué factores hacen un empleo atractivo para un(a) candidato(a)?

ENTRADAS AL TEXTO

Imagínese que Ud. está encargado(a) de hacer una encuesta entre altos directivos de los Estados Unidos sobre varios aspectos de su vida profesional. Haga una lista de diez preguntas que podrían incluirse en el cuestionario.

Directivos bajo la lupa[1]

Al directivo español le pagan poco, trabaja demasiadas horas al día, padece estrés... y, a pesar de todo, se considera un triunfador y todavía piensa seguir ascendiendo en su carrera profesional. Estas son algunas conclusiones generales de una encuesta realizada entre directivos españoles, encargada por Actualidad Económica a ICP Research.

¿Qué opinan de sí mismos? ¿Qué esperan de sus colaboradores? ¿Están contentos con lo que ganan? En esta primera parte de la encuesta, los directivos se enjuician a sí mismos y responden a cuestiones fundamentales de su trabajo y su carrera profesional.

La capacidad de dirigir equipos humanos, las dotes[2] para la toma de decisiones y la experiencia profesional son bazas[3] seguras para ese éxito que más de la cuarta parte de los directivos dice haber alcanzado. Pero también cuentan otros factores.

Haber trabajado anteriormente para dos o tres empresas es corriente[4] y se valora mucho la personalidad, el conocimiento de idiomas o el saber descifrar los arcanos[5] del lenguaje informático[6] para la contratación de colaboradores, antes que la presentación de títulos máster o similares.

A este respecto, más de la mitad de las mujeres directivas entrevistadas afirma haberse sentido alguna vez discriminada laboralmente. Es una cifra que aumenta hasta el 64,5 por ciento en el caso del departamento financiero. En cambio, cuando se pregunta, tanto a hombres como a mujeres, si existe discriminación laboral hacia la mujer en su nivel profesional, mientras que las mujeres dicen que sí en un setenta por ciento, la proporción de hombres con la misma opinión baja hasta el 38,4 por ciento.

En cualquier caso, para optar a un puesto directivo lo esencial es "tener una personalidad adecuada para el cargo''. Tampoco estará de más[7] la formación[8] o el contar con unas buenas relaciones profesionales.

¿A quién hay que pagar mejor? No hay duda: al director general. De ahí para abajo, el que menos les importa a todos es el jefe de personal, que es el área con menos posibilidades de ser la mejor remunerada.

En todo caso, no sólo con dinero se tienta[9] a un directivo. Mucho más importante, según se desprende de la encuesta, es la promoción profesional, que supone el principal incentivo a la hora de plantearse un cambio de trabajo.

La carrera hacia el éxito no parece tener límite. Casi sesenta de cada cien directivos afirman tener expectativas de ascenso, a pesar de estar ya en los niveles altos de la empresa. Otro 33,2 por ciento reconoce no vislumbrar más peldaños[10] en su particular escalada. En cualquier caso, más de la cuarta parte de los directivos, estresados o no, se consideran triunfadores. ●

Actualidad Económica (España)

---

1 *magnifying glass*   2 *talents*   3 *assets*   4 *customary*   5 *secrets*   6 **lenguaje...** *computer language*   7 **estará...** *it can't hurt*   8 *education*   9 **se...** *is tempted*   10 **vislumbrar...** *to glimpse more rungs*

Después de leer

A. Conteste a las siguientes preguntas según lo que ha leído.

1. ¿Quién encargó la encuesta y quién la realizó?
2. ¿Cuáles son algunas de las claves del éxito mencionadas por los directivos que se consideran triunfadores?
3. ¿Pudo determinar la encuesta si existe discriminación laboral contra la mujer al nivel directivo en España? ¿Por qué o por qué no?
4. ¿Cuál es la cualidad más importante para conseguir un puesto directivo, según la encuesta?
5. ¿Quiénes son los directivos españoles mejor pagados? ¿Quiénes son los peor pagados?
6. ¿Cuáles son algunos factores que podrían convencer a un directivo a cambiar de empleo?

B. Busque frases en la lectura que tengan el mismo significado que las frases a continuación.

1. también son útiles una buena educación y buenos contactos
2. no ven más posibilidades de adelanto en su profesión
3. cuando uno está pensando en buscarse un nuevo empleo
4. son cualidades atractivas para llegar a triunfar
5. tener conocimiento de computadoras

C. Lea el artículo otra vez y resúmalo por escrito en sus propias palabras.

INTERPRETANDO LOS GRAFICOS

Conteste a las siguientes preguntas según la información en el gráfico.

1. ¿En qué puesto gana la mayoría de los directivos un salario superior a 400 mil pesetas mensuales?
2. ¿En qué puesto gana la mayoría de los directivos un salario inferior a 400 mil pesetas mensuales?
3. ¿Cuál sería el salario mínimo, medio y máximo para cada puesto en dólares? ¿Cómo comparan estos salarios con los que se pagan para cargos similares en los Estados Unidos?

¿CUANTO GANA?
(Salario neto mensual de un directivo, en miles de pesetas)[1]

	DG	DF	I&P	Mkt	PdD	RH	TOTAL
Menos de 150	1,8	0,0	0,0	0,0	0,0	0,0	0,5
De 150 a 200	1,8	11,2	7,5	4,6	3,7	4,9	4,9
De 200 a 300	17,7	25,1	22,8	27,5	19,6	20,0	23,2
De 300 a 400	19,2	28,4	29,6	18,2	10,1	21,6	20,7
De 400 a 500	24,1	14,0	24,2	23,8	38,7	21,2	23,9
De 500 a 600	13,9	11,8	8,1	13,8	28,0	21,9	13,4
De 600 a 700	5,9	1,8	2,9	6,4	0,0	5,0	4,9
De 700 a 800	5,8	0,0	2,4	2,4	0,0	2,5	3,2
800 o más	9,8	7,7	2,4	3,3	0,0	3,0	5,4

DG   Director general

DF   Director financiero

I&P   Responsable de investigación
y producción

Mkt   Responsable comercial y de ventas

PdD   Responsable de proceso de datos

RH   Director de recursos humanos

[1] Refiérase al gráfico en la página 49 para comprobar el aproximado valor de las cantidades monetarias citadas.

Por escrito
▼▼▼▼▼▼▼▼▼▼▼▼▼

Carta pidiendo antecedentes profesionales y referencias

HouseWOLFE
647 Flagler St.   Miami, Florida 33130
Inc.

19 de enero de 19—

Sr. Joaquín Torres
Director Técnico
Laboratorios Manchester
Calle Providencia 210
Colonia del Valle
03108 México, D.F.
México

Estimado Sr. Torres:

Me dirijo a Ud. para pedirle informes sobre la Srta. Elena
Salgado, que ha solicitado el cargo de directora de ventas
de nuestra filial en Miami. La Srta. Salgado nos ha indicado
que Ud. puede proporcionarnos referencias detalladas sobre
sus cualidades personales y profesionales.

Nos damos cuenta de que por su gran responsabilidad Ud. es
una persona muy ocupada. No obstante, nos atrevemos a pedir
de su amabilidad que nos envíe estos informes, pues su
opinión será de gran valor para tomar nuestra decisión. Le
garantizamos que mantendremos sus informes de una manera
confidencial.

Agradeciéndole por anticipado su gentil colaboración, le
saluda atentamente,

House-Wolfe, Inc.

Ismael Torrijos
DIRECTOR DE RECURSOS HUMANOS

Carta pidiendo antecedentes profesionales y referencias

Al pedir informes sobre un candidato, es importante aclarar que esta información se solicita con permiso del aspirante y que la respuesta se mantendrá totalmente confidencial. Para ayudar a la persona con la que el potencial empleador va a establecer contacto, de manera que la información que dé sea apropiada, la carta deberá identificar el tipo de puesto que solicita el candidato, así como las habilidades especiales o experiencia que se requiera. Ya que el informe se va a dar como un favor al potencial empleador, la petición tendrá que hacerse con gran cortesía y, además, habrá que agradecer la respuesta por adelantado. Véase el modelo de la página 161.

Como a los candidatos hispanos les puede resultar difícil, por razones culturales, destacar sus propias cualidades, una carta de recomendación favorable debe reflejar, de una manera directa, el talento profesional y la experiencia del solicitante (*applicant*). La carta tiene que mencionar la relación entre la persona que da el informe y el (la) aspirante. Además, hará referencia al comportamiento del candidato en su empleo anterior e indicará por qué esto tiene importancia en relación con el trabajo que está solicitando. Para terminar, hay que destacar las cualidades personales que hacen sobresalir (*stand out*) a la persona.

Frases útiles

Me dirijo a Ud...	*I am writing you . . .*
Nos atrevemos a pedir de su amabilidad...	*We respectfully request . . .*
Su opinión es de gran valor...	*We value your opinion . . .*
Le recomiendo a...	*I recommend . . .*
Tengo el gusto...	*I have the pleasure . . .*
Esperando que esta información le sea útil...	*Hoping that this information will be useful . . .*
Esperamos poder servirle en el futuro...	*We will be happy to help you in the future . . .*

Práctica

Imagínese que Ud. es el (la) director(a) técnico(a) de los Laboratorios Manchester en México, D.F., y que acaba de recibir una carta pidiendo informes sobre Elena Salgado, la candidata al puesto de directora de ventas de la empresa de productos químicos House-Wolfe. Escriba una carta de recomendación favorable.

▲▲▲ Situaciones ▲▲▲

Lea cada uno de los casos siguientes y piense en lo que dirían los diferentes personajes en cada situación, refiriéndose al *Vocabulario general* en la página 165 cuando sea necesario. Represente las situaciones con sus compañeros de clase.

1. El (La) director(a) de una agencia de traductores e intérpretes en Ciudad de Panamá habla con dos ejecutivos(as) que desean contratar los servicios de la agencia para una conferencia de tres días, que va a patrocinar la compañía y a la que asistirán profesionales de varios países. Los tres discuten las necesidades específicas de la compañía, los diferentes contratos que ofrece la agencia en estos casos, la formación y experiencia de los traductores e intérpretes y las garantías de habilidad y profesionalidad que ofrece la agencia. **Términos útiles: adiestramiento, formación, desempeñar, disponible**

2. El (la) jefe(a) de personal de la empresa estadounidense Regional Importers, Inc., que importa café de Colombia, habla con el (la) jefe(a) de compras y uno(a) de los vicepresidentes de la compañía sobre la necesidad de emplear a una persona que sirva de conexión entre la compañía y sus proveedores. Los (Las) tres intercambian opiniones sobre las exigencias del puesto y de las cualidades personales, la preparación profesional y la experiencia laboral que deben tener los candidatos. **Términos útiles: vacante, titulación universitaria, reclutar, trabajar horas extras, tener conocimientos de ciencia computacional (informática)**

3. El (La) subdirector(a) de una compañía estadounidense está en Hermosillo, México, para entrevistar a un(a) candidato(a) a jefe(a) de ventas para la filial mexicana de su empresa. Los (Las) dos negocian el salario y la comisión, de acuerdo con la experiencia del (de la) aspirante. **Términos útiles: antecedentes profesionales, ascenso, dotes de mando, pequeños beneficios, remuneración, sueldo fijo, finalista**

Práctica del vocabulario general

A. Complete las siguientes oraciones con una palabra adecuada.

1. Hoy en día los _____ con frecuencia buscan a empleados con conocimientos de computadoras.
2. Para saber el nivel de educación de un(a) candidato(a), una cosa muy importante que se discute en una entrevista de trabajo es la _____.

3. Los _____ se especializan en la búsqueda de ejecutivos valiosos.
4. Para recibir un _____ hay que demostrar eficacia en el puesto.
5. Hoy en día para tener empleados capacitados en un puesto hay que ofrecer una buena _____.
6. Para poder dirigir un equipo de empleados es necesario tener _____.

B. Lea las afirmaciones siguientes e indique si está de acuerdo o no. Si son falsas, explique por qué.

1. Reclutar es encontrar empleados y ponerlos a trabajar.
2. Las filiales mantienen contacto frecuente con la casa matriz.
3. Los representantes de ventas generalmente ganan sólo un sueldo fijo.
4. Para algunas personas un horario flexible es un extra.
5. Presentarse es sinónimo de estar presente.
6. Si alguien está disponible, no puede empezar un trabajo inmediatamente.
7. Una vacante es un puesto vacío.

C. Traduzca las siguientes oraciones al español.

1. When a company begins to grow, it is frequently necessary to staff up.
2. It is important for an executive to have leadership qualities.
3. The human resources manager is a very nice person.
4. Martínez was turned down because he wasn't computer literate.
5. Teresa García began working the day shift yesterday.
6. Sometimes it is necessary to work overtime.
7. Many companies are adopting a flexible schedule.

D. Complete las frases siguientes de una manera lógica.

1. El candidato fue <u>rechazado</u> porque...
2. Les <u>faltaba personal</u> y decidieron...
3. No es fácil <u>desempeñar</u> un trabajo de ejecutivo cuando...
4. Las empresas de hoy generalmente ofrecen oportunidades de <u>formación profesional</u> si...
5. Hay que <u>entrevistar</u> a los candidatos para...
6. La empresa ofrece <u>adiestramiento</u> porque...
7. Para llenar una <u>vacante</u> en la gerencia, es necesario...

V o c a b u l a r i o   g e n e r a l

SUSTANTIVOS

el adiestramiento   training
los antecedentes profesionales, el historial profesional   employment history
el ascenso   promotion
el (la) aspirante, el (la) candidato(a), el (la) solicitante   job applicant
la casa matriz   main office
el (la) cazatalentos, el (la) asesor(a) de personal   headhunter
el directivo, la mujer directiva   manager
las dotes de mando   leadership qualities
el (la) empleador(a)   employer
el (la) finalista   finalist
la formación profesional   staff development
el horario flexible   flexible schedule

el (la) jefe(a) de oficina   office manager
el (la) jefe(a) de personal, el (la) director(a) de recursos humanos   human resources manager
los pequeños beneficios, los extras   perks, fringe benefits
el personal, la plantilla   staff
la remuneración, la retribución   compensation
el sueldo fijo   base salary
la titulación universitaria   university degree
el turno   shift
el turno de día   day shift
el turno de noche   night shift
la vacante   job opening

VERBOS

apreciar, valorar   to value
desempeñar   to perform, carry out (*tasks or duties*)
entrevistar   to interview

presentarse   to introduce oneself
reclutar   to recruit

ADJETIVOS

disponible   available
laboral   related to labor or employment

responsable   responsible

OTRAS PALABRAS Y EXPRESIONES

faltar personal   to be short-handed
incorporación inmediata   beginning immediately (*used in want ads*)
reforzar el personal   to increase staff
remuneración según experiencia aportada   salary commensurate with experience

ser rechazado(a)   to be turned down
tener conocimientos de ciencia computacional (de informática)   to be computer literate
trabajar horas extras (extraordinarias)   to work overtime

LAS COMUNICACIONES Y LOS TRANSPORTES

Los teléfonos celulares proliferan en Caracas, Venezuela

Funciones	Pidiendo información sobre el transporte de mercancías
	Detallando condiciones de los servicios
Comercio y cultura	El desarrollo del transporte y del sistema de comunicaciones
Aclaraciones gramaticales	Oraciones condicionales que contienen cláusulas con **si**
Por escrito	Carta de cotización

Una llamada a un servicio
de transporte urgente
▼▼▼▼▼▼▼▼▼▼▼▼▼▼▼▼▼▼▼▼▼▼▼▼▼

Juan Gómez, representante de la compañía puertorriqueña de productos químicos Henríquez Costa, S.A., está hablando por teléfono con una de las empleadas de TRI,[1] una empresa multinacional de transporte urgente. El Sr. Gómez desea información sobre el envío de mercancías al extranjero, pues necesita mandar unos pedidos al Ecuador.

La empleada	—¿En qué puedo servirle?
Sr. Gómez	—Necesito saber sus tarifas para el envío de mercancía por vía aérea. También necesito saber los costos de embalaje y qué tipo de garantías ofrecen sobre la llegada de la mercancía en buenas condiciones y en la fecha deseada.
La empleada	—Ofrecemos una gran variedad de tarifas a nuestros clientes. Todo depende del número de paquetes en la carga, del tamaño y peso de cada paquete y del tipo de embalaje que requieran. Por ejemplo, si la carga es frágil, los gastos de embalaje son mayores porque se necesitan envases y materiales más resistentes. Si la carga contiene productos alimenticios, las cajas o envases deben ser herméticos y enviados en grandes recipientes refrigerados.
Sr. Gómez	—Otra consideración es la rapidez, claro. En esta ocasión no me da tiempo a enviar la mercancía por barco.
La empleada	—Sí, señor. Como el transporte aéreo es mucho más rápido que el transporte marítimo, las tarifas son más altas. También afectará el precio total si Ud. elige comprar un seguro para asegurar la mercancía por encima de la indemnización máxima. Tenemos una amplia selección de seguros para asegurar la llegada de cualquier tipo de artículo en buenas condiciones. Sin embargo, no ofrecemos seguros contra retrasos en la entrega de un envío. Si Ud. lo quisiera, tendría que comprarlo por su cuenta.
Sr. Gómez	—¿Pueden Uds. mandarnos información sobre todo esto?
La empleada	—Por supuesto. Esta misma tarde le mandaré una lista de todos nuestros servicios y tarifas. Cuando decida lo más conveniente para Ud. o su compañía, nos puede llamar para indicarnos la fecha para recoger el envío.
Sr. Gómez	—Muy bien. Les llamaremos tan pronto como decidamos. Y una pregunta más, ya que la mercancía irá al Ecuador, ¿qué pasaría si hubiera algún problema de aduana?

---

[1] En español las siglas (*acronyms*) que incluyen vocales se pronuncian como palabras y no como letras separadas como se hace en los Estados Unidos. Por ejemplo, **TRI** se pronuncia *tree* y no ''te-ere-i''.

La empleada —Bueno, siempre contamos con que nuestros clientes tengan todo en orden respecto a la aduana y a la entrada en el país extranjero, pero si hubiera algún problema imprevisto, nosotros lo arreglaríamos. Utilizamos una red de telecomunicaciones por láser que nos permite localizar los envíos en cualquier momento. Y tenemos intermediarios en toda América Latina que pueden facilitar cualquier problema que se presente en la aduana.

Sr. Gómez —En ese caso, me quita Ud. un peso de encima. Si lo hubiéramos sabido, nos habríamos preocupado menos. Es importante para nuestra compañía saber que estamos en buenas manos. Su información ha sido muy completa y se lo agradezco mucho. Si necesitamos saber algo más, le llamaremos para que nos lo aclare. Hasta pronto, pues.

La empleada —Adiós, y puede estar seguro que TRI siempre está al mejor servicio del cliente.

V o c a b u l a r i o   e n   c o n t e x t o

SUSTANTIVOS

el embalaje   packing, packaging
la empresa (la compañía) de transporte(s)   carrier
el envase   receptacle, container; packaging
la indemnización   compensation, indemnity

el recipiente, el contenedor   shipping container
el tamaño   size
el transporte aéreo   airborne transport
el transporte marítimo   seaborne transport

VERBOS

arreglar   to fix
asegurar   to insure
efectuar   to carry out

elegir   to choose
entregar   to deliver

ADJETIVOS

hermético(a)   airtight

imprevisto(a)   unforeseen

OTRAS PALABRAS Y EXPRESIONES

me quita un peso de encima   that makes me feel better
ponerse de acuerdo   to come to an agreement

por barco   by ship
por vía aérea   by air

Práctica

A. Conteste a las siguientes preguntas.

1. ¿Con quién está hablando el Sr. Gómez?
2. ¿Qué tipo de información necesita?
3. ¿Adónde va a ir la mercancía?
4. ¿De qué dependen las tarifas de TRI?
5. ¿En qué casos se requieren envases especiales?
6. ¿Qué tipo de seguro ofrece TRI? ¿Qué tipo no ofrece?
7. ¿Qué le va a mandar la empleada a Juan Gómez? ¿Qué espera que él haga?
8. Si hay algún problema de aduana, ¿cómo lo puede arreglar TRI?
9. En su opinión, ¿qué impresión le causa al Sr. Gómez la compañía TRI? ¿Cómo lo sabe?

B. Complete cada oración con la palabra o frase más adecuada.

1. Los clientes deben _____ el medio de transporte que prefieren.
2. Para transportar productos alimenticios se necesitan envases _____.
3. No es posible _____ la mercancía contra todo riesgo a través de la empresa de transportes.
4. El transporte _____ es más rápido que el transporte _____.
5. Una compañía de transportes con buena reputación trata de _____ la mercancía a tiempo.
6. La empresa ha establecido una _____ máxima de cien dólares por daños o pérdidas.

C. Lea el anuncio de la página 170 con un(a) compañero(a) y hagan una lista de las palabras claves que se utilizan para crear una impresión favorable de la compañía. ¿Qué imágenes sugieren estas palabras? ¿Cuáles son otras palabras que se podrían utilizar en un anuncio para este tipo de compañía?

EN UPS, NUESTRA CONFIABILIDAD MUNDIAL ESTA BASADA EN LA CAPACIDAD PARA DEPENDER DE NOSOTROS MISMOS.

No debe sorprenderle
que la compañía de paquetería y mensajería más
grande del mundo también tenga la flotilla
de entregas más grande.
Cientos de aviones, miles de camiones, todos
cuidados por nuestros propios mecánicos, rastreados
por nuestro propio sistema computarizado;
todos operados por personal
que porta con orgullo el uniforme de UPS.
Todo esto quiere decir, que alrededor del mundo,
nosotros somos más confiables que
cualquier otra compañía de mensajería.
Es por esto que UPS puede hacerse responsable
de sus envíos internacionales
en cada paso del camino.

Tan seguro como si usted mismo lo llevara.

▲▲▲ Comercio y cultura ▲▲▲

PREPARACION

¿Está Ud. de acuerdo con las siguientes afirmaciones? Justifique sus respuestas.

1. Todos los países enfrentan los mismos retos en el transporte de mercancías a diferentes mercados.
2. Los transportes por tierra, marítimos y por ferrocarril (*train*) han perdido importancia con el desarrollo de la industria aérea.
3. Es mejor que las compañías de teléfonos sean privadas y no estatales.

Tren de alta velocidad (AVE) en su trayecto de Madrid a Sevilla.

EL DESARROLLO DEL TRANSPORTE Y DEL SISTEMA DE COMUNICACIONES

Las mejoras de los últimos años en el transporte y en el sistema de comunicaciones del mundo hispano han hecho posible un incremento en el acceso a los mercados domésticos y extranjeros. Del mismo modo ha aumentado la competitividad de estos países dentro del mercado global. Estas circunstancias han creado una mayor disponibilidad de bienes y de servicios y nuevas oportunidades para las compañías extranjeras que desean establecer relaciones comerciales con estas naciones.

Durante muchos años, el transporte de mercancía en el mundo hispano se ha visto limitado por problemas geográficos y de infraestructura. Por ejemplo, en Sudamérica las dificultades de viajar por tierra hacían mucho más difícil el comercio entre ciudades separadas por la cordillera de los Andes. En España, la incompatibilidad de los rieles ferroviarios (*railroad tracks*) españoles con los del resto de Europa causó durante muchos años dificultades para el transporte de mercancía entre esos países. El incremento de la infraestructura, tanto de ferrocarriles como de carreteras, y el desarrollo del transporte aéreo entre ciudades importantes han facilitado el transporte de mercancías en el mundo hispano. Al mismo tiempo, se ha estimulado el turismo como una importante fuente de ingresos para muchos países.

Este impulso se inició con la construcción de la carretera Panamericana, una red de carreteras que se extiende desde la frontera entre los Estados Unidos y México hasta el sur de Chile, y de la costa oeste a la costa este de Sudamérica, uniendo las capitales de diecisiete países latinoamericanos. Desde 1950 hasta la actualidad, continúan realizándose mejoras y adiciones de nuevas secciones a este sistema de 29.525 millas de extensión.

Actualmente existe un proyecto de transporte mixto de ferrocarriles y de carreteras, llamado PRODECA, que atravesará Centroamérica y hará posible la comunicación comercial de estos países con México y Colombia. Los dirigentes centroamericanos del plan, que incluye además la modernización de aeropuertos y puertos, esperan contar con financiamiento de fuentes privadas y públicas.

En España, la RENFE (Red Nacional de Ferrocarriles Españoles) puso en funcionamiento en 1992 el tren ultrarrápido AVE (Alta Velocidad Española) que puede hacer un recorrido de 187 millas en dos horas.

Algunos países hispanos, especialmente Panamá, España, Argentina y México, han tenido desde hace mucho tiempo una gran importancia dentro de la industria del transporte marítimo. El plan de devolución del control del canal de Panamá a este país el 31 de diciembre de 1999 hará más importante la posición de Panamá en el mercado mundial.

La creación de modernos sistemas de telecomunicaciones y la introducción de servicios aéreos de transporte urgente han facilitado el acceso rápido a la información y han hecho que las comunicaciones comerciales dependan menos de servicios postales deficientes.

En varios países de la América Hispana se han privatizado las compañías de teléfonos y se han desregulado las redes de operación para los teléfonos celulares. A Chile se le considera el líder de este movimiento, por ser el primer país latinoamericano que privatizó su sistema telefónico. Es, además, el país pionero de la región en la tecnología de transmisión por satélite. En México, Telmex (Teléfonos de México), que tiene el monopolio de telecomunicaciones, se privatizó en 1990, el mismo año que ENTEL, la compañía de teléfonos de Argentina.

En muchos países hispanos, los usuarios todavía tienen problemas para conseguir la instalación de un teléfono y conexiones fiables (*reliable*). Por esta razón, se ha extendido mucho el uso de teléfonos celulares, sobre todo en México, que tiene el 64% de los usuarios latinoamericanos de teléfonos celulares.

Hoy en día AT&T está a la cabeza de las compañías estadounidenses de telecomunicación que quieren establecerse sólidamente en los países hispanos, con MCI y Sprint entrando también en la competición. El principal interés de estas compañías está en la venta e instalación de equipos telefónicos y la construcción de líneas de fibra óptica y redes digitales.

Actividades

A. Diga si las siguientes oraciones son ciertas o falsas, según lo que ha leído. Si son falsas, explique por qué.

1. La competitividad de la mayoría de los países hispanos se ha deteriorado en años recientes debido a problemas con el transporte de mercancías.
2. La cordillera de los Andes complica el transporte por tierra entre algunas ciudades sudamericanas.
3. La carretera Panamericana, cuya construcción se terminó en 1950, une las capitales de catorce países latinoamericanos.
4. Panamá compartirá el control del canal de Panamá con los Estados Unidos a partir del 31 de diciembre de 1999.
5. En la América Hispana hay una tendencia a la privatización de las compañías de teléfonos.
6. A las compañías estadounidenses de telecomunicaciones no les interesa penetrar el mercado hispanoamericano a causa de la falta de redes digitales.

B. Compare los siguientes aspectos del transporte y las comunicaciones en los países hispanos y en los Estados Unidos, según sus propios conocimientos.

1. problemas geográficos
2. problemas de infraestructura
3. últimas tendencias en el empleo de telecomunicaciones

C. Lea el siguiente caso. Después, especule con un(a) compañero(a) sobre el punto de vista de ambos personajes. ¿Cómo explican Uds. sus acciones? ¿Qué harían Uds. en esta situación?

Andrea Smith, una mujer de negocios estadounidense, está ansiosa de ponerse en contacto con Mateo Alcalá, asesor profesional que tiene su propio negocio en México. Los dos se conocieron en un congreso hace algunos meses. Smith piensa que Alcalá le podría ser muy útil como asesor en una transacción de negocios que va a realizar. Alcalá le había dicho que tenía su despacho en su domicilio, pero al marcar el número que él le dio, se siente frustrada porque continuamente escucha el mismo mensaje que dice que el número de teléfono celular al que llama no funciona en ese momento. Cuando al fin logra comunicarse con Alcalá, Smith le menciona los problemas que ha tenido para comunicarse con él y le pregunta por qué no tiene una línea telefónica normal con una máquina contestadora. Alcalá le explica que se acaba de mudar (*move*) y que espera tener un contestador automático dentro de unos meses. Smith no comprende la aparente falta de preocupación de Alcalá por no tener su propia línea telefónica ya instalada. Esto hace que ella se pregunte si Alcalá es realmente el tipo de persona que ella está buscando.

▲▲▲ Aclaraciones gramaticales ▲▲▲

Oraciones condicionales que contienen cláusulas con *si*

Conditional sentences containing **si**-clauses *usually* consist of two parts. The **si**-clause states a condition, and the main clause expresses the result of the condition. Either clause may be placed first in the sentence.

Possible or Actual Conditions

When a present, future, or past condition expressed by a **si**-clause is habitual or is likely to be realized, the indicative is used in both clauses.

si-*clause*	*main clause*
si + present indicative	present indicative
	future
	command
si + imperfect	imperfect

Llamo al cliente si la mercancía **llega** con retraso.	*I call the client if the merchandise arrives late.*
Si **veo** al cliente, le **hablaré.**	*If I see the client, I'll talk to him.*
No pagues la factura si el contrato no **se cumple.**	*Don't pay the invoice if the contract isn't fulfilled.*
Si **tenía** mucho trabajo, **me quedaba** hasta tarde en la oficina.	*If I had a lot of work, I stayed late at the office.*

Hypothetical, Impossible, or Contrary-to-Fact Conditions

When a hypothetical condition and result are unlikely to be realized, or when the **si**-clause expresses a condition that can not or did not come about, the subjunctive is used in the **si**-clause and the conditional is used in the main clause. The present subjunctive is never used in **si**-clauses.

si-*clause*	*main clause*
si + imperfect subjunctive	conditional
si + past perfect subjunctive	conditional perfect

Si **embaláramos** las cajas nosotros mismos, **ahorraríamos** dinero.

Si el matasellos en el paquete **fuera** legible, **sabríamos** la fecha en que se envió.

Habrían evitado la demora si **hubieran dado** las instrucciones de embarque a la compañía de transportes.

If we were to pack the boxes ourselves, we would save money.

If the postmark on the package were legible, we would know the date on which it was sent.

They would have avoided the delay if they had given the shipping instructions to the carrier.

Práctica

A. Complete los siguientes minidiálogos con la forma correcta del verbo entre paréntesis.

1. —¿Puedes ayudarme con este trabajo?
   —Si tuviera tiempo lo _____ (hacer) con mucho gusto, pero ahora no lo tengo.

2. —¿Vamos a firmar el contrato ya?
   —Si los clientes tienen los documentos preparados, los _____ (firmar).

3. —¿Visitó Ud. el parque industrial?
   —Si mi avión _____ (llegar) a tiempo, lo habría visitado.

4. —¿Atendía Ud. personalmente a los clientes?
   —Si había mucho trabajo, los _____ (atender) yo.

5. —Creo que la carta que mandé se perdió.
   —Si la _____ (mandar) certificada, habría llegado con más seguridad.

6. —No sé si debemos enviar la mercancía por barco o por avión.
   —Si la enviáramos por avión, _____ (costar) más.

7. —¿Pusiste la fruta en el envase hermético?
   —La _____ (poner) si encuentro alguno.

B. Complete las oraciones siguientes de una manera lógica.

1. Si tengo tiempo hoy...
2. Si el secretario tuviera los recibos...
3. Habríamos mandado las mercancías por avión si...
4. Los contables organizarían bien los informes si...
5. Cuando estés en Miami, si no visitas a la cliente...
6. La empresa ganaría más dinero si...
7. Si hubieras llamado al cliente tan pronto como llegó el envío...

C. Conteste a las siguientes preguntas de una manera lógica.

> MODELO: ¿Qué habrías hecho si no hubiera sido posible enviar la mercancía por avión?
> *Si no hubiera sido posible enviar la mercancía por avión, la habría enviado por barco.*

1. ¿Qué haremos si el mecánico no arregla la máquina a tiempo?
2. ¿Cómo resolveríamos el problema si el avión se retrasara?
3. ¿Quién habría reemplazado a Gómez si él no hubiera podido ir a la reunión?
4. ¿Cómo prepararemos el paquete si no tenemos los envases adecuados?
5. ¿A quién hubiéramos llamado si el director de personal no hubiera estado en la oficina?
6. ¿Con quién en la agencia nos pondremos en contacto si hay problemas?
7. Si Marisa estuviera ocupada, ¿quién pondría la información en la computadora?

▲▲▲ Los negocios en la prensa ▲▲▲

ANTES DE LEER

Conteste a las siguientes preguntas con dos o tres compañeros(as) de clase y compartan sus conclusiones con toda la clase.

1. ¿Qué problemas enfrentan las aerolíneas en el clima económico de hoy?
2. ¿A qué creen Uds. que se deben esos problemas?
3. ¿Creen Uds. que es mejor la regulación o la liberalización del tráfico aéreo?
4. ¿Cuáles son tres factores que serían importantes para Uds. al momento de escoger una línea aérea para hacer un viaje de negocios?

ENTRADAS AL TEXTO

1. Haga una lista de palabras que podrían asociarse con la administración de una aerolínea. Búsquelas en una primera lectura rápida del siguiente artículo.
2. Trate de nombrar algunos problemas que han enfrentado las aerolíneas en años recientes. ¿Los han solucionado?

Aguila Latina

El 31 de octubre de 1993 fue una fecha importante para Gerardo de Prevoisin. Ese día, el líder de Aeroméxico reemplazó a Bob Crandall, de American Airlines, como presidente de la IATA.[1] Nada más simbólico para quien encabeza una aerolínea que se está convirtiendo en uno de los grandes jugadores globales.

Hace pocos años, Aeroméxico era un mastodonte estatal con un 28% de participación en el mercado doméstico —Mexicana de Aviación tenía el 64%—, y se le conocía como ''Aeromaybe'' por su impuntualidad y sus pérdidas de equipaje. La única salida viable que vio el gobierno saliente[2] del presidente mexicano Miguel de la Madrid fue dejar que la aerolínea quebrara para luego privatizarla, de modo que los nuevos dueños salvaran sólo aquello que valía la pena. La privatización se concretó en octubre de 1988, cuando ya había sido elegido Carlos Salinas de Gortari. Y De Prevoisin se convirtió en un socio minoritario más de la aerolínea que recién salía de la bancarrota.

Con poco más del 5% de las acciones de Aeroméxico en sus manos, este ejecutivo de formación financiera y 51 años de edad llegó a ser presidente del consejo de la aerolínea en 1989. Formó un equipo que logró ganarse la confianza de los accionistas y de los empleados. Más importante aún, tuvo que cambiar la opinión de los potenciales pasajeros, ofreciendo tarifas más convenientes, buen servicio en tierra y a bordo y la promesa de puntualidad. ''Hizo una labor extraordinaria'', dice José Garza, gerente general de Garza Travel Services. ''Tenía su mercado definido para los viajeros de negocios, y estaba volando rutas específicas con precisión.''

Los resultados fueron espectaculares. La participación doméstica subió al 40% en 1990 y su puntualidad llegó al 96% de sus vuelos: la mejor del mundo.

Ahora, De Prevoisin enfrenta un segundo desafío:[3] continúa el crecimiento de su aerolínea en uno de los peores momentos de la aviación mundial.

''Llegar con vuelos propios a Nairobi o Sydney ni lo soñamos'', dice Francisco Contreras, director de desarrollo internacional de Aeroméxico. ''Sólo con alianzas estratégicas podemos crecer''.

La movida más importante en esta búsqueda de alianzas es la dupla[4] que De Prevoisin cuajó[5] con Mexicana de Aviación, la mayor aerolínea de su país. El año pasado, Aeroméxico la superó[6] en participación dentro del mercado doméstico y ahora la compró: Aeroméxico ya poseía un 11% de participación en Mexicana y acaba de poner casi US$ 38 millones y el 30% de sus propias acciones —cerca de la mitad en *warrants* de cinco a ocho años— por otro 44% de Mexicana, quedándose así con el 55% de su competidora. En abril, De Prevoisin tomaba la presidencia del consejo de Mexicana.

Las garras del hombre águila azteca se están extendiendo también hacia el sur: Con un grupo de inversionistas, acaba de pagar US$ 54 millones para comprar el 70% de Aeroperú, la recién privatizada aerolínea peruana. ●

América Economía (Chile)

---

1 *International Air Transport Association*   2 **gobierno...** *lame duck administration*   3 *challenge*   4 *agreement*   5 *solidified*   6 *surpassed*

Después de leer

A. Conteste a las siguientes preguntas.

1. ¿Qué hizo el gobierno de Miguel de la Madrid para privatizar Aeroméxico?
2. ¿Qué puesto llegó a ocupar Gerardo de Prevoisin en Aeroméxico en 1989?
3. ¿Qué medidas tomó para cambiar la opinión de los potenciales pasajeros de Aeroméxico?
4. ¿Qué porcentaje de puntualidad alcanzó Aeroméxico en 1990? ¿Qué representa esta cifra, según el artículo?
5. ¿Qué adquisición doméstica hizo Aeroméxico?
6. ¿Qué otra línea aérea ha adquirido Aeroméxico? ¿Cuánto pagó por ella?

B. Identifique palabras y frases que se usan en el artículo y piense en otras que se podrían usar para describir lo siguiente.

1. la aerolínea Aeroméxico y su rendimiento
2. Gerardo de Prevoisin y su labor
3. los desafíos que enfrenta la aviación mundial
4. medidas que son atractivas para los viajeros aéreos

C. Lea el artículo otra vez y resúmalo por escrito en sus propias palabras.

INTERPRETANDO LA PUBLICIDAD

Lea el anuncio de la página 179. Después, represente con un(a) compañero(a) de clase los papeles de un(a) nuevo(a) representante de la compañía AmericaTel, que va a hacer sus primeras llamadas a posibles clientes, y del (de la) jefe(a) que le está ayudando a prepararse para las llamadas. ¿Qué información del anuncio debería mencionarse en un primer contacto? ¿Por qué?

Por escrito

Carta de cotización

La carta de cotización se manda a un posible cliente para dar detalles sobre precios y condiciones de venta.

El cuerpo de la carta debe comenzar con referencia a la solicitud de información por parte del cliente, así como con el agradecimiento por el interés que ha mostrado en los productos o servicios de la compañía.

En el segundo párrafo se da la información que el cliente solicita de la manera más detallada posible.

En la despedida, se reitera el deseo de servir al cliente y las gracias por su interés. Véase el modelo de la página 180.

TRI Avenida Ponce de León, 875
Hato Rey, Puerto Rico 00928

San Juan, 14 de enero de 19_

Sr. Juan Gómez
Henríquez Costa, S.A.
Avenida José de Diego, 982
Río Piedras, Puerto Rico 00931

Muy apreciado Sr. Gómez:

Queremos agradecerle el interés que ha mostrado por nuestros servicios en su llamada telefónica del 3 del presente mes. Nos apresuramos a ofrecerle la información que Ud. precisa.

Recibimos su fax en el que nos da los datos referentes al tamaño y al peso de la mercancía que desea enviar a Ecuador. Teniendo en cuenta esta información, hemos estimado el costo del envío en la cantidad de US $1,500.00, seguro incluido. El embalaje de mercancía que se envía al extranjero se hace en cajas herméticas de doble densidad de cartón especial. Si Ud. quisiera un envío urgente, habría una cuota adicional del 15%.

Tenemos servicio de recogida de mercancía a domicilio y garantizamos la llegada del producto en buenas condiciones.

Si Ud. lo desea, estaríamos encantados en darle detalles específicos sobre su mercancía en particular una vez nos informe sobre el tipo de producto y la cantidad que quiere enviar.

Le agradecemos de nuevo su interés en nuestra compañía y le reiteramos una vez más nuestro deseo de servirle.

Por TRI

Manuel Hernández
GERENTE DE SERVICIOS AL EXTRANJERO

MH/fj

Frases útiles

Le agradecemos su interés...	*We thank you for your interest . . .*
la información que precisa	*the information you require*
Le reiteramos nuestro deseo de servirle.	*We reiterate our desire to serve you.*
Con mucho gusto le cotizamos los precios de...	*It is our pleasure to quote you prices for . . .*
Ofrecemos un descuento de...	*We offer a discount of . . .*

Práctica

Como director(a) de ventas de la compañía de ropa deportiva Sports & More, Ud. tiene que escribir una carta de cotización de sus nuevos conjuntos (*outfits*) para este año a un cliente —una cadena de grandes almacenes— en Buenos Aires, Argentina. Incluya varios precios para diferentes modelos y maneras de enviarlos, así como el descuento que ofrece si se hace un pedido en grandes cantidades.

▲▲▲ Situaciones ▲▲▲

Lea cada uno de los casos siguientes y piense en lo que dirían los diferentes personajes en cada situación, refiriéndose al *Vocabulario general* en las páginas 183 y 184 cuando sea necesario. Represente las situaciones con sus compañeros de clase.

1. Un(a) representante de ventas de la compañía de transportes internacionales TRI hace una presentación a dos ejecutivos(as) estadounidenses que trabajan en Hato Rey, Puerto Rico, y que utilizan servicios de transporte de mercancías frecuentemente. Los (Las) tres hablan y el (la) empleado(a) de TRI enfatiza las varias ventajas de que contraten a su compañía. Los (Las) ejecutivos(as) le preguntan sobre la rapidez, garantías y precios de TRI. **Términos útiles: cargamento, flete aéreo, instrucciones de embarque, tamaño, despachar**

2. Dos representantes de una compañía multinacional en Santiago de Chile necesitan mandar a Denver, Colorado unas muestras de un producto alimenticio que su compañía está planeando procesar en la casa matriz en los Estados Unidos. Por esta razón, hablan con un(a) empleado(a) de una compañía de transportes argentina porque necesitan información sobre cómo enviar las muestras. **Términos útiles: embalar, barco de carga, a cargo de, remitente, envases herméticos, cajas de cartón**

3. Una cadena de televisión chilena está forjando una alianza con una cadena de televisión estadounidense para producir programas, transmitir emisiones y desarrollar ventas por medios electrónicos. Dos repre-

sentantes de la cadena chilena se reúnen con un directivo de la cadena estadounidense para discutir los detalles de la transacción. Los tres hablan sobre la posibilidad de establecer en Chile un canal por cable que les permita transmitir noticias, música moderna latinoamericana y películas hispanas. **Términos útiles: medios (de comunicación), suscriptores, programación, cable de fibra óptica, sistema de televisión pagada, difusión, antena parabólica**

Práctica del vocabulario general

A. Complete cada oración con la palabra o frase más adecuada.

1. Las personas que entregan el correo son _____.
2. Para ahorrar papel y tiempo en la comunicación interna de la empresa, se ha instalado un sistema de _____.
3. Si tenemos mucha prisa, mandamos las cartas por _____.
4. Un sinónimo de enviar es _____.
5. El _____ indica la fecha en que una carta o paquete fue recibido por la oficina de correos.
6. Nos han dado el 28 de septiembre como _____ para terminar el proyecto.
7. El _____ indica el área de la ciudad donde se manda un paquete o carta.
8. Debido a las deficiencias de las compañías telefónicas locales, en la América Hispana se usan mucho _____.

B. Empareje las columnas A y B.

A	**B**
_____ 1. devolver al remitente	a. manera de enviar una comunicación por correo para que no se pierda
_____ 2. cargar	
_____ 3. buzón	b. aparato usado para transmitir señales televisivas
_____ 4. carta certificada	
_____ 5. satélite	c. es necesario hacerlo cuando no se encuentra al destinatario de un paquete o carta
_____ 6. instrucciones de embarque	
_____ 7. almacén	d. información sobre cómo mandar mercancía
_____ 8. oficina de correos	e. acción de poner mercancías en un vehículo para transportarlas
	f. lugar donde se ponen las cartas
	g. edificio donde se organizan y distribuyen las cartas
	h. lugar donde se deposita mercancía

C. Explique el significado de las siguientes palabras y frases.

1. embalar
2. antena parabólica
3. furgón
4. fletar
5. interfono
6. llamada por cobrar
7. prorrogable

D. Identifique algunas circunstancias en las que se utilizarían las siguientes cosas.

1. el apartado de correos
2. la televisión por cable
3. el correo electrónico
4. el fax
5. el contestador automático
6. los números de cobro revertido automático
7. el telégrafo
8. la llamada a larga distancia

Vocabulario general

SUSTANTIVOS

el almacén warehouse
la antena parabólica parabolic antenna, satellite dish
el apartado de correos, la casilla postal post office box
el barco (el avión) de carga cargo ship (plane)
el buzón, la casilla mailbox
el cable de fibra óptica fiber optic cable
la caja de cartón cardboard box
el canal channel
el cargamento load
la carta certificada registered letter
la carta urgente express letter
el cartero, la mujer cartero mail carrier
el contestador automático answering machine
el correo mail
el correo electrónico electronic mail

la difusión transmission
el distrito postal, el código postal postal code
la fecha límite deadline
el ferrocarril train; railroad
el flete aéreo air cargo
el furgón boxcar
los gastos de envío shipping costs, shipping expenses
las instrucciones de embarque shipping instructions
el interfono intercom
la llamada a larga distancia, la conferencia long-distance call
la llamada por cobrar (a cobro revertido) collect call
el matasellos postmark
los medios de comunicación communications media

el número de cobro revertido automático   toll-free telephone number
la oficina de correos, correos   post office
el peso   weight
la programación   programming
la recogida   pickup
el satélite   satellite
el servicio urgente   overnight service

el sistema de televisión pagada   pay-per-view television
el (la) suscriptor(a)   subscriber
el tamaño, las dimensiones   size, dimensions
el teléfono inalámbrico   cordless telephone
el telégrafo   telegraph
la televisión por cable   cable television
el télex   telex

VERBOS

cargar   to load, to charge
desembalar   to unpack (*merchandise*)
despachar   to send, to dispatch

embalar   to pack (*merchandise*)
fletar   to charter

ADJETIVOS

conectado(a)   connected
emitido(a)   transmitted
ferroviario(a)   pertaining to trains or railway

prorrogable   extendable
regulado(a)   regulated
retrasado(a)   late

OTRAS PALABRAS Y EXPRESIONES

a cargo de (a/c)   care of (c/o)
devolver al remitente   return to sender
echar al correo   to mail

la lista de correos   general delivery
mandar por fax   to send a fax
el viaje de ida y vuelta   round-trip

ONCE

EL SECTOR ASEGURADOR

Importantes compañías aseguradoras en el centro de Lima, Perú.

Funciones	Consultando con aseguradoras Describiendo servicios del sector asegurador
Comercio y cultura	Los seguros en el mundo hispano
Aclaraciones gramaticales	Usos de **ser** y **estar**
Por escrito	El aviso o memorándum

La elección de una aseguradora
▼▼▼▼▼▼▼▼▼▼▼▼▼▼▼▼▼▼▼▼▼▼▼▼▼▼▼▼▼▼▼▼▼▼▼▼▼▼▼

Alvaro Pineda, subdirector de la empresa española de productos farmacéuticos Laboratorios Ruiz Conde, conversa en su oficina con Felipe Rocha, ejecutivo de la agencia de seguros La Financiera. Pineda le acaba de comunicar a Rocha que su compañía ha decidido hacer un contrato con La Financiera para ampliar la gama de cobertura que ofrece a los empleados.

Sr. Pineda —No ha sido una decisión fácil. Como Ud. sabe, formamos un comité para estudiar la cuestión de si sería factible económicamente ofrecerles un seguro de vida y un seguro médico privado a los empleados. Como no existe la costumbre de ofrecer este tipo de retribución en nuestro país, se nos ha hecho difícil llegar a una decisión. Hemos tenido que estudiar los puntos a favor y los puntos en contra e investigar las ofertas de varias compañías de seguros.

Sr. Rocha —Ud. tiene razón; todavía no es común este tipo de cobertura en España, aunque la situación que describe Ud. se está repitiendo en varias de las compañías más grandes del país.

Sr. Pineda —Finalmente, llegamos a la conclusión que las pólizas de Uds. superan las otras que hemos recibido, tanto para el seguro de vida como para el seguro médico.

Sr. Rocha —Es para nosotros un motivo de gran satisfacción que nos hayan elegido. Nos damos cuenta de que muchas compañías de seguros estarían encantadas de llevar su cuenta.

Sr. Pineda —Uds. se lo merecen, sobre todo por el costo razonable de las pólizas.

Sr. Rocha —Bueno, como Uds. saben por sus investigaciones, nuestra asociación con la aseguradora estadounidense Northern Star nos permite ofrecerles a nuestros clientes una gran variedad de pólizas a precios muy competitivos.

Sr. Pineda —No hay ni que decir que, como la compañía tiene que dar fondos al gobierno para la Seguridad Social,[1] el paro[2] y todo lo demás, es difícil pensar en otra cosa que no sea pagar los sueldos. Sin embargo, es evidente que a pesar de contar con la cobertura estatal, la mayoría de nuestros empleados considera tener un seguro médico privado como una necesidad. Esperamos que, a la larga, ofrecer esto como retribución adicional nos ayudará a atraer y mantener a empleados capacitados, no solamente nacionales sino también de otros países. Uds. nos

---

[1]Institución estatal que suministra cuidados médicos y otros beneficios sociales.
[2]Beneficio social que paga el gobierno a personas que han perdido el empleo.

han ofrecido las pólizas más completas y las primas más asequibles. Ojalá pudieran confirmarnos que van a seguir siendo tan razonables en los próximos años.

Sr. Rocha —Tendremos que ver qué pasa. Como le he explicado en otras conversaciones, hay tantos factores que afectan el costo de la cobertura que no es posible predecir las primas de un año para otro. Pero estamos tratando de mantener un control sobre los gastos y gozamos de una posición buena dentro del sector asegurador.

Sr. Pineda —Por cierto, también nos gustaría poder comparar el seguro de accidente de trabajo que tenemos actualmente con el que Uds. pudieran ofrecernos. ¿De qué manera podría darnos una estimación del costo?

Sr. Rocha —Bueno, tendremos que realizar un análisis actuarial[1] de los riesgos propios de la industria farmacéutica, además de un estudio de ciertas circunstancias particulares de su empresa. Si Ud. quiere, todo eso se puede poner en marcha en seguida.

Sr. Pineda —Sí, por favor, y llámeme cuando sepa exactamente qué información necesitan de nosotros.

V o c a b u l a r i o   e n   c o n t e x t o

SUSTANTIVOS

la aseguradora, la compañía de seguros insurance company
la cobertura coverage
la gama range
la oferta offer
la prima premium

la retribución compensation
el seguro de vida life insurance
el seguro médico health insurance
el seguro de accidente de trabajo worker's compensation insurance

VERBOS

hacer un contrato (con) to contract (with)
gozar (de) to enjoy
merecer to deserve

predecir to predict
superar to surpass

ADJETIVOS

capacitado(a) qualified

propio(a) pertaining to

[1] Análisis estadístico realizado por actuarios, especialistas que estudian las cuestiones matemáticas en las compañías de seguros.

OTRAS PALABRAS Y EXPRESIONES

el análisis actuarial actuarial evaluation
la cuestión de si the question of whether
darse cuenta de to realize, to be aware of
de un año para otro from one year to the
  next

no hay ni que decir needless to say
ojalá I hope
ser factible to be feasible

Práctica

A. Conteste a las siguientes preguntas.

1. ¿De qué conversan Rocha y Pineda?
2. ¿Qué tipo de retribución no es común en España?
3. ¿En qué tipo de seguro eran más ventajosas las pólizas de La Financiera que las de otras compañías?
4. Según Pineda, ¿cómo consiguió La Financiera la cuenta de Laboratorios Ruiz Conde?
5. ¿Por qué le interesa a la directiva de Laboratorios Ruiz Conde ofrecerles cobertura adicional a sus empleados?
6. ¿Puede Rocha confirmar que las primas no subirán en años próximos? ¿Por qué o por qué no?
7. ¿Qué otro tipo de seguro le interesa a la directiva de Laboratorios Ruiz Conde?
8. ¿Qué tendrá que hacer La Financiera para darle a Rocha una estimación del costo de este seguro?

B. Explique el significado de las siguientes palabras.

1. cobertura
2. prima
3. retribución
4. predecir
5. capacitado(a)

C. Lea el anuncio de la página 189 con un(a) compañero(a) de clase. Después identifiquen los servicios que se anuncian y discutan las ventajas que ofrecen. ¿Quién necesitaría este tipo de seguro y quién no lo necesitaría, y por qué?

Ellos están seguros con usted y usted con nosotros.

winterthur
vida

Para su familia usted es imprescindible. Gracias a su esfuerzo, ellos disfrutan del bienestar que se merecen. Por eso, estar bien asegurado es fundamental. Para su tranquilidad y por la seguridad de los suyos.

Winterthur Vida asegura su futuro y el de su familia. Si usted sufre una invalidez, el seguro le compensa su pérdida de ingresos. Y si usted faltase, ayudaría a los suyos a afrontar la situación. Además, con la nueva cobertura "Triple C" —cáncer, corazón y carretera— las indemnizaciones se duplican o triplican en estas situaciones que tanto preocupan a la sociedad de hoy.

Y si lo desea, usted puede contratar el reembolso de primas. Una fórmula innovadora que, al final del contrato, le permite recuperar su dinero.

Winterthur Vida. Pensado para usted.
Pensando en ellos.

winterthur

Todo un mundo de Servicio.

▲▲▲ Comercio y cultura ▲▲▲

PREPARACION

¿Está Ud. de acuerdo con las siguientes afirmaciones? Justifique sus respuestas.

1. Todos necesitamos asegurarnos.
2. El seguro médico es el más importante.
3. En el momento de buscar empleo debe dársele más valor a los seguros que una compañía ofrezca que al sueldo.

Las aseguranzas protegen contra accidentes y enfermedades.

LOS SEGUROS EN EL MUNDO HISPANO

En la América Latina y en España, los seguros no han alcanzado aún el grado de aceptación que tienen en los Estados Unidos. La importancia de la previsión ante el riesgo todavía no se reconoce universalmente en estos países. Con frecuencia el público no ve la relación que existe entre la función de las aseguradoras, que es proteger contra el riesgo y proporcionar tranquilidad ante un siniestro (*disaster*), y sus necesidades particulares. Como consecuencia, no está dispuesto a gastar dinero para protegerse contra desgracias (*misfortunes*) poco probables de ocurrir. Por lo tanto, a diferencia del estadounidense medio, que gasta casi dos mil dólares al año en seguros, el hispano medio gasta menos de cincuenta.

A pesar de la falta de una "tradición del seguro," muchos factores parecen señalar un futuro prometedor para el sector asegurador en el mundo hispano. La apertura de los mercados, la presencia de compañías multinacionales que exigen una mayor cobertura y la esperada emergencia de una clase media más amplia hacen que el momento presente sea un período de gran transición para el sector. Para apreciar las nuevas posibilidades de crecimiento, conviene tener una idea de cómo funcionaban los seguros en estos países antes del comienzo de esta transición.

El papel tradicional de las aseguradoras en el campo empresarial se limitaba en gran parte a pólizas destinadas a proteger la propiedad de las empresas, por ejemplo el seguro contra incendios y contra robos. Sin embargo, muchas empresas no consideraban imprescindible (*essential*) este tipo de cobertura. El único seguro privado habitual que correspondía al bienestar de los empleados era el seguro contra accidentes de trabajo. El seguro médico se limitaba al que exigía la ley. En la ausencia de tales reglamentos se esperaba (*it was expected*) que los empleados mismos se responsabilizaran de sus gastos médicos.

En cuanto al seguro individual, solamente los profesionales y las clases altas se aseguraban, pero esta aseguración era de poca calidad, en el sentido de que se pagaba mucho y se obtenía poco. El seguro de salud particular existía en algunas naciones hispanas a través de compañías privadas que ofrecían servicios médicos por una cuota mensual. Sin embargo, incluso estos servicios eran de poca calidad y costosos. El seguro de automóvil no era obligatorio en todos los países. Por lo general, las clases altas contaban con poder pagar la mayor parte de sus gastos imprevistos (*unforeseen*) a la hora de incurrirlos, mientras que las grandes masas de la población destinaban sus escasos ingresos a necesidades básicas y esperaban que no les pasara ninguna desgracia.

En la actualidad, los seguros constituyen uno de los sectores con mayor potencialidad de crecimiento en el mundo hispano. Esto se debe a varias razones. En primer lugar, la desregulación ha impactado este sector de una manera dramática. Chile fue el primer país de la América Latina que desreguló la industria de los seguros, en 1980. Le siguieron en 1990 México y Colombia, en 1991 Perú y en 1992 Argentina. Como consecuencia de la desregulación, han quedado liberadas las tarifas, los monopolios estatales han desaparecido y, sobre todo, se ha abierto el sector a las compañías extranjeras. En Chile, por ejemplo, un 70% de todas las primas emitidas son de empresas extranjeras. La competencia de aseguradoras multinacionales ha obligado a las aseguradoras nacionales a esforzarse en mejorar sus servicios para proteger sus intereses y poder crecer.

A pesar de que presenta riesgos, el mercado hispano ofrece grandes oportunidades para las aseguradoras extranjeras, ya que existe una creciente demanda en el mundo empresarial para aumentar y crear productos y servicios, reducir sus precios y uniformar su calidad. Entre los servicios que tienen una potencialidad en el campo asegurador están los seguros contra daños catastróficos y contra interrupciones de negocios. En aquellos países donde la economía ha alcanzado un mayor desarrollo, como Chile, Argentina y España, el seguro de vida está adquiriendo una gran popularidad, debido a que las pensiones son muy bajas y no cubren las necesidades primarias. Hoy en día las aseguradoras en estos países ofrecen seguros muy beneficiosos como medio para tener unos ingresos adicionales en la vejez.

Dos tipos de seguro que tienen, por el momento, perspectivas limitadas de desarrollo en los países hispanos son el seguro de responsabilidad del producto (*product liability insurance*) y el seguro individual de responsabilidad civil (*personal liability insurance*). Esto se debe a que, bajo el sistema legal del mundo hispano, las demandas por perjuicios, tan populares en los Estados Unidos, son poco frecuentes. Por lo tanto, no hay necesidad de que las corporaciones aseguren a sus empleados individualmente, ya que la responsabilidad en las transacciones comerciales se limita a las corporaciones.

Actividades

A. Complete las siguientes oraciones según lo que ha leído.

1. Para los hispanos, los seguros...
2. Tradicionalmente los seguros que compraban las empresas eran...
3. Los seguros individuales no se apreciaban porque...
4. En la actualidad el sector asegurador...
5. Algunas consecuencias de la desregulación son...

B. Compare los siguientes aspectos del negocio de los seguros en los países hispanos y en los Estados Unidos, según sus propios conocimientos.

1. la demanda de nuevos productos y servicios
2. el seguro de responsabilidad del producto y el seguro individual de responsabilidad civil
3. el seguro de vida

C. Lea el siguiente caso. Después, especule con un(a) compañero(a) sobre el punto de vista de ambos personajes. ¿Cómo explican Uds. sus acciones? ¿Qué harían Uds. en esta situación?

Mary Alice O'Connor está en Caracas, Venezuela, por razones de negocios. En la visita que hace a una empresa venezolana, con la que tiene contactos comerciales, habla con dos empleados de esta compañía, Santiago Garcés y Alejandra Sánchez. Uno de los temas de los que hablan se relaciona con los seguros. La Srta. O'Connor les describe los diferentes tipos de seguros que ella recibe a través de su empleo (seguro médico, de accidente de trabajo, de desempleo, etc.) y otros que ha comprado (de automóvil, de propiedad, de vida, etc.). El Sr. Garcés y la Sra. Sánchez se muestran muy sorprendidos.

▲▲▲ Aclaraciones gramaticales ▲▲▲

Usos de *ser* y *estar*

While both **ser** and **estar** are equivalents of the English verb *to be*, they have very different uses and are not interchangeable.

Uses of *ser*

▼ To identify or describe a person, place, or thing:

La Estrella **es** una aseguradora.

La Estrella is an insurance company.

Los beneficios de la compañía **son** muy amplios.

The company's benefits are very generous.

▼ To express the origin of a person or thing or the material from which something is made:

El director general **es** venezolano.

The general manager is Venezuelan.

El edificio **es** de ladrillo.

The building is made of brick.

▼ To indicate time and date:

Ahora **son** las diez de la mañana en Santiago de Chile.

It is now 10:00 A.M. in Santiago, Chile.

Mañana **es** el quince de agosto.

Tomorrow is August 15.

▼ To indicate profession or occupation:

Francisco Mendoza **es** el vicepre-sidente de La Imperial.

Francisco Mendoza is the vice-president of La Imperial.

▼ To convey the idea of possession or ownership:

La empresa **es** de una multinacio-nal con sede en los Estados Unidos.

The company belongs to a multina-tional with headquarters in the United States.

▼ To indicate where an event is taking place:

La reunión **es** en el despacho del Sr. Meneses.

The meeting is (taking place) in Mr. Meneses's office.

▼ To indicate order or price:

La Nacional **es** la primera aseguradora del país.	*La Nacional is the number-one insurance company in the country.*
—¿Cuánto **es**?	*''How much is it?''*
—**Son**[1] cincuenta pesos.	*''It's fifty pesos.''*

▼ With a past participle, to express the passive voice:

Los contratos **serán** firmados por representantes de ambas compañías.	*The contracts will be signed by representatives of both companies.*

▼ In impersonal expressions:

Es importante que revises la póliza.	*It is important that you review the policy.*

Uses of *estar*

▼ To indicate a current state or condition:

La reunión se va a cancelar porque la directora **está** enferma.	*The meeting is going to be cancelled because the director is ill.*

▼ To indicate the location of a person, place, or thing:

La Sra. Méndez **está** en el despacho de la Srta. Nadal.	*Mrs. Méndez is in Miss Nadal's office.*
El despacho de la Srta. Nadal **está** en el tercer piso.	*Miss Nadal's office is on the third floor.*

▼ With the present participle in the progressive tenses, to indicate an action that is in progress:

Los asesores **están** preparando unos informes.	*The consultants are preparing some reports.*

▼ With a past participle (used as an adjective), to describe a condition or state resulting from a previous or simultaneous action:

El documento **está** archivado. (Archivaron el documento.)	*The document is filed. (They filed the document.)*
Los agentes **están** dedicados a darles el mejor servicio a sus clientes.	*The agents are dedicated to providing the best service to their clients. (They are dedicating themselves to providing the best service to their clients.)*

---

[1]**Son** se usa aquí para corresponder al plural **pesos** y no a lo que se va a comprar.

Práctica

A. Complete el siguiente párrafo con los tiempos correctos de **ser** o **estar,** según el contexto.

La Industrial _____ dedicada a servir todas sus necesidades de seguros. Esta aseguradora _____ parte de una red internacional de compañías de seguros. Por lo tanto, _____ equipada para asesorarle en todo tipo de problemas relacionados con seguros empresariales y personales.

La Industrial actualmente _____ proporcionando los productos más innovadores y nuestras primas _____ muy razonables. La meta más importante de esta aseguradora _____ ofrecerle al cliente seguridad contra una variedad de riesgos. Los clientes potenciales de La Industrial deberán leer el informe anual de esta compañía, pues éste _____ un documento útil que indica el estado económico de la empresa.

B. Traduzca las siguientes oraciones al español. Use **ser** o **estar** según sea apropiado.

1. Certain types of insurance are necessary to prevent claims.
2. Workers are more protected when they have adequate coverage.
3. The insurance for our building is expensive because the building is old and it is made of wood.
4. Frequently Mexican companies are now offering workers' compensation.
5. Please wait a moment; Mr. Graham will be with you right away.
6. It's early; the manager is not in his office yet.
7. The insurance agent is giving her clients an assessment of damages.

C. Complete las siguientes oraciones para describir sus experiencias y sus metas profesionales. Use **ser** o **estar** según sea apropiado.

1. Mi primera entrevista de trabajo...
2. Mi primer empleo...
3. El lugar donde yo trabajo ahora...
4. Mi meta profesional...
5. Mi próximo empleo...
6. Me interesa trabajar de (*profesión*) porque...
7. Me gustaría trabajar en (*ciudad*) porque...

▲▲▲ Los negocios en la prensa ▲▲▲

ANTES DE LEER

Conteste a las siguientes preguntas con dos o tres compañeros de clase. Compartan sus conclusiones con toda la clase.

1. ¿Cuáles son algunos problemas con los que se enfrenta el sector asegurador en los Estados Unidos?
2. ¿A qué cree Ud. que se deben esos problemas?
3. ¿Cuáles son algunos de los productos (tipos de seguros) que ofrecen las aseguradoras en este país?
4. ¿Cómo se venden estos productos?
5. ¿Cuáles son algunos factores que deben tomar en cuenta las aseguradoras estadounidenses que esperan hacer negocios en el mundo hispano?

ENTRADAS AL TEXTO

Al leer el artículo por primera vez, trate de identificar lo siguiente.

1. ¿De quién son las opiniones que se expresan en el artículo?
2. ¿Cuál es la opinión clave que expresa?
3. ¿Con qué países se compara el estado de la industria aseguradora en España?

El seguro español tiene que desarrollarse

Aunque en España lo habitual es que, salvo[1] raras excepciones, las compañías de seguros más importantes sean propiedad de bancos o instituciones financieras, en otros países son las aseguradoras las que son cabeza de importantes grupos financieros. Este es el caso de American International Group, un consorcio asegurador presente en 130 países y que obtuvo el año pasado un beneficio neto de casi 140.000[2] millones de pesetas.

Richard Collins es el presidente mundial de Alico, una de las empresas del grupo dedicada específicamente al seguro de vida. En este momento, AIG está procediendo a la fusión en Alico de su negocio asegurador de vida, lo que convertirá a esta sociedad en uno de los pilares[3] del gigante norteamericano. Alico está presente en más de 60 países en el mundo y su volumen de primas supera[4] los 300.000 millones de pesetas.

En los últimos tiempos están llegando a España un buen número de compañías extranjeras, ¿cuáles son las diferencias entre éstas y Alico?

Desde mi punto de vista, hay una importante diferencia: nosotros estamos en España desde finales de la década de los sesenta. Además, hay que tener en cuenta que somos una empresa multinacional, probablemente somos la única compañía de seguros mundial que está presente en 65 países, y estamos dispuestos a aportar[5] toda la experiencia que tenemos de todos estos países al caso español.

España es un mercado muy interesante desde el punto de vista del seguro y pensamos que no está totalmente desarrollado, especialmente en los aspectos de productos y distribución. Nosotros estamos dispuestos a aprovechar estas posibilidades, al mismo tiempo que aprenderemos de las peculiaridades del caso español.

¿Hasta dónde puede crecer el sector asegurador en España?

Pensamos que las posibilidades de crecimiento son muy grandes. Y, para ello, estamos dispuestos a desarrollar nuestra propia organización de ventas para aprovechar este previsible[6] desarrollo. Nuestro deseo es llegar a contar con unos 1.500 agentes, que es todavía un número pequeño si se tiene en cuenta que, por ejemplo, en Estados Unidos contamos con unos 250.000 y en Japón con una cifra[7] similar.

De acuerdo con los estudios que tenemos, y teniendo en cuenta la población española, pensamos que el sector asegurador español podrá crecer hasta contar con unos 50.000 agentes. ●

Actualidad Económica (España)

---

1 *except in*   2 Refiérase al gráfico en la página 49 para comprobar el aproximado valor de las cantidades monetarias citadas.   3 *pillars*   4 *exceeds*   5 *to supply*   6 *foreseeable*   7 *figure*

Después de leer

A. Conteste a las siguientes preguntas según lo que ha leído.

1. ¿Quiénes son, con frecuencia, los dueños de las compañías de seguros en España?
2. ¿Qué tipo de empresa es American International Group?
3. ¿A qué se dedica Alico?
4. ¿En qué se diferencia Alico de otras compañías extranjeras en España, según Richard Collins?
5. ¿Cuáles son los objetivos de Alico en España?

B. Explique el significado de las siguientes palabras y frases.

1. cifras
2. aportar experiencia
3. consorcio asegurador
4. empresa multinacional
5. producción y distribución
6. aprovechar oportunidades
7. agente

C. Lea el artículo otra vez y resúmalo por escrito en sus propias palabras.

INTERPRETANDO LA PUBLICIDAD

Lean el siguiente anuncio. Después, con un(a) compañero(a) de clase, representen la visita de un(a) agente de la compañía Seguros Múltiples a una persona interesada en comprar un seguro de automóvil.

Por escrito
▼▼▼▼▼▼▼▼▼▼▼▼▼

El aviso o memorándum

La Financiera

MEMORANDUM

FECHA: 17 de marzo de 19—
DE: Clara Núñez, Gerente General   *CN*
PARA: Oficinas regionales
Asunto: Programa de capacitación

     Se comunica por este medio que a partir del 20 de abril del corriente, La Financiera ofrecerá un ciclo de seminarios de capacitación profesional para todos nuestros agentes.
     Les extendemos una cordial invitación para que se inscriban en estos seminarios.
     Adjuntos incluimos un folleto con información sobre el horario, el local y los temas. Rogamos comuniquen su intención de asistir a los seminarios antes del 1 de abril.

El aviso o memorándum

El aviso o memorándum es una comunicación interna por la que se informa de algo al personal de una empresa o a ciertos departamentos o individuos dentro de una misma empresa. Muchas compañías utilizan un formulario impreso para este tipo de comunicación, que puede mandarse también a sucursales o subsidiarias. Este tipo de comunicación es generalmente breve y se redacta con un estilo sencillo y conciso. Aunque no se utilizan en los avisos las fórmulas iniciales y finales que son parte integral de las cartas, sí llevan la firma o iniciales del redactor como señal de aprobación del contenido. Véase el modelo de la página 199.

Práctica

Imagínese que Ud. es gerente de una oficina regional de la compañía de seguros La Financiera y que le han avisado de la oficina central que muy pocos de sus agentes se han apuntado (*have signed up*) para los seminarios de capacitación. Escriba un memorándum a los agentes con el objeto de aumentar el número de participantes.

▲▲▲ Situaciones ▲▲▲

Lea cada uno de los casos siguientes y piense en lo que dirían los diferentes personajes en cada situación, refiriéndose al *Vocabulario general* en la página 203 cuando sea necesario. Represente las situaciones con sus compañeros de clase.

1. Un(a) representante de una compañía de seguros estadounidense que desea penetrar el mercado español se reúne con unos(as) ejecutivos(as) de uno de los bancos principales del país con el objeto de convencerles de las ventajas de formar una alianza. Hablan sobre los productos que ofrece la aseguradora, las oportunidades y dificultades que se presentan para el negocio de seguros en este mercado y los beneficios de formar alianzas con organizaciones financieras locales. **Términos útiles: seguro comercial, riesgo asegurable, tasador, valoración de daños, extender una póliza de seguros, fijar primas, compensación equitativa**

2. Hace seis meses que dos aseguradoras, la estadounidense New Horizons y la chilena Aguila Dorada, formaron una alianza para poder competir mejor en las Américas. Ahora se ha organizado un seminario de varios días para que los agentes más exitosos de ambas compañías puedan conocerse e intercambiar impresiones y experiencias. En una de las re-

uniones, tres o cuatro agentes comparan detalles sobre sus mercados, sus clientes y sus estrategias para la venta de pólizas de diferentes tipos en los Estados Unidos y en la América Latina. **Términos útiles: renovar, anular, hacerse un seguro, presentar una reclamación por daños, seguro colectivo, seguro de desempleo, valor estimado**

3. En la agencia de seguros All-Florida Insurance, de Miami, un(a) agente habla con el (la) dueño(a) de un pequeño negocio sobre la naturaleza de la empresa, las instalaciones (*facilities*) y el número de empleados para determinar la cobertura que necesitará para proteger el negocio y los empleados contra diferentes tipos de riesgo. **Términos útiles: desastre, incendio provocado, seguro de incendio, inundación, seguro de responsabilidad industrial, vigencia de la póliza, prevenir**

Práctica del vocabulario general

A. Complete cada oración con la palabra o expresión adecuada.

1. Los actuarios determinan por fórmulas matemáticas si ciertos riesgos son _____.
   a. vigentes
   b. caducados
   c. asegurables
   d. dañados

2. El individuo que posee una póliza es _____.
   a. el asegurado
   b. el tasador
   c. el beneficiario
   d. el tenedor

3. Cuando se asegura un paquete hay que determinar _____ de la mercancía.
   a. la demanda
   b. el valor estimado
   c. el riesgo comercial
   d. la valoración de daños

4. Una parte muy importante de redactar una póliza de seguros es establecer _____.
   a. el riesgo colectivo
   b. el beneficiario
   c. el seguro de mercancía
   d. seguro prorrogado

5. El _____ visitó el local de la maquiladora que sufrió daños de inundación para determinar el valor de la mercancía dañada.
   a. seguro
   b. tenedor
   c. tasador
   d. beneficiario

6. Con motivo del incendio que afectó a la fábrica de textiles en Guatemala, la aseguradora realizó _____.
   a. la vigencia de la póliza
   b. una valoración de daños
   c. un seguro de mercancía
   d. una demanda por daños y perjuicios

B. Empareje las columnas A y B.

A	**B**
_____ 1. renovar una póliza	a. seguro que paga una cantidad a una persona que no tiene trabajo
_____ 2. riesgo laboral	b. petición para la recuperación de daños
_____ 3. fijar una prima	
_____ 4. seguro de desempleo	c. evitar que ocurra algo
_____ 5. vigencia de la póliza	d. continuar la cobertura después del término inicial
_____ 6. reclamación	e. término de un contrato de seguros
_____ 7. prevenir	f. posibilidad de que ocurra un accidente o desgracia en el trabajo
	g. determinar la cantidad que cobra un asegurador por cobertura

C. Explique el significado de las siguientes palabras o frases.

1. incendio provocado
2. inundación
3. valoración de daños
4. compensación equitativa
5. seguro prorrogado
6. presentar una reclamación por daños

D. Complete las siguientes frases de una manera lógica.

1. Es una buena idea <u>hacerse un seguro</u> cuando...
2. Algunos ejemplos de <u>riesgos asegurables</u> son...
3. Antes de <u>extender una póliza de seguros</u> las aseguradoras...
4. Tener un <u>seguro de responsabilidad sobre el producto</u> es importante para las industrias porque...
5. Algunos ejemplos de <u>desastres</u> que muchas compañías de seguros no aseguran son...

V o c a b u l a r i o g e n e r a l

SUSTANTIVOS

el (la) actuario(a)   actuary
el (la) asegurado(a)   insured
el asegurador   insurer
el (la) beneficiario(a)   beneficiary
la compensación equitativa   adequate
  compensation
la demanda por daños y perjuicios   claim
  for damages
el desastre   disaster, calamity
el incendio provocado   arson
la indemnización por daños   compensation
  for damages
el índice de siniestralidad   loss ratio
la inundación   flood, flooding
**el pago (la liquidación) de una reclamación
(demanda)**   claim adjustment
la reclamación, la demanda   claim
el riesgo asegurable   insurable risk
el riesgo laboral   occupational hazard
el seguro (riesgo) colectivo   group insurance
el seguro (riesgo) comercial   business
  insurance

el seguro de crédito a la exportación
  export insurance
el seguro de desempleo (paro)
  unemployment insurance
el seguro de incendio   fire insurance
el seguro de mercancía   cargo insurance
el seguro prorrogado   extended-term
  insurance
**el seguro de responsabilidad
industrial**   industrial liability insurance
**el seguro de responsabilidad del
producto**   product liability insurance
la tasación de mercancías   appraisal
  (valuation) of goods
el (la) tasador(a)   appraiser, claims adjuster
el (la) tenedor(a) (de una póliza)   policy
  holder
el terremoto   earthquake
el valor estimado   appraised value
la valoración de daños   assessment of
  damages
la vigencia de la póliza   policy period

VERBOS

asegurar   to insure
prevenir   to prevent

reclamar   to claim
renovar   to renew

ADJETIVOS

asegurable   insurable
caducado(a)   expired

dañado(a)   damaged
vigente   in effect

OTRAS PALABRAS Y EXPRESIONES

extender una póliza de seguros   to issue an
  insurance policy
fijar una prima   to assess a premium

hacerse un seguro   to take out insurance
**presentar una reclamación (demanda) por
daños**   to make a claim for damages

DOCE

HABLANDO EN TÉRMINOS LEGALES

Abogados y clientes intercambian ideas en Caracas, Venezuela.

Funciones	Asesorándose sobre transacciones legales del comercio internacional
Comercio y cultura	Retos del derecho mercantil internacional
Aclaraciones gramaticales	La voz pasiva Estructuras gramaticales con **se**
Por escrito	Carta de asesoramiento legal

En un bufete de abogados
▼▼▼▼▼▼▼▼▼▼▼▼▼▼▼▼▼▼▼▼▼▼▼▼▼▼▼▼▼▼▼▼

Thomas Taylor, ejecutivo de los almacenes Brandengoods, Inc., de Dallas, y Alvin Cooper, uno de los abogados de esta empresa, se reúnen en el bufete Riquelme-Espada de Monterrey, México, con Federico Robles, director general del grupo industrial Normex, S.A. de Monterrey, y su abogado, el Lic. Esteban Ordóñez. El motivo de la reunión es finalizar el proceso de negociación para formar una sociedad anónima con sede en México y capital de ambas compañías.

Lic. Ordóñez —Como estábamos comentando antes del almuerzo, hay muchas semejanzas entre Dallas y Monterrey.

Sr. Taylor —Efectivamente, las dos ciudades comparten un gran interés por el comercio y en Dallas se reconoce la vitalidad económica de Monterrey.

Sr. Robles —Bueno, se puede decir que el comercio internacional fue practicado aquí desde que se fundó la ciudad.

Sr. Taylor —Indudablemente, esta ciudad tiene una gran tradición mercantil. Nos alegramos de estar aquí y de que finalmente estemos de acuerdo con todos los detalles de la cláusula de arbitraje.

Lic. Ordóñez —Sí, eso se lo debemos a la Srta. Francis, que aclaró nuestras dudas sobre este estatuto de la alianza.

Sr. Cooper —Hemos traído los documentos que Uds. nos habían mandado por fax con los cambios acordados por ambas partes.

Sr. Robles —Es excelente que hayamos avanzado tanto en el proceso de las negociaciones, pero todavía queda por decidir qué ciudad se va a seleccionar como sede del arbitraje, en caso de que surjan disputas.

Sr. Cooper —Sabemos por nuestra reunión anterior que Uds. prefieren que este proceso se ubique en Monterrey. Pero nosotros, naturalmente, pensamos que sería mejor que se escogiera a Dallas.

Lic. Ordóñez —¿Qué les parece si hacemos un arreglo y elegimos un lugar neutral como, por ejemplo, Toronto?

Sr. Taylor —Me parece una buena idea, pues así desaparece la última barrera para la firma del contrato.

Sr. Cooper —Magnífico, ahora sí que podemos decir que hemos llegado a un momento histórico para nuestras empresas.

Sr. Robles —Por supuesto, y se celebrará adecuadamente.

Vocabulario en contexto

SUSTANTIVOS

el (la) abogado(a) lawyer, attorney
el arbitraje arbitration
la barrera obstacle
el bufete, el gabinete, el despacho jurídico law office

la cláusula clause
la disputa dispute
los estatutos charter bylaws (of a company)
las semejanzas similarities

VERBOS

aclarar to clarify
fundar to establish, to found

surgir to appear, to arise

ADJETIVOS

acordado(a) agreed

mercantil commercial

OTRAS PALABRAS Y EXPRESIONES

Licenciado(a) title given to lawyers in Mexico and other Latin American countries

llegar a un arreglo to compromise

Práctica

A. Conteste a las siguientes preguntas.

1. ¿Para que se reúnen los Sres. Taylor y Cooper con el Sr. Robles y el Lic. Ordóñez?
2. ¿En qué están finalmente de acuerdo los representantes de Brandengoods y Normex?
3. ¿Qué contribución hizo la Srta. Francis a las negociaciones?
4. ¿Qué contienen los documentos que ha traído el Sr. Cooper?
5. ¿Qué aspecto de las negociaciones no se ha decidido todavía?
6. ¿Cómo resuelven los negociantes este punto?
7. ¿Qué importancia le da el Sr. Cooper a esta alianza?

B. Complete cada oración con la palabra o frase más adecuada.

1. A los abogados en México se les llama _____.
2. La oficina de un abogado es un _____.
3. Si algo no se comprende bien, se necesita _____ los puntos que están dudosos.
4. Para resolver conflictos legales, el _____ es una buena práctica.

5. Cuando las partes no están de acuerdo, algunas veces hay una _____.
6. En las negociaciones es importante _____ para solucionar las diferencias.
7. Un sinónimo de **crear** es _____.
8. El conjunto de normas legales que establece una compañía son sus _____.

C. Lea el anuncio siguiente con un(a) compañero(a) e imaginen que alguien les ha pedido que le expliquen el significado de la ''cláusula arbitral''. ¿Pueden Uds. sustituir el lenguaje legal de la cláusula con palabras más sencillas? ¿Qué más le podrían decir?

Cláusula Arbitral:
No la olvide en sus contratos

«Las partes intervinientes acuerdan que todo litigio, discrepancia, cuestión o reclamación resultantes de la ejecución o interpretación del presente contrato o relacionados con él, directa o indirectamente, se resolverán definitivamente mediante arbitraje en el marco de la Corte de Arbitraje de la Cámara de Comercio e Industria de Madrid a la que se encomienda la administración del arbitraje y la designación de los árbitros de acuerdo con su Reglamento y Estatutos.

Igualmente las partes hacen constar expresamente su compromiso de cumplir el laudo arbitral que se dicte.»

▲▲▲ Comercio y cultura ▲▲▲

PREPARACION

¿Está Ud. de acuerdo con las siguientes afirmaciones? Justifique sus respuestas.

1. Para que un sistema jurídico funcione bien, es necesario que se limiten los pleitos (*cases*) y las demandas y se intenten encontrar soluciones entre las partes.
2. Es mejor que los conflictos comerciales se resuelvan por jueces que por jurados (*juries*).
3. Las leyes estadounidenses de responsabilidad del producto son necesarias para la protección de los consumidores.

Tribunal Supremo de Justicia en Santiago, Chile.

RETOS DEL DERECHO MERCANTIL INTERNACIONAL

Los países hispanos basan su sistema jurídico en el derecho romano y, en particular, en el Código Napoleónico. Por lo general, el resultado de cada pleito depende en gran parte de cómo el juez correspondiente interprete la ley. En cambio, los Estados Unidos sigue el sistema del derecho anglosajón (*common law*), y los tribunales civiles estadounidenses se apoyan en precedentes establecidos en previos casos similares (*case law*). Estas diferencias jurídicas tienen muchas consecuencias que afectan las relaciones comerciales entre el mundo hispano y los Estados Unidos, según quedó ilustrado en las negociaciones entre los Estados Unidos y México antes de que entrara en vigor el Tratado de Libre Comercio (TLC/NAFTA) el 1º de enero de 1994.

Uno de los aspectos del derecho mercantil que permite apreciar las diferencias entre los sistemas legales se refleja en las leyes de responsabilidad del producto. En los Estados Unidos, donde estas leyes están orientadas a la protección del consumidor, el demandante (*plaintiff*) tiene una posición ventajosa y los tribunales otorgan (*award*) a menudo grandes indemnizaciones por daños en su favor. En México, la ley no provee compensaciones por daños y perjuicios, simplemente se compensa por la pérdida material que se haya sufrido y de una manera muy poco generosa.

Las leyes ecológicas que afectan las prácticas comerciales, tales como las que regulan los desechos químicos (*chemical waste*) y el uso de insecticidas, existen en ambos países. Sin embargo, la diferencia entre estos países ha sido tradicionalmente el nivel de implementación. El TLC no ha creado nuevas regulaciones ecológicas, pero ha desarrollado acuerdos bilaterales en los que se establece una mayor colaboración entre los países miembros en cuestiones ecológicas.

Otro aspecto que es diferente también en los dos sistemas jurídicos es el de las leyes antidiscriminatorias de empleo. En los Estados Unidos estas leyes se crearon para resolver los problemas de tensiones raciales que ha experimentado este país, pero han llegado a incluir otros tipos de leyes antidiscriminatorias, tales como las que protegen contra la discriminación por edad o por sexo. En la América Latina no existe este tipo de ley.

Las leyes laborales en México, en lo que se refiere a los derechos sindicales y del trabajador, son aún más fuertes que las de los Estados Unidos. Sin embargo, existen problemas laborales en México, causados por la dificultad de poner en práctica estas leyes. Además, el gobierno mexicano interviene en las huelgas más que el gobierno estadounidense.

Como consecuencia de las negociaciones del TLC, ha surgido un acuerdo bilateral en asuntos laborales por el que se ha establecido un tribunal encargado de oír quejas por abusos de este tipo, que hará recomendaciones para una mayor colaboración y cooperación entre los Estados Unidos y México.

Una de las mayores dificultades en las negociaciones del TLC, en lo que respecta a México y los Estados Unidos, fueron las diferencias entre los sistemas jurídicos de estas dos naciones. Es evidente que, después de la aprobación del TLC, ha aumentado considerablemente el comercio entre ambos países, y se espera que esta actividad comercial continuará intensificándose en el futuro. Sin embargo, las diferencias jurídicas persistirán y, por lo tanto, habrá una mayor demanda de abogados internacionales que conozcan profundamente ambos sistemas jurídicos y puedan, de este modo, facilitar las relaciones comerciales entre la América Latina y los Estados Unidos. La aprobación del Acuerdo General de Aranceles y Comercio (GATT) por el congreso de los Estados Unidos contribuirá también al crecimiento del comercio global y la internacionalización de los mercados.

Actividades

A. Complete las siguientes oraciones según lo que ha leído.

1. El sistema jurídico de los países hispanos se basa en...
2. En los países hispanos, la ley es interpretada por...
3. Las leyes de responsabilidad del producto en México generalmente favorecen...
4. En México, existen leyes que regulan la ecología pero hay problemas de...
5. En México no existen leyes...
6. Bajo las estipulaciones del TLC, las quejas laborales se resolverán por...

B. Compare los siguientes aspectos del sistema jurídico en los países hispanos y en los Estados Unidos, según sus propios conocimientos.

1. la base fundamental del sistema
2. la ley de responsabilidad del producto
3. las regulaciones ecológicas
4. las leyes laborales
5. el impacto del Tratado de Libre Comercio

C. Lea el siguiente caso. Después especule con un(a) compañero(a) sobre el punto de vista de ambos personajes. ¿Cómo explican Uds. sus acciones? ¿Qué harían Uds. en esta situación?

Luis García Padilla, exportador ecuatoriano de productos de pescado, charla con George Wilson, abogado que representa a la compañía distribuidora Aqua Foods de Houston, Texas. El abogado Wilson le ha explicado los detalles de las complejas regulaciones que existen en los Estados Unidos con respecto a la inspección, el envase y las etiquetas de los productos. García Padilla se siente muy confundido y frustrado porque considera que una sencilla transacción de negocios se está convirtiendo en una pesadilla (*nightmare*), por el hecho de que el abogado Wilson continúa mandándole papeleo (*paperwork*) e insistiendo en que incluyan en el acuerdo hasta los detalles más minuciosos (*minute*). Por su parte, Wilson piensa que García Padilla es una persona difícil de tratar porque parece no tomar en serio las ramificaciones legales de la transacción.

▲▲▲ Aclaraciones gramaticales ▲▲▲

La voz pasiva

The passive voice stresses the object of the action rather than the agent or performer of the action. The Spanish passive voice is formed by the verb **ser,** in any tense, followed by a past participle that agrees in number and gender with the subject of the sentence.

El juicio **fue dictado** por la juez.

The judgment was dictated by the judge.

Los convenios de coinversión **fueron firmados** por los presidentes de las dos compañías.

The joint venture agreements were signed by the presidents of the two companies.

The passive voice is used much less frequently in Spanish than in English. It is used primarily in written texts and in sentences in which the performer of the action is identified.

Estructuras gramaticales con *se*

The passive **se** construction is often used instead of the passive voice when the subject is inanimate and the performer of the action is unknown or irrelevant. The **se** precedes the verb, which is always in the third-person singular or plural, depending on the subject. If the object of the verb is an infinitive or a clause, the verb must be in the third-person singular.

Se apeló la decisión en el tribunal supremo.

The decision was appealed in the supreme court.

Se registraron los documentos en el juzgado.

The documents were registered with the court.

Las cláusulas **se añaden** a petición de ambas partes.

The clauses are being added at the request of both parties.

Se prohíbe emitir un informe sin permiso del funcionario correspondiente.

It is forbidden to issue a report without the permission of the corresponding official.

The impersonal **se** is used to express an unspecified human subject (*one, they, you, people*). In this case, the verb is always in the third-person singular.

Se citó a los socios para las dos de la tarde.

The partners were summoned to appear at two o'clock in the afternoon.

Se is frequently used in instructions and in want ads or other references to services that are desired or required.

Para iniciar un pleito **se presenta** una demanda ante el tribunal.

To initiate a case, one files suit before the court.

Se solicitan traductores.

Translators wanted.

Se necesita oficina céntrica.

Downtown office needed.

Práctica

A. Cambie las siguientes oraciones a la voz pasiva.

MODELO: El abogado Fernández firmó el contrato.
   El contrato fue firmado por el abogado Fernández.

1. El Lic. Ramírez organizó la reunión.
2. Los árbitros resolvieron el conflicto.

3. Registraron el documento en la secretaría (*ministry*).
4. Los socios firmaron la escritura de constitución.
5. Las partes contratantes aceptaron el convenio de coinversión.
6. Los abogados recibieron los honorarios adecuados.

B. Cambie las siguientes oraciones utilizando **se** según el modelo.

MODELO: Los documentos son colocados en las carpetas correspondientes.
Los documentos se colocan en las carpetas correspondientes.

1. Los contratos fueron examinados detalladamente.
2. El informe ha sido explicado en su totalidad.
3. El distribuidor será recibido en el aeropuerto.
4. Las traducciones han sido estudiadas cuidadosamente.
5. Estos productos fueron vendidos con rapidez.
6. Los contratos han sido redactados en el bufete.
7. Las quejas (*complaints*) fueron tramitadas por vía de (*by means of*) arbitraje.

C. Prepare una lista de preguntas sobre los siguientes aspectos del comercio internacional, usando el **se** impersonal y verbos de su elección. Elija un verbo diferente para cada pregunta.

MODELO: información sobre tratados de comercio exterior
¿Dónde se obtiene información sobre tratados de comercio exterior?

1. un traductor de documentos comerciales del inglés al español
2. seminarios de apoyo a los exportadores
3. abogados especializados en derecho mercantil
4. un contrato de venta internacional
5. la legislación mercantil de un país extranjero
6. información sobre despachos jurídicos especializados en el comercio con el extranjero
7. quejas derivadas de operaciones de comercio exterior

▲▲▲ Los negocios en la prensa ▲▲▲

ANTES DE LEER

Conteste a las siguientes preguntas con dos o tres compañeros(as) de clase y después compartan sus conclusiones con toda la clase.

En muchas ocasiones, las empresas en los Estados Unidos presentan demandas civiles (*civil suits*) para resolver conflictos comerciales. En el mundo hispano, por otro lado, no existe esta orientación al litigio (*litigation*).

1. ¿Qué problemas cree Ud. que presente esta tendencia estadounidense en las transacciones internacionales?
2. ¿Qué alternativas cree Ud. que existan para evitar el litigio en los negocios internacionales?
3. ¿Qué ventajas ofrecen estas alternativas?

ENTRADAS AL TEXTO

1. Lea el título y la primera oración del artículo. Basándose en estos, haga una lista de algunas palabras que Ud. espera encontrar en el artículo.
2. Trate de identificar algunas ocasiones en que se ha utilizado el arbitraje en los Estados Unidos.

Los árbitros de la discordia

Nadie puede asegurar que cuando se firma un contrato de negocios, este se vaya a cumplir fielmente. Es habitual que una obra se paralice porque el constructor y el aparejador[1] no se pongan de acuerdo sobre el material de determinadas vigas[2] o que una mercancía procedente de Alemania no llegue a tiempo y que el importador interponga una demanda[3] al fabricante extranjero, conflicto que se podrá prolongar durante años y que hará que la mercancía llegue aún más tarde o no llegue nunca.

Esperar hasta que la Administración de Justicia emita una sentencia[4] cuando se trata de conflictos mercantiles es, prácticamente, ponerse en la piel de Job.[5] Y la mayoría de los empresarios españoles no está dispuesta a perder el tiempo mientras sus litigios encuentran solución.

Por eso, con el objetivo claro de la celeridad,[6] se han creado en nuestro país cuatro instituciones arbitrales. Son la Corte de Arbitraje de Madrid, el Tribunal Arbitral de Barcelona, la Corte Civil y Mercantil de Arbitraje y el Tribunal de Arbitraje de Sevilla. Estas instituciones han sido promovidas[7] por las cámaras de comercio e industria de las distintas ciudades, así como por entes[8] como el Colegio de Abogados de Madrid y la CEIM (Confederación Empresarial Independiente de Madrid), el Colegio de Notarios y el de Abogados de Barcelona o por los miembros de los cuerpos especiales de asesores de Administración del Estado, los letrados[9] del Consejo de Estado y el Consejo de Abogados del Estado, como es el caso de la Corte Civil y Mercantil de Arbitraje.

Entre unos plazos medios[10] de 70 a 90 días y un máximo de 5 a 6 meses estas instituciones arbitrales se comprometen[11] a emitir un laudo (resolución) sobre el litigio mercantil que se les presente. Pero la celeridad no es la única ventaja que ofrece el arbitraje. Este procedimiento también permite la especialización, la confidencialidad, el mantenimiento de las relaciones comerciales futuras y, lo más importante, no paraliza la ejecución del contrato.

El proceso y los laudos arbitrales son totalmente secretos. Con el arbitraje las empresas no tienen que mantener una disputa pública que pueda afectar a su imagen y a su relación. ''La publicidad en determinados casos puede ser letal para las empresas. Hoy en día hay muchos contratos complejos, en los que puede haber intercambio de tecnología o de procedimientos de fabricación, y evidentemente nadie estaría de acuerdo en darles publicidad'', dice Julio González Soria, presidente de la Corte de Arbitraje de Madrid.

Además, para las empresas supone un ahorro considerable, pues el arbitraje es bastante más barato que el procedimiento jurídico. Los costes de arbitraje del Tribunal Arbitral de Barcelona se mueven entre el 2 y el 3% de la cantidad discutida,[12] siempre con un mínimo de 80.000[13] pesetas, mientras que el mínimo en la Corte de Arbitraje de Madrid es de 50.000 pesetas y el máximo se acerca al 0,1% cuando la cantidad discutida excede de 500 millones de pesetas. En los arbitrajes de derecho se incrementan los honorarios específicos hasta un 20%, aparte de las tasas de administración[14] para abrir el expediente.[15] De esta manera, al estar publicadas las tarifas, cada parte sabe desde el principio el coste del proceso arbitral. ●

Ranking (España)

---

1 *foreman, overseer*   2 *beams*   3 **interponga...** *files a claim*   4 **emita...** *makes a judgment*   5 **ponerse...** *to adopt the patience of Job*   6 *speed*   7 *promoted*   8 *entities*   9 *lawyers*   10 **plazos...** *average periods*   11 **se...** *commit themselves*   12 *disputed*   13 Refiérase al gráfico en la página 49 para comprobar el aproximado valor de las cantidades monetarias citadas.   14 **tasas...** *administrative fees*   15 *case*

Después de leer

A. Conteste a las siguientes preguntas según lo que ha leído.

1. ¿Cuáles son algunos ejemplos de conflictos comerciales que menciona el artículo?
2. ¿Qué problema enfrentan los empresarios españoles cuando tienen que esperar que la Administración de Justicia emita una sentencia?
3. Según el artículo, ¿cuáles son las ventajas que les ofrece el arbitraje a las empresas?
4. ¿Por qué es importante la confidencialidad del proceso de arbitraje?

B. ¿Qué asocia Ud. con los siguientes términos?

1. cámara de comercio
2. litigio
3. confidencialidad
4. publicidad letal

C. Lea el artículo otra vez y resúmalo por escrito en sus propias palabras.

INTERPRETANDO LA PUBLICIDAD

Con un(a) compañero(a) de clase, representen los papeles de un(a) ejecutivo(a) de una compañía exportadora y un(a) asesor(a) jurídico(a) de Bancomext. Hablen de situaciones en las que los servicios de Bancomext podrían serle especialmente útiles a la compañía.

BANCOMEXT

ASESORIA JURIDICA

ASESORIA JURIDICA ESPECIALIZADA

BANCOMEXT ofrece en esta materia a la comunidad exportadora mexicana los siguientes servicios:

Orientación para la elaboración de contratos de compra-venta internacional de mercaderías, tanto para exportar como para importar.

Orientación para la elaboración de contratos de comisión, representación y distribución mercantil en el extranjero.

Información sobre la legislación vigente en otros países sobre la comisión, representación y distribución mercantil que puede resultar proteccionista de sus nacionales.

Información sobre los tratados y convenciones internacionales vigentes en materia de comercio exterior de los que México forma parte.

En coordinación con las Consejerías Comerciales de México en el extranjero, proporcionar a los importadores y exportadores mexicanos la información sobre despachos jurídicos especializados en el extranjero para que puedan atender los asuntos legales que se les encomienden.

Por escrito
▼▼▼▼▼▼▼▼▼▼▼▼▼▼▼

Carta de asesoramiento legal

Las cartas que forman parte de la correspondencia legal entre abogado y cliente son, con frecuencia, más extensas y detalladas que otros tipos de correspondencia comercial.

Como en todo escrito legal, el tono de estas cartas es formal y el estilo claro, preciso y analítico. En el modelo de la página 217, el cuerpo de la carta trata del procedimiento adecuado para la constitución de una sociedad anónima por parte de un inversionista extranjero en México.

Frases útiles

solicito asesoramiento legal	*I'm requesting legal counsel*
información sobre la legislación vigente	*information about current legislation*
tramitación de documentos legales	*transaction of legal documents*
formularios necesarios	*necessary forms*

Práctica

Imagínese que Ud. es la Sra. Livingston. Escriba una carta en contestación a la del Lic. Ordóñez. Exprese su agradecimiento por la información que le ha dado y dígale que su compañía va a necesitar asesoría jurídica en México. Explíquele que los asesores legales tendrán que trabajar en colaboración con sus abogados en los Estados Unidos y que Ud. desea saber si su bufete está interesado en ofrecer esta asesoría. Describa algunos de los servicios que Ud. cree que va a necesitar y hágale preguntas sobre su bufete, sus honorarios y su experiencia con empresas semejantes a la suya.

Riquelme-Espada Abogados
Avenida Insurgentes 438   67130 Monterrey, México

14 de enero de 19—

Sra. Lydia W. Livingston
Techno-Graphics, Inc.
2835 Jupiter Road
Garland, TX 75042

Estimada Sra. Livingston:

Nos complace enviarle por la presente la información que Ud. ha solicitado respecto a los trámites necesarios para la constitución de una sociedad anónima en México.

Las gestiones para preparar y registrar los documentos legales relacionados con este proceso tardan aproximadamente dos semanas. En México las leyes de inversión extranjera no presentan ningún tipo de restricción en cuanto al establecimiento de este tipo de compañía por parte de extranjeros. Hay que tomar también en consideración que generalmente tarda dos o tres meses tramitar los documentos fiscales necesarios. Por otra parte, si su empresa está solamente interesada en adquirir una oficina en México donde se compren productos hechos en ese país que luego se venderán a los Estados Unidos, esta compañía tendrá un balance comercial positivo. En este caso, no sería necesario obtener el permiso de la Secretaría de Comercio y Fomento Industrial (SECOFI). Existe en la actualidad, una propuesta de ley que, de ser aprobada, eliminaría el requisito de solicitar permiso de SECOFI.

Nuestros servicios de asesoramiento legal incluyen, no sólo la constitución de la sociedad anónima, sino también todas las gestiones relacionadas con los trámites fiscales y la obtención de licencias y permisos de SECOFI.

Quedando en espera de sus instrucciones, nos reiteramos a su servicio.

Atentamente,

Esteban Ordóñez

Lic. Esteban Ordóñez

EO/mcj

▲▲▲ Situaciones ▲▲▲

Lea cada uno de los casos siguientes y piense en lo que dirían los personajes en cada situación, refiriéndose al *Vocabulario general* en las páginas 220 y 221 cuando sea necesario. Represente las situaciones con sus compañeros de clase.

1. El (La) gerente general de una compañía estadounidense de transporte aéreo quiere establecer una filial en Colombia para enviar cargamentos industriales a ese país. Para ello necesita información sobre los aspectos legales para la formación de esta filial. Con este motivo, se ha puesto en contacto con un(a) abogado(a) colombiano(a) que se especializa en derecho mercantil. Los (Las) dos hablan por teléfono. El (la) abogado(a) colombiano(a) le dice que para poder investigar los detalles técnicos de una filial, de acuerdo con la Ley de Inversiones Extranjeras, necesita tener más información sobre la compañía. Los (Las) dos hablan de condiciones y circunstancias que podrían ser de importancia para el caso. **Términos útiles: código de comercio, honorarios, secretaría, poder, registrar documentos**

2. Un(a) abogado(a), que representa a una empresa mexicana en los trámites para establecer franquicias de una cadena hotelera norteamericana en México, se reúne con los abogados que representan a la compañía hotelera. Hablan sobre las regalías (*royalties*) que habrá que pagar para usar el nombre de la cadena hotelera estadounidense; el número de hoteles que quiere construir la compañía mexicana; y los servicios de apoyo (capacitación de empleados, etc.) que la empresa estadounidense le va a suministrar. **Términos útiles: otorgado, franquicia, notario, pacto, escritura, arreglo**

3. Un(a) abogado(a) de San Antonio, Texas, que representa a una compañía de aviación estadounidense, se entrevista con el (la) abogado(a) y el (la) gerente de una empresa colombiana que va a venderles piezas de metal. El (La) abogado(a) estadounidense contesta a las preguntas de los (las) colombianos(as) sobre las leyes estadounidenses de responsabilidad del producto. **Términos útiles: demandante, juez, demanda, litigio, tribunal, daños y perjuicios**

Práctica del vocabulario general

A. Complete cada oración con la palabra apropiada de la lista.

el código de comercio	el incumplimiento de contrato
el contrato de franquicia	el litigio
el convenio de coinversión	el poder

1. En los países hispanos generalmente existen leyes que protegen a agentes y distribuidores contra _____ en caso de que un fabricante no cumpla con lo que se ha acordado.
2. Cuando hay disputas entre las empresas estadounidenses, se usa con frecuencia _____ para solucionar el conflicto.
3. Las leyes mercantiles de un país forman parte del _____.
4. La licencia que permite que un producto de una marca determinada se venda bajo esa misma marca se establece por medio del _____.
5. Como el cliente no podía estar presente en las negociaciones, le dio _____ a su abogada para que lo representara.
6. Las dos empresas firmaron _____ para poder juntar sus fuerzas en nuevos proyectos.

B. Empareje las columnas A y B.

A	**B**
_____ 1. veredicto	a. sueldo o pago
_____ 2. notario	b. de acuerdo con la ley
_____ 3. apelar	c. avisar a alguien especificando fecha y hora de una reunión
_____ 4. acuerdo obligatorio	d. en los países hispanos, abogado que recibe una certificación especial
_____ 5. citar	e. decisión de un juez o jurado
_____ 6. honorarios	f. pedir la revocación de un juicio
_____ 7. lícito	g. pacto que no se puede romper

C. Explique el significado de las siguientes palabras y frases.

1. estipular
2. antimonopolístico
3. acuerdo oral
4. demandar
5. nulo
6. escritura
7. entrar en vigor

D. Use términos del *Vocabulario general* para escribir una breve descripción de lo siguiente.

1. un pleito comercial famoso
2. un convenio de coinversión entre dos compañías y cómo se realizó
3. algunos trámites necesarios para establecer una franquicia

Vocabulario general

SUSTANTIVOS

el acuerdo obligatorio binding agreement

el acuerdo oral verbal agreement

añadir to add

el árbitro arbitrator

el arreglo settlement

el capital social capital stock

el código de comercio code of mercantile law

la constitución de una compañía formation of a company

el contrato de franquicia franchise agreement

el convenio de coinversión joint venture agreement

la demanda lawsuit, complaint

el (la) demandado(a) defendant

el (la) demandante plaintiff

el derecho (field of) law; right

el derecho laboral labor law

la escritura, el título deed

el fraude fraud

los honorarios fees, honoraria

el incumplimiento (la contravención) de contrato breach of contract

el (la) juez judge

el juicio trial; judgment

el jurado jury

la ley law

el litigio, el pleito litigation

el (la) notario notary[1]

el pacto agreement

las partes contratantes parties to a contract

el poder power of attorney

las regalías royalties

la secretaría, el ministerio ministry[2]

la sociedad company

el tribunal, la corte, el juzgado court

el veredicto verdict

VERBOS

apelar, recurrir to appeal

citar to summon

demandar, presentar una demanda to file suit

emitir (un informe) to issue (a report)

encomendar to entrust

estipular to stipulate

registrar (un documento) to file (a document)

ADJETIVOS

antimonopolístico(a) antitrust

arbitral related to arbitration

jurídico(a) legal

lícito(a) allowed by law

nulo(a) null, void

otorgado(a) awarded

---

[1]Los notarios en el mundo hispano son abogados con un certificado especial.

[2]**Ministerio** se usa en varios países de América Latina y en España. **Secretaría** se usa en México. La traducción al inglés de ambos términos es *ministry*.

OTRAS PALABRAS Y EXPRESIONES

daños y perjuicios torts
entrar en vigor to come into force
sociedad anónima de capital variable (S.A. de C.V.) corporation with variable capital
sociedad en comandita por acciones (S. en C. por A.) partnership limited by shares

sociedad en comandita simple (S. en C.S.) limited partnership
sociedad en nombre colectivo (S. en N.C.) general partnership

Apéndice A
▼▼▼▼▼▼▼▼▼▼▼▼▼

Panorama económico de los países hispanos

Argentina

Fisonomía

Area:	2.780.399 km²
Población:	33 millones
Capital:	Buenos Aires
Otras ciudades importantes:	Córdoba, Rosario, Mendoza, Tucumán
Gobierno:	República con 28 provincias y el Distrito Federal
Alfabetismo:	95%

Economía

Moneda:	Peso
PNB en US$:	$101,2 mil millones
PNB per cápita en US$:	$3.100
Recursos naturales:	Petróleo, gas natural, hierro, estaño, plomo, uranio, plata, cinc, maderas
Productos agrícolas:	Carne de res, granos, caña de azúcar
Industria:	Productos alimenticios, productos químicos, maquinaria, vehículos, textiles
Exportaciones:	Petróleo y sus derivados, carne, granos, frutas, maquinaria, textiles
Importaciones:	Productos electrónicos, productos químicos, de papel y petroquímicos
Principales socios comerciales:	Estados Unidos, Brasil, Países Bajos, Alemania, Italia

Transportes y comunicaciones

Kilometraje ferroviario:	32.172 km
Carreteras:	211.369 km
Aeropuertos:	63
Puertos principales:	Buenos Aires, La Plata, Rosario, Bahía Blanca

Televisores:	Uno por cada cuatro personas
Radios:	Uno por cada persona
Teléfonos:	Uno por cada nueve personas
Periódicos:	227

Bolivia

Fisonomía

Area:	1.098.581 km²
Población:	7,3 millones
Capital:	Sucre (sede del poder judicial), La Paz (sede del gobierno)
Otras ciudades importantes:	Santa Cruz, Cochabamba
Gobierno:	República con nueve departamentos
Alfabetismo:	78%

Economía

Moneda:	Boliviano
PNB en US$:	$4,8 mil millones
PNB per cápita en US$:	$690
Recursos naturales:	Estaño, cinc, tungsteno, antimonio, gas natural, plata, plomo, oro, hierro, petróleo
Productos agrícolas:	Papas, maíz, caña de azúcar, arroz, café, bananas
Industria:	Productos alimenticios, textiles, productos químicos, derivados del petróleo
Exportaciones:	Gas natural, estaño, cinc, plata, tungsteno
Importaciones:	Maquinaria, equipo de transporte, materias primas industriales
Principales socios comerciales:	Estados Unidos, Argentina, Brasil, Reino Unido, Japón, Chile, Alemania

Transportes y comunicaciones

Kilometraje ferroviario:	3.642 km
Carreteras:	40.987 km
Aeropuertos:	19
Televisores:	Uno por cada 16 personas
Radios:	Uno por cada dos personas
Teléfonos:	Uno por cada 37 personas
Periódicos:	Trece

Colombia

Fisonomía

Area:	1.141.748 km²
Población:	34 millones
Capital:	Santafé de Bogotá
Otras ciudades importantes:	Barranquilla, Cartagena, Cali, Medellín
Gobierno:	República con 23 departamentos, ocho territorios nacionales y el distrito capitalino
Alfabetismo:	80%

Economía

Moneda:	Peso
PNB en US$:	$43 mil millones
PNB per cápita en US$:	$1.300
Recursos naturales:	Carbón, petróleo, gas natural, esmeraldas, hierro, níquel, oro, cobre, plomo, caucho, sal, energía hidroeléctrica
Productos agrícolas:	Café, bananas, flores, algodón, ganadería, arroz, maíz, tabaco
Industria:	Textiles, productos químicos, cemento, productos de cartón, resinas, plásticos
Exportaciones:	Café, aceite, pescado, bananas, flores, productos químicos, algodón, textiles, carbón, azúcar, productos de cartón y plástico, cemento, esmeraldas, cuero
Importaciones:	Maquinaria pesada, granos, productos químicos
Principales socios comerciales:	Estados Unidos, Alemania, Venezuela, Japón

Transportes y comunicaciones

Kilometraje ferroviario:	3.500 km
Carreteras:	110 km
Aeropuertos:	101
Puertos principales:	Barranquilla, Cartagena, Santa Marta, Buenaventura

Televisores:	Uno por cada cinco personas
Radios:	7,3 por cada cuatro personas
Teléfonos:	Uno por cada 13 personas
Periódicos:	30

Costa Rica

Fisonomía

Area:	50.900 km²
Población:	3,2 millones
Capital:	San José
Otras ciudades importantes:	Limón, Puntarenas, Alajuela, Cartago, Golfito
Gobierno:	República democrática con siete provincias
Alfabetismo:	93%

Economía

Moneda:	Colón
PNB en US$:	$5,6 mil millones
PNB per cápita en US$:	$1.810
Recursos naturales:	Oro, sal, azufre, hierro, madera
Productos agrícolas:	Café, bananas, azúcar, cacao, algodón, pesca, madera
Industria:	Productos alimenticios, textiles, fertilizantes, cemento, muebles
Exportaciones:	Café, bananas, azúcar, carne de res
Importaciones:	Maquinaria industrial, petróleo, productos químicos
Principales socios comerciales:	Estados Unidos, Unión Europea, Canadá, América Central, Japón

Transportes y comunicaciones

Kilometraje ferroviario:	700 km
Carreteras:	35.313 km
Aeropuertos:	Nueve
Puertos principales:	Limón, Puntarenas, Golfito
Televisores:	Uno por cada 4,9 personas
Radios:	Uno por cada 11 personas
Teléfonos:	Uno por cada 6,9 personas
Periódicos:	Cinco

Cuba

Fisonomía

Area: 110.860 km^2
Población: 10,8 millones
Capital: La Habana
Otras ciudades importantes: Santiago de Cuba, Camagüey, Cienfuegos, Santa Clara, Holguín
Gobierno: República socialista con 14 provincias
Alfabetismo: 99%

Economía

Moneda: Peso
PNB en US$: Economía socialista que no admite la conversión a PNB y PBN
PNB per cápita en US$: Economía socialista que no admite la conversión a PNB y PBN
Recursos naturales: Pescado, madera, níquel, cobalto, hierro, manganeso, cobre, sal
Productos agrícolas: Azúcar, café, tabaco, frutas, arroz, frijoles
Industria: Refinamiento de azúcar, procesamiento de productos alimenticios y de tabaco, textiles, productos químicos de papel y de madera, cemento
Exportaciones: Azúcar, café, tabaco, níquel, pescado, frutas tropicales, arroz
Importaciones: Maquinaria, petróleo, comestibles, equipo de transporte
Principales socios comerciales: España, Rusia, América Latina, Europa oriental, China

Transportes y comunicaciones

Kilometraje ferroviario: 5.196 km
Carreteras: 26 km
Aeropuertos: 11
Puertos principales: La Habana, Cienfuegos, Mariel, Matanzas, Santiago de Cuba
Televisores: Uno por cada cinco personas
Radios: Uno por cada tres personas
Teléfonos: Uno por cada 19 personas
Periódicos: No disponible

Chile

Fisonomía

Area:	756.626 km²
Población:	13,5 millones
Capital:	Santiago
Otras ciudades importantes:	Valparaíso, Concepción, Antofagasta, Viña del Mar, Punta Arenas
Gobierno:	República con 13 regiones
Alfabetismo:	92%

Economía

Moneda:	Peso chileno
PNB en US$:	$29,2 mil millones
PNB per cápita en US$:	$2.200
Recursos naturales:	Cobre, carbón, petróleo, gas, oro, madera, agua, nitratos, yodo
Productos agrícolas:	Azúcar, cereales, cebollas, frijoles, papas, guisantes, frutas
Industria:	Productos derivados del hierro, cobre, magnesio, plata y oro
Exportaciones:	Cobre, frutas, legumbres, papel y sus derivados, metales, productos químicos
Importaciones:	Maquinaria, bienes de consumo, bienes capitales, fertilizantes
Principales socios comerciales:	Estados Unidos, Japón, Alemania, Brasil, Reino Unido, Francia

Transportes y comunicaciones

Kilometraje ferroviario:	8.107 km
Carreteras:	79.089 km
Aeropuertos:	17
Puertos principales:	Valparaíso, Arica, Antofagasta
Televisores:	Uno por cada cinco personas
Radios:	Uno por cada persona
Teléfonos:	Uno por cada 16 personas
Periódicos:	66

Ecuador

Fisonomía

Area:	270.670 km²
Población:	10 millones

Capital:	Quito
Otras ciudades importantes:	Guayaquil, Cuenca
Gobierno:	República con 21 provincias
Alfabetismo:	88%

Economía

Moneda:	Sucre
PNB en US$:	$11,5 mil millones
PNB per cápita en US$:	$1.070
Recursos naturales:	Petróleo, pescado, madera, oro, piedra caliza
Productos agrícolas:	Bananas, café, cacao, azúcar, arroz
Industria:	Productos farmacéuticos, productos alimenticios, madera, textiles
Exportaciones:	Camarones, café, bananas, cacao, petróleo y sus derivados, arroz
Importaciones:	Papel, piezas para maquinaria, trigo, productos químicos, equipo de transporte y telecomunicaciones, productos alimenticios
Principales socios comerciales:	Estados Unidos, Perú, Japón, Alemania, Chile

Transportes y comunicaciones

Kilometraje ferroviario:	1.300 km
Carreteras:	40.000 km
Aeropuertos:	14
Puertos principales:	Guayaquil, Marita, Esmeraldas, Puerto Bolívar
Televisores:	Uno por cada 17 personas
Radios:	Uno por cada 34 personas
Teléfonos:	Uno por cada 28 personas
Periódicos:	Siete

El Salvador

Fisonomía

Area:	21.040 km²
Población:	5,6 millones
Capital:	San Salvador
Otras ciudades importantes:	Santa Ana, San Miguel
Gobierno:	República con 14 departamentos
Alfabetismo:	75%

Economía

Moneda:	Colón
PNB en US$:	$5,5 mil millones
PNB per cápita en US$:	$1.010
Recursos naturales:	Maderas, pescado, caucho
Productos agrícolas:	Café, algodón, azúcar, maíz
Industria:	Productos alimenticios, textiles, calzado, productos químicos, productos derivados del petróleo
Exportaciones:	Café, algodón, azúcar, productos químicos
Importaciones:	Maquinaria industrial, productos farmacéuticos
Principales socios comerciales:	Estados Unidos, Guatemala, México, Alemania, Venezuela

Transportes y comunicaciones

Kilometraje ferroviario:	602 km
Carreteras:	12.164 km
Aeropuertos:	Un aeropuerto internacional
Televisores:	Uno por cada 12 personas
Radios:	Uno por cada 2,6 personas
Teléfonos:	Uno por cada 36 personas
Periódicos:	Cinco

España

Fisonomía

Area:	504.783 km^2
Población:	39 millones
Capital:	Madrid
Otras ciudades importantes:	Barcelona, Sevilla, Valencia, Zaragoza, Bilbao
Gobierno:	Monarquía constitucional con 17 comunidades autónomas
Alfabetismo:	93%

Economía

Moneda:	Peseta
PNB en US$:	$487,5 mil millones
PNB per cápita en US$:	$12.400

Recursos naturales:	Carbón, lignito, hierro, uranio, mercurio, piritas, cinc, plomo, tungsteno, cobre, energía hidroeléctrica
Productos agrícolas:	Verduras, frutas, aceitunas, aceite de oliva, ganado
Industria:	Acero, aparatos electrónicos, alimentos preparados, textiles, calzado, productos petroquímicos, automóviles
Exportaciones:	Frutas, textiles, calzado, automóviles, productos derivados del hierro, alimentos preparados, maquinaria, productos químicos
Importaciones:	Petróleo, granos, productos químicos, maquinaria
Principales socios comerciales:	Unión Europea, Estados Unidos

Transportes y comunicaciones

Kilometraje ferroviario:	12.742 km
Carreteras:	318.991 km
Aeropuertos:	29
Puertos principales:	Barcelona, Valencia, Bilbao, Málaga, Cartagena, Gijón
Televisores:	Uno por cada 2,8 personas
Radios:	Uno por cada 3,4 personas
Teléfonos:	Uno por cada 2,5 personas
Periódicos:	Más de 100

Guatemala

Fisonomía

Area:	108.800 km^2
Población:	9,9 millones
Capital:	Ciudad de Guatemala
Otras ciudades importantes:	Quetzaltenango
Gobierno:	República con 22 departamentos
Alfabetismo:	55%

Economía

Moneda:	Quetzal
PNB en US$:	$11,7 mil millones
PNB per cápita en US$:	$1.260

Recursos naturales:	Petróleo, níquel, madera, pescado, chicle
Productos agrícolas:	Azúcar, frijoles, algodón, café, maíz
Industria:	Productos alimenticios, textiles, materiales de construcción, llantas, productos químicos
Exportaciones:	Café, algodón, azúcar, carne, especias, bananas, petróleo
Importaciones:	Productos químicos y farmacéuticos, maquinaria industrial, automóviles, hierro y acero
Principales socios comerciales:	Estados Unidos, Japón, El Salvador, Alemania, México

Transportes y comunicaciones

Kilometraje ferroviario:	866 km
Carreteras:	8.000 km
Aeropuertos:	Dos
Puertos principales:	Champerico, Puerto Barrios, San José
Televisores:	Uno por cada 18 personas
Radios:	Uno por cada 22 personas
Teléfonos:	Uno por cada 36 personas
Periódicos:	Nueve

Honduras

Fisonomía

Area:	112.088 km^2
Población:	4,9 millones
Capital:	Tegucigalpa
Otras ciudades importantes:	San Pedro Sula, La Ceiba, Choluteca
Gobierno:	República con 18 departamentos
Alfabetismo:	73%

Economía

Moneda:	Lempira
PNB en US$:	$4,9 millones
PNB per cápita en US$:	$960
Recursos naturales:	Maderas, minerales, pescado
Productos agrícolas:	Café, bananas, maíz, frijoles
Industria:	Textiles, productos de madera, cigarros

Exportaciones:	Café, bananas, azúcar, maderas, carne de res, minerales
Importaciones:	Maquinaria pesada y de transporte, productos manufacturados, productos petroquímicos
Principales socios comerciales:	Estados Unidos, Japón, Alemania, Francia, Reino Unido

Transportes y comunicaciones

Kilometraje ferroviario:	919 km
Carreteras:	17.431 km
Aeropuertos:	Nueve
Puertos principales:	Puerto Cortés, Tela, Trujillo, Puerto Castilla, La Ceiba
Televisores:	Uno por cada 25 personas
Radios:	Uno por cada 2,4 personas
Teléfonos:	Uno por cada 58 personas
Periódicos:	Siete

México

Fisonomía

Area:	1.958.201 km^2
Población:	92,4 millones
Capital:	México, Distrito Federal
Otras ciudades importantes:	Guadalajara, Monterrey, Puebla, León, Toluca, Querétaro
Gobierno:	República federal con 31 estados y el Distrito Federal
Alfabetismo:	90%

Economía

Moneda:	Nuevo peso
PNB en US$:	$289 mil millones
PNB per cápita en US$:	$3.200
Recursos naturales:	Petróleo, gas natural, madera, cobre, plata, cinc, plomo, oro, pescado
Productos agrícolas:	Algodón, café, trigo, maíz, frijoles, caña de azúcar, ganado
Industria:	Productos derivados del petróleo, acero, productos químicos, textiles, caucho, turismo
Exportaciones:	Productos derivados del petróleo, agricultura, pesca, minerales

Importaciones:	Maquinaria, productos químicos, automóviles
Principales socios comerciales:	Estados Unidos, España, Japón

Transportes y comunicaciones

Kilometraje ferroviario:	26.339 km
Carreteras:	230.712 km
Aeropuertos:	54
Puertos principales:	Veracruz, Tampico, Mazatlán, Coatzacoalcos
Televisores:	Uno por cada 6,6 personas
Radios:	Uno por cada 5,1 personas
Teléfonos:	Uno por cada 7,6 personas
Periódicos:	402

Nicaragua

Fisonomía

Area:	140.000 km²
Población:	3,9 millones
Capital:	Managua
Otras ciudades importantes:	León, Granada, Matagalpa
Gobierno:	República federal con 16 departamentos
Alfabetismo:	57%

Economía

Moneda:	Nuevo córdoba
PNB en US$:	$1,7 mil millones
PNB per cápita en US$:	$425
Recursos naturales:	Oro, plata, cobre, tungsteno, maderas, pescado
Productos agrícolas:	Algodón, café, maíz, frijoles, azúcar, cacao, arroz, ajonjolí, tabaco, frutas
Industria:	Productos alimenticios, textiles, petróleo, maquinaria, vehículos
Exportaciones:	Café, algodón, azúcar, carne de res, bananas, mariscos, oro
Importaciones:	Productos químicos y farmacéuticos, petróleo, maquinaria, vehículos
Principales socios comerciales:	Unión Europea

Transportes y comunicaciones

Kilometraje ferroviario:	344 km
Carreteras:	14.997 km
Aeropuertos:	Uno
Puertos principales:	Corinto, Puerto Somoza, San Juan del Sur
Televisores:	Uno por cada 18 personas
Radios:	Uno por cada 4,3 personas
Teléfonos:	Uno por cada 82 personas
Periódicos:	Cuatro

Panamá

Fisonomía

Area:	78.046 km²
Población:	2,5 millones
Capital:	Ciudad de Panamá
Otras ciudades importantes:	Colón, David, San Miguelito
Gobierno:	República con nueve provincias y un territorio
Alfabetismo:	87%

Economía

Moneda:	Balboa
PNB en US$:	$5,2 mil millones
PNB per cápita en US$:	$1.150
Recursos naturales:	Cobre, maderas, camarones
Productos agrícolas:	Bananas, arroz, azúcar, maíz, café
Industria:	Productos alimenticios, productos derivados del petróleo, materiales de construcción, banca internacional
Exportaciones:	Bananas, productos derivados del petróleo, camarones
Importaciones:	Maquinaria, combustibles y lubricantes, productos manufacturados
Principales socios comerciales:	Estados Unidos, Ecuador, Alemania, Japón, Costa Rica

Transportes y comunicaciones

Kilometraje ferroviario:	588 km
Carreteras:	9.964 km

Aeropuertos:	ocho
Puertos principales:	Cristóbal, Balboa
Televisores:	Uno por cada 12 personas
Radios:	Uno por cada 2,5 personas
Teléfonos:	Uno por cada 9,3 personas
Periódicos:	Nueve

Paraguay

Fisonomía

Area:	406.752 km^2
Población:	4,9 millones
Capital:	Asunción
Otras ciudades importantes:	Ciudad del Este, Encarnación, Pedro Juan Caballero
Gobierno:	República con 19 departamentos
Alfabetismo:	90%

Economía

Moneda:	Guaraní
PNB en US$:	$7 mil millones
PNB per cápita en US$:	$1.460
Recursos naturales:	Maderas, hierro, manganeso, piedra caliza
Productos agrícolas:	Tabaco, café, algodón, azúcar, trigo, yuca, ganado
Exportaciones:	Madera, soja, algodón, café, azúcar, tabaco
Importaciones:	Petróleo, vehículos, productos alimenticios, computadoras, lubricantes, hierro
Principales socios comerciales:	Brasil, Holanda, Argentina, Suiza, Alemania, Estados Unidos

Transportes y comunicaciones

Kilometraje ferroviario:	441 km
Carreteras:	14.783 km
Aeropuertos:	Uno
Televisores:	Uno por cada 12 personas
Radios:	Uno por cada 5,4 personas
Teléfonos:	Uno por cada 42 personas
Periódicos:	Cuatro

Perú
Fisonomía

Area:	1.285 km²
Población:	22.767 millones
Capital:	Lima
Otras ciudades importantes:	Arequipa, Callao, Trujillo
Gobierno:	República con 24 departamentos y una provincia constitucional
Alfabetismo:	85%

Economía

Moneda:	Nuevo sol
PNB en US$:	$20,6 mil millones
PNB per cápita en US$:	$920
Recursos naturales:	Cobre, plomo, plata, cinc, hierro, pescado
Productos agrícolas:	Café, algodón, cacao, azúcar, maíz, ganado
Industria:	Petróleo, textiles, productos alimenticios, minerales procesados, ensamblaje de automóviles
Exportaciones:	Joyas de plata, oro, café, plomo, petróleo refinado, cobre
Importaciones:	Maquinaria, piezas electrónicas, trigo, equipo industrial
Principales socios comerciales:	Estados Unidos, Japón, Alemania, Brasil, Italia

Transportes y comunicaciones

Kilometraje ferroviario:	3.451 km
Carreteras:	68.363 km
Aeropuertos:	22
Puertos principales:	Callao, Chinbate, Mollendo
Televisores:	Uno por cada 11 personas
Radios:	Uno por cada cinco personas
Teléfonos:	Uno por cada 28 personas
Periódicos:	66

Puerto Rico
Fisonomía

Area:	9.104 km²
Población:	3,6 millones
Capital:	San Juan

Otras ciudades importantes:	Bayamón, Carolina, Caguas, Mayagüez
Gobierno:	Estado libre asociado de los Estados Unidos, dos cámaras legislativas y un gobernador elegido. Tiene representantes en el congreso de los Estados Unidos pero no pueden votar.[1]
Alfabetismo:	89%

Economía

Moneda:	Dólar estadounidense
PNB en US$:	$16 mil millones
PNB per cápita en US$:	$6.000
Recursos naturales:	Cobalto, níquel, grava, tierra, arcilla, sal
Productos agrícolas:	Leche, aves de corral, ganado vacuno, caña de azúcar, café, tabaco, bananas y otras frutas
Industria:	Productos alimenticios, minería de la piedra
Exportaciones:	Productos químicos, petróleo y sus derivados, textiles, productos metálicos, productos alimenticios
Importaciones:	Petróleo, productos químicos, productos alimenticios, automóviles, textiles
Principales socios comerciales:	Estados Unidos, Japón, Ecuador, Venezuela

Transportes y comunicaciones

Kilometraje ferroviario:	96 km
Carreteras:	9.355 km
Aeropuertos:	8
Puertos principales:	San Juan, Ponce, Mayagüez
Televisores:	Uno por cada cuatro personas
Radios:	Uno por cada dos personas
Teléfonos:	Uno por cada cuatro personas
Periódicos:	Cinco

---

[1] Aunque Puerto Rico no es un país independiente, sino un estado libre asociado de los Estados Unidos, es parte del mundo hispano y por eso se incluye aquí.

República Dominicana

Fisonomía

Area:	8.442 km²
Población:	7,5 millones
Capital:	Santo Domingo
Otras ciudades importantes:	Santiago de los Caballeros, Puerto Plata, La Vega, San Francisco de Marcorís, San Cristóbal
Gobierno:	República democrática con 29 provincias y la capital
Alfabetismo:	83%

Economía

Moneda:	Peso
PNB en US$:	$7,1 mil millones
PNB per cápita en US$:	$950
Recursos naturales:	Níquel, plata, oro, madera
Productos agrícolas:	Azúcar, cacao, café, tabaco, arroz, plátano, carne de res, flores
Industria:	Productos farmacéuticos, cemento, textiles, refinamiento del azúcar
Exportaciones:	Tabaco, café, cacao, azúcar crudo, níquel, oro, plata, carne de res, arroz
Importaciones:	Productos alimenticios, petróleo y sus derivados, maquinaria, hierro, acero, productos farmacéuticos
Principales socios comerciales:	Estados Unidos, Venezuela, México, España, Japón

Transportes y comunicaciones

Kilometraje ferroviario:	1.600 km
Carreteras:	17.362 km
Aeropuertos:	Cinco
Televisores:	Uno por cada diez personas
Radios:	Uno por cada seis personas
Teléfonos:	Uno por cada 24 personas
Periódicos:	Nueve

Uruguay

Fisonomía

Area:	176.215 km²
Población:	3,1 millones

Capital:	Montevideo
Otras ciudades importantes:	Mercedes, San José de Mayo, Las Piedras
Gobierno:	República con 19 departamentos
Alfabetismo:	95%

Economía

Moneda:	Nuevo peso
PNB en US$:	$9,1 mil millones
PNB per cápita en US$:	$2.935
Recursos naturales:	Pescado, madera, energía hidroeléctrica
Productos agrícolas:	Caña de azúcar, trigo, remolacha, arroz, papas, maíz, uvas
Industria:	Productos de cuero, carne, embutidos, lana, pieles, textiles, cemento, vino, productos alimenticios
Exportaciones:	Calzado, pieles, productos alimenticios, textiles, tabaco
Importaciones:	Maquinaria, aparatos electrodomésticos, plásticos, lubricantes, productos químicos, textiles
Principales socios comerciales:	Brasil, Unión Europea, Estados Unidos, Argentina, Europa oriental

Transportes y comunicaciones

Kilometraje ferroviario:	3.002 km
Carreteras:	49.820 km
Aeropuertos:	Siete
Puerto principal:	Montevideo
Televisores:	Uno por cada 4,8 personas
Radios:	Uno por cada persona
Teléfonos:	Uno por cada 5,8 personas
Periódicos:	21

Venezuela

Fisonomía

Area:	912.050 km^2
Población:	20,7 millones
Capital:	Caracas
Otras ciudades importantes:	Maracaibo, Valencia, Maracay, Barquisimeto, Ciudad Guayana

Gobierno:	República federal con 21 estados, un distrito federal y dos territorios nacionales
Alfabetismo:	88%

Economía

Moneda:	Bolívar
PNB en US$:	$52,3 mil millones
PNB per cápita en US$:	$2.950
Recursos naturales:	Petróleo, aluminio, hierro, carbón, diamantes, gas natural, oro, madera, pescado
Productos agrícolas:	Azúcar, bananas, maíz, arroz, café, cacao
Industria:	Productos derivados del petróleo, aluminio, hierro, acero, diamantes, carbón, gas natural, oro, madera, pescado, azúcar, café, cacao, envases
Exportaciones:	Petróleo y sus derivados, café, acero, cacao
Importaciones:	Maquinaria, piezas para automóviles, productos químicos, trigo, hierro, acero
Principales socios comerciales:	Estados Unidos, Alemania, Italia, Canadá, Japón

Transportes y comunicaciones

Kilometraje ferroviario:	226 km
Carreteras:	100.571 km
Aeropuertos:	32
Puertos principales:	Maracaibo, Puerto Cabello, La Guaira
Televisores:	Uno por cada 5,6 personas
Radios:	Uno por cada 2,4 personas
Teléfonos:	Uno por cada 11 personas
Periódicos:	61

Apéndice B

Siglas, acrónimos y sistemas de pesas, medidas, numeración y temperatura

Siglas y acrónimos [1]

a/c	a cuenta
adj.	adjunto
ALALC	Asociación Latinoamericana de Libre Comercio
AME	Acuerdo Monetario Internacional
apdo.	apartado
Arq.	Arquitecto/a
art.	artículo
atte.	atentamente
Atto., atta.	Atento, atenta
Avda.	Avenida
BANCOMEXT	Banco Nacional de Comercio Exterior (México)
bco.	banco
BID	Banco Interamericano de Desarrollo
BOE	Boletín Oficial del Estado
c/	calle; cargo; cuenta
C.A.	Centroamérica
CAEM	Consejo de Asistencia Económica Mutua
CARICOM	Mercado Común del Caribe
c.c.	con copia
CEIM	Confederación Empresarial Independiente de Madrid
C.F.	Costo y flete
Cía.	compañía
CMC	Comunidad y Mercado del Caribe
c/o	carta orden
c°	cambio
cod.	código
com.	comisión
C.S.F.	Costo, seguro y flete

---

[1] abbreviations and acronyms

cta. cte.	cuenta corriente
cto.	centro
C.V.	currículum vitae
ch/.	cheque
D.	Don
D^a	Doña
dcha.	derecha
dept., depto.	departamento
desc.	descuento
d/f	días fecha
D.F.	Distrito Federal
doc.	documento
Dr./Dra.	Doctor/Doctora
Dtor.	Director
E.	Este
ed.	Edición, editor, editorial
EE.UU.	Estados Unidos
efvo.	efectivo
ej.	ejemplo
ENTEL	Empresa Nacional de Telecomunicaciones (Argentina)
ext.	exterior
F.A.B.	franco a bordo
fact.	factura
F.C.	ferrocarril
fca.	fábrica
fcha.	fecha
FECAEXCA	Federación de Cámaras y Asociaciones de Exportadores de Centroamérica
FEDEINDUSTRIA	Federación de Industrias
fig.	figura
FMI	Fondo Monetario Internacional
fol.	folio
Gral.	General
Gte.	Gerente
gtos.	gastos
Hda.	hacienda
Hect.	hectárea

Hno.	hermano
Hon.	honorable
Id.	ídem
IMAC	Instituto de Mediación y Arbitraje
Ing.	Ingeniero/a
IVA	Impuesto sobre el valor añadido
izqda.	izquierda
L.A.B.	libre a bordo
lb., lba.	libra
Lic.	Licenciado/a
ltda.	limitada
m	metro
m/.	meses
MCCA	Mercado Común de Centroamérica
MCE	Mercado Común Europeo
MERCOSUR	Mercado Común del Cono Sur
mod.	modelo
N.	Norte
N.A.	Norteamérica
n/c	nuestro cargo
n/cta.	nuestra cuenta
NE	Nordeste
no.	número
NO	Noroeste
n/o	nuestra orden
o/	orden
O.	Oeste
OCDE	Organización de Cooperación y Desarrollo Económico
o/o	por ciento
o/oo	por mil
OPEP	Organización de Países Exportadores de Petróleo
P.B.	peso bruto
p/cta.	por cuenta
P.D.	posdata
p.e.	por ejemplo
PIB	Producto Interior Bruto
PNB	Producto Nacional Bruto

p.o., P.O., p/o	por orden
p.p.	por poder; porte pagado
prov.	provincia
pto.	puerto
pxmo.	próximo
PYMES	Pequeñas y Medianas Empresas
ref.	referencia(s)
RENFE	Red Nacional de Ferrocarriles Españoles
rte.	remitente
S.	Sur; san; santo; santa; señor
S. en C.	sociedad en comandita
S. en C.S.	sociedad en comandita simple
S. en C. por A.	sociedad en comandita por acciones
S.A.	sociedad anónima; Sudamérica
S.A. de C.V.	sociedad anónima de capital variable
S.C.	sociedad comanditaria
s/cta.	su cuenta
SE	Sudeste
SECOFI	Secretaría de Comercio y Fomento Industrial (México)
SIECA	Seminarios Internacionales de Exportación de Centroamérica
SME	Sistema Monetario Europeo
SO	Sudoeste
SOGAMPI	Sociedad Nacional de Garantías para la Mediana y Pequeña Industria
S.R.L.	sociedad de responsabilidad limitada
Sr./Sra.	Señor/Señora
Srta.	Señorita
s.s.s.	Su seguro servidor
suc.	sucursal
t.	tomo
tel., teléf.	teléfono
tit.	título
TLC	Tratado de Libre Comercio de América del Norte

UEE	Unión Económica Europea
Vda.	viuda
vol.	volumen

Los sistemas de pesas, medidas y numeración

En los países hispanos se usa el sistema métrico decimal para las pesas y las medidas. El sistema anglo-americano es el que se utiliza en los Estados Unidos.

Conversión de medidas del sistema métrico decimal al sistema anglo-americano

Sistema métrico	Sistema anglo-americano	
Peso		
gramo (g)	gram	1 g = 0.035 ounce
kilogramo (kg)	kilogram	1 kg = 2.205 pounds
quintal (q)	hundredweight	1 q = 220.460 pounds
tonelada métrica (t)	metric ton	1 t = 2,204.5600 pounds
Volumen		
metro cúbico (m³)	cubic meter	1 m³ = 35.315 cubic feet
Capacidad		
mililitro (ml)	milliliter	1 ml = 0.0338 fluid ounce
litro (l)	liter	1 l = 1.057 quarts
Superficie		
metro cuadrado (m²)	square meter	1 m² = 1.196 square yards
área (a)	area	1 a = 119.6 square yards
hectárea (ha)	hectare	1 ha = 2.471 acres
Longitud		
milímetro (mm)	millimeter	1 mm = 0.03937 inch
centímetro (cm)	centimeter	1 cm = 0.39370 inch

| metro (m) | meter | 1 m = 39.37 inches |
| kilómetro (km) | kilometer | 1 km = 1,094 yards or 0.6214 mile |

Conversión de medidas del sistema anglo-americano al sistema métrico

Sistema anglo-americano	Sistema métrico decimal	
Peso		
pound (lb.)	libra	1 lb. = 453,6000 g
hundredweight (cwt.)	quintal	1 cwt. = 50,8200 kg
Volumen		
cubic inch (cu. in.)	pulgada cúbica	1 cu. in. = 16,387 cm^3
cubic foot (cu. ft.)	pie cúbico	1 cu. ft. = 0,0283 m^3
cubic yard (cu. yd.)	yarda cúbica	1 cu. yd. = 0,765 m^3
Capacidad		
liquid pint (pt.)	pinta líquida	1 pt. = 0,473 l
liquid quart (qt.)	cuarto	1 qt. = 0,946 l
gallon (gal.)	galón	1 gal. = 3,785 l
dry pint (pt.)	pinta árida	1 pt. = 0,550 l
dry quart (qt.)	cuarto árido	1 qt. = 1,101 l
peck (pk.)		1 pk. = 8,811 l
bushel (bu.)	bushel, fanega	1 bu. = 35,239 l
Superficie		
square inch (sq. in.)	pulgada cuadrada	1 sq. in. = 6,451 cm^2
square foot (sq. ft.)	pie cuadrado	1 sq. ft. = 929,000 cm^2
square yard (sq. yd.)	yarda cuadrada	1 sq. yd. = 0,836 m^2
square mile (sq. mi.)	milla cuadrada	1 sq. mi. = 2,590 km^2
acre	acre	0,405 hectáreas

Longitud		
inch (in.)	pulgada	1 in. = 2,540 cm
foot (ft.)	pie	1 ft. = 30,480 cm
yard (yd.)	yarda	1 yd.= 91,440 cm
mile (mi.)	milla	1 mi. = 1.609,000 m or 1,609 km

Equivalencias numéricas

Sistema norteamericano	Número de ceros	Sistema europeo y latinoamericano
million	6	(un) millón
billion	9	mil millones
trillion	12	(un) billón (o millón de millones)
quadrillion	15	mil billones
quintillion	18	(un) trillón

Los sistemas de temperatura

Para medir la temperatura, los países hispanos se valen de la escala de Celsius o centígrada, mientras que en los Estados Unidos se emplea la escala Fahrenheit.

Conversión de temperaturas

$0°C$ (Celsius) $= 32°F$ (Fahrenheit)
$100°C = 212°F$

Fórmulas para la conversión de temperaturas

De Fahrenheit a Celsius
$(F° - 32°) \times 5/9 = C°$
De Celsius a Fahrenheit
$(C° \times 9/5) + 32° = F°$

Apéndice C
▼▼▼▼▼▼▼▼▼▼▼▼▼
Verbos con formas irregulares

A. Verbos con cambios en el radical
Verbos en -ar

INFINITIVO	pensar (e → ie) (to think)		contar (o → ue) (to tell; to count)		jugar (u → ue) (to play)	
PRESENTE DEL INDICATIVO	**pienso**	pensamos	**cuento**	contamos	**juego**	jugamos
	piensas	pensáis	**cuentas**	contáis	**juegas**	jugáis
	piensa	**piensan**	**cuenta**	**cuentan**	**juega**	**juegan**
PRESENTE DEL SUBJUNTIVO	**piense**	pensemos	**cuente**	contemos	**juegue**	juguemos
	pienses	penséis	**cuentes**	contéis	**juegues**	juguéis
	piense	**piensen**	**cuente**	**cuenten**	**juegue**	**jueguen**
IMPERATIVO afirmativo	—	pensemos	—	contemos	—	juguemos
	piensa	pensad	**cuenta**	contad	**juega**	jugad
	piense	**piensen**	**cuente**	**cuenten**	**juegue**	**jueguen**
negativo	—	no pensemos	—	no contemos	—	no juguemos
	no **pienses**	no penséis	no **cuentes**	no contéis	no **juegues**	no juguéis
	no **piense**	no **piensen**	no **cuente**	no **cuenten**	no **juegue**	no **jueguen**

Conjugados como **pensar:**

apretar (*to be too tight*), cerrar (*to close*), comenzar (*to begin, start*), desplegar (*to open, unfold*), empezar (*to begin, start*), encerrar (*to lock up*), negar (*to deny*), nevar (*to snow*), plegar (*to fold*), quebrar (*to break*), recomendar (*to recommend*), sentarse (*to sit down*)

Conjugados como **contar:**

acordarse (de) (*to remember*), almorzar (*to have lunch*), costar (*to cost; to require [effort]*), demostrar (*to demonstrate*), encontrar (*to find; to meet*), mostrar (*to show*), probar (*to try; to taste*), recontar (*to recount, tell, tell again*), recordar (*to remember*), rogar (*to beg*), sonar (*to ring, sound*), soñar (con) (*to dream [of]*), volar (*to fly*)

Verbos en *-er*

INFINITIVO	perder (e → ie) (*to lose*)		volver (o → ue) (*to return*)	
PRESENTE DEL INDICATIVO	pierdo pierdes pierde	perdemos perdéis pierden	vuelvo vuelves vuelve	volvemos volvéis vuelven
PRESENTE DEL SUBJUNTIVO	pierda pierdas pierda	perdamos perdáis pierdan	vuelva vuelvas vuelva	volvamos volváis vuelvan
IMPERATIVO afirmativo	— pierde pierda	perdamos perded pierdan	— vuelve vuelva	volvamos volved vuelvan
negativo	— no pierdas no pierda	no perdamos no perdáis no pierdan	— no vuelvas no vuelva	no volvamos no volváis no vuelvan

Conjugados como **perder:**
defender (*to defend*), descender (*to descend, go down*), entender (*to understand*), extenderse (*to extend, run the length of*), tender (*to spread out, lay out*)

Conjugados como **volver** (part. pasado: **vuelto**):
desenvolverse (part. pasado: **desenvuelto**) (*to comport onself, handle oneself*), devolver (part. pasado: **devuelto**) (*to return, give back*), mover (*to move*), resolver (part. pasado: **resuelto**) (*to solve*), soler (*to be used to, accustomed to*)

Verbos en *-ir*

INFINITIVO	pedir (e → i, i) (*to ask*)		sentir (e → ie, i) (*to feel*)		dormir (o → ue, u) (*to sleep*)	
PRESENTE DEL INDICATIVO	pido pides pide	pedimos pedís piden	siento sientes siente	sentimos sentís sienten	duermo duermes duerme	dormimos dormís duermen
PRESENTE DEL SUBJUNTIVO	pida pidas pida	pidamos pidáis pidan	sienta sientas sienta	sintamos sintáis sientan	duerma duermas duerma	durmamos durmáis duerman
IMPERATIVO afirmativo	— pide pida	pidamos pedid pidan	— siente sienta	sintamos sentid sientan	— duerme duerma	durmamos dormid duerman

negativo	—	no **pidamos**	—	no **sintamos**	—	no **durmamos**
	no **pidas**	no **pidáis**	no **sientas**	no **sintáis**	no **duermas**	no **durmáis**
	no **pida**	no **pidan**	no **sienta**	no **sientan**	no **duerma**	no **duerman**

PARTICIPIO PRESENTE	**pidiendo**		**sintiendo**		**durmiendo**	

PRETÉRITO	pedí	pedimos	sentí	sentimos	dormí	dormimos
	pediste	pedisteis	sentiste	sentisteis	dormiste	dormisteis
	pidió	**pidieron**	**sintió**	**sintieron**	**durmió**	**durmieron**

IMPERFECTO DEL SUBJUNTIVO (-ra)	pidiera	pidiéramos	sintiera	sintiéramos	durmiera	durmiéramos
	pidieras	pidierais	sintieras	sintierais	durmieras	durmierais
	pidiera	pidieran	sintiera	sintieran	durmiera	durmieran
(-se)	pidiese	pidiésemos	sintiese	sintiésemos	durmiese	durmiésemos
	pidieses	pidieseis	sintieses	sintieseis	durmieses	durmieseis
	pidiese	pidiesen	sintiese	sintiesen	durmiese	durmiesen

Conjugados como **pedir:**

competir (*to complete*), conseguir (*to get, obtain*), corregirse (*to mend one's ways*), despedir (*to fire, lay off*), elegir (*to choose, select; to elect*), impedir (*to prevent*), medir (por) (*to measure [by]*), perseguir (*to pursue, hunt down*), repetir (*to repeat*), seguir (*to follow*), servir (*to serve*)

Conjugados como **sentir:**

advertir (*to warn; to advertise*), divertirse (*to have fun*), invertir (*to invest*), mentir (*to lie*), preferir (*to prefer*), requerir (*to require*), sugerir (*to suggest*)

Conjugados como **dormir:**

morir (part. pasado: **muerto**) (*to die*)

B. Verbos con cambios ortográficos y cambios de acento[1]

buscar (*to look for*)   [**-car** verb: **c → qu** before **e**]

PRETÉRITO	**busqué,** buscaste, buscó, buscamos, buscasteis, buscaron
PRES. DEL SUBJ.	**busque, busques, busque, busquemos, busquéis, busquen**
IMPERATIVO	busca [no **busques**], **busque, busquemos,** buscad [no **busquéis**], **busquen**

---

[1]Sections B and C list only tenses that contain irregular forms. All tenses not listed here are regular.

Conjugados como **buscar:**
acercarse (*to come near, approach*), aparcar (*to park*), arrancar (*to start* [*motor*]), colocar (*to place*), complicar (*to complicate*), comunicarse (*to communicate*), criticar (*to criticize; to critique*), desembarcar (*to deplane*), embarcarse (*to board, go aboard*), enfocar (*to focus*), equivocarse (*to make a mistake*), explicar (*to explain*), justificar (*to justify, give a reason for*), marcar (*to score* [*a point*]), platicar (*to chat*), practicar (*to practice*), sacar (*to take out*), secar (*to dry*), significar (*to mean, signify*), suplicar (*to beg*), tocar (*to touch*)

---

pagar (*to pay, pay for*)   [**-gar** verb: **g** → **gu** before **e**]

PRETÉRITO   **pagué,** pagaste, pagó, pagamos, pagasteis, pagaron
PRES. DEL SUBJ.   **pague, pagues, pague, paguemos, paguéis, paguen**
IMPERATIVO   paga [no **pagues**], **pague, paguemos,** pagad [no **paguéis**], **paguen**

Conjugados como **pagar:**
agregar [ie] (*to add*), apagar (*to turn off*), arriesgar (*to risk*), asegurar (*to fasten securely; to assure*), cargar (*to charge; to load*), encargar (*to order*), descargar (*to empty*), despegar (*to take off*), desplegar [ie] (*to open, unfold*), encargarse (de) (*to be in charge* [*of*]), entregar (*to hand; to deliver*), llegar (*to arrive*), negar [ie] (*to deny; to refuse*), plegar [ie] (*to fold*), rasgar (*to tear*), rogar [ue] (*to beg*)

---

organizar (*to organize*)   [**-zar** verb: **z** → **c** before **e**]

PRETÉRITO   **organicé,** organizaste, organizó, organizamos, organizasteis, organizaron
PRES. DEL SUBJ.   **organice, organices, organice, organicemos, organicéis, organicen**
IMPERATIVO   organiza [no **organices**], **organice, organicemos,** organizad [no **organicéis**], **organicen**

Conjugados como **organizar:**
alcanzar (*to catch up with; to reach*), almorzar [ue] (*to have lunch*), alzar (*to raise*), amenazar (*to threaten*), amortizar (*to pay off*), analizar (*to analyze*), aterrizar (*to land*), avanzar (*to advance, move toward*), comenzar [ie] (*to begin, start*), cotizar (*to quote* [*a price*]), cruzar (*to cross*), empezar [ie] (*to begin, start*), esforzarse [ue] (*to make an effort*), especializarse (en) (*to specialize* [*in*]), garantizar (*to guarantee*), generalizarse (*to become more widely used*), gozar (de) (*to enjoy*), independizarse (*to become independent*), lanzar (*to throw*), realizar (*to carry out, bring about; to attain, realize*), rechazar (*to reject, refuse*), reemplazar (*to replace*), rizar (*to curl*), tranquilizar (*to calm down, tranquilize*), tropezar [ie] (*to trip*), utilizar (*to use, make use of*)

escoger (*to choose*)   [**-ger** verb: **g** → **j** before **o, a**]

PRESENTE   **escojo,** escoges, escoge, escogemos, escogéis, escogen
PRES. DEL SUBJ.   **escoja, escojas, escoja, escojamos, escojáis, escojan**
IMPERATIVO   escoge [no **escojas**], **escoja, escojamos,** escoged [no **escojáis**], **escojan**

Conjugados como **escoger:**
coger (*to pick, seize, catch*), proteger (*to protect*), recoger (*to pick up; to put away; to clear*)

dirigir (*to direct*)   [**-gir** verb: **g** → **j** before **o, a**]

PRESENTE   **dirijo,** diriges, dirige, dirigimos, dirigís, dirigen
PRES. DEL SUBJ.   **dirija, dirijas, dirija, dirijamos, dirijáis, dirijan**
IMPERATIVO   dirige [no **dirijas**], **dirija, dirijamos,** dirigid [no **dirijáis**], **dirijan**

Conjugados como **dirigir:**
afligirse (*to be distressed*), corregir [i, i] (*to correct*), elegir [i, i] (*to choose, select; to elect*), exigir (*to demand; to require*), fingir (*to pretend*)

distinguir (*to distinguish*)   [**-guir** verb: **gu** → **g** before **o, a**]

PRESENTE   **distingo,** distingues, distingue, distinguimos, distinguís, distinguen
PRES. DEL SUBJ.   **distinga, distingas, distinga, distingamos, distingáis, distingan**
IMPERATIVO   distingue [no **distingas**], **distinga, distingamos,** distinguid [no **distingáis**], **distingan**

Conjugados como **distinguir:**
conseguir [i, i] (*to get, obtain*), perseguir [i, i] (*to pursue, hunt down*), seguir [i, i] (*to follow*)

enviar (*to send*)   [**-iar** verb: **i** → **í** in singular and third-person plural forms of present tenses]

PRESENTE   **envío, envías, envía,** enviamos, enviáis, **envían**
PRES. DEL SUBJ.   **envíe, envíes, envíe,** enviemos, enviéis, **envíen**
IMPERATIVO   **envía** [no **envíes**], **envíe,** enviemos, enviad [no enviéis] **envíen**

Conjugados como **enviar:**
confiar (*to trust*), desafiar (*tc challenge*), vaciar (*to empty*), variar (*to vary*)

actuar (*to act*)   [**-uar** verb: **u** → **ú** in singular and third person plural forms of present tenses]

PRESENTE   **actúo, actúas, actúa,** actuamos, actuáis, **actúan**
PRES. DEL SUBJ.   **actúe, actúes, actúe,** actuemos, actuéis, **actúen**
IMPERATIVO   **actúa** [no **actúes**], **actúe,** actuemos, actuad [no actuéis], **actúen**

Conjugados como **actuar:**
continuar (*to continue*), graduarse (*to graduate*), puntuar (*to punctuate*)

C. Verbos irregulares

abrir (*to open*)

PART. PASADO   **abierto**

Conjugados como **abrir:**
cubrir (*to cover*), descubrir (*to discover*)

andar (*to walk, go*)

PRETÉRITO   **anduve, anduviste, anduvo, anduvimos, anduvisteis, anduvieron**
IMP. DEL SUB.   **(-ra) anduviera, anduvieras, anduviera, anduviéramos, anduvierais, anduvieran**
(-se) anduviese, anduvieses, anduviese, anduviésemos, anduvieseis, anduviesen

caer (*to fall*)

PRESENTE   **caigo,** caes, cae, caemos, caéis, caen
PRETÉRITO   caí, **caíste, cayó, caímos, caísteis, cayeron**
PRES. DEL SUBJ.   **caiga, caigas, caiga, caigamos, caigáis, caigan**
IMP. DEL SUBJ.   **(-ra) cayera, cayeras, cayera, cayéramos, cayerais, cayeran**
(-se) cayese, cayeses, cayese, cayésemos, cayeseis, cayesen
PART. PRES.   **cayendo**
PART. PASADO   **caído**
IMPERATIVO   cae [no **caigas**], **caiga, caigamos,** caed [no **caigáis**], **caigan**

conocer (*to know, be acquainted with*)

PRESENTE   **conozco,** conoces, conoce, conocemos, conocéis, conocen
PRES. DEL SUBJ.   **conozca, conozcas, conozca, conozcamos, conozcáis, conozcan**
IMPERATIVO   conoce [no **conozcas**], **conozca, conozcamos,** conoced [no **conozcáis**], **conozcan**

Conjugados como **conocer:**

acontecer (*to happen*), agradecer (*to thank; to be grateful for*), aparecer (*to appear*), complacer (*to please*), crecer (*to grow, increase*), desaparecer (*to disappear*), enorgullecerse (*to take pride*), entristecerse (*to feel sad*), merecer (*to deserve, merit*), nacer (*to be born*), obedecer (*to obey*), ofrecer (*to offer*), padecer (*to suffer*), parecer (*to seem, appear*), permanecer (*to remain, stay*), pertenecer (*to belong to*), reconocer (*to recognize, know*), resplandecer (*to shine*)

---

construir (*to construct, build*)

PRESENTE	**construyo, construyes, construye,** construimos, construís, **construyen**
PRETÉRITO	construí, construiste, **construyó,** construimos, construisteis, **construyeron**
PRES. DEL SUBJ.	**construya, construyas, construya, construyamos, construyáis, construyan**
IMP. DEL SUBJ.	**(-ra) construyera, construyeras, construyera, construyéramos, construyerais, construyeran**
	(-se) construyese, construyeses, construyese, construyésemos, construyeseis, construyesen
PART. PRES.	**construyendo**
IMPERATIVO	**construye** [no **construyas**], **construya, construyamos,** construid [no **construyáis**], **construyan**

Conjugados como **construir:**

contribuir (*to contribute*), destruir (*to destroy*), disminuir (*to diminish*)

---

dar (*to give*)

PRESENTE	**doy,** das, da, damos, dais, dan
PRETÉRITO	**di, diste, dio, dimos, disteis, dieron**
PRES. DEL SUBJ.	**dé,** des, **dé,** demos, deis, den
IMP. DEL SUBJ.	**(-ra) diera, dieras, diera, diéramos, dierais, dieran**
	(-se) diese, dieses, diese, diésemos, dieseis, diesen
IMPERATIVO	da [no des], **dé,** demos, dad [no deis], den

---

decir (*to say, tell*)

PRESENTE	**digo, dices, dice,** decimos, decís, **dicen**
PRETÉRITO	**dije, dijiste, dijo, dijimos, dijisteis, dijeron**
FUTURO	**diré, dirás, dirá, diremos, diréis, dirán**
CONDICIONAL	**diría, dirías, diría, diríamos, diríais, dirían**
PRES. DEL SUBJ.	**diga, digas, diga, digamos, digáis, digan**

IMP. DEL SUBJ.   **(-ra) dijera, dijeras, dijera, dijéramos, dijerais, dijeran**
                 (-se) dijese, dijeses, dijésemos, dijeseis, dijesen
PART. PRES.   **diciendo**
PART. PASADO   **dicho**
IMPERATIVO   **di** [no **digas**], **diga, digamos,** decid [no **digáis**], **digan**

Conjugado como **decir:**
predecir (*to predict*)

---

escribir (*to write*)

PART. PASADO   **escrito**

Conjugado como **escribir:**
describir (*to describe*)

---

estar (*to be*)

PRESENTE   **estoy, estás, está,** estamos, estáis, **están**
PRETÉRITO   **estuve, estuviste, estuvo, estuvimos, estuvisteis, estuvieron**
PRES. DEL SUBJ.   **esté, estés, esté,** estemos, estéis, **estén**
IMP. DEL SUBJ.   **(-ra) estuviera, estuvieras, estuviera, estuviéramos, estuvierais, estuvieran**
                 (-se) estuviese, estuvieses, estuviese, estuviésemos, estuvieseis, estuviesen
IMPERATIVO   **está** [no **estés**], **esté,** estemos, estad [no estéis], **estén**

---

haber (*to have*) [verbo auxiliar]

PRESENTE   **he, has, ha, hemos,** habéis, **han**
PRETÉRITO   **hube, hubiste, hubo, hubimos, hubisteis, hubieron**
FUTURO   **habré, habrás, habrá, habremos, habréis, habrán**
CONDICIONAL   **habría, habrías, habría, habríamos, habríais, habrían**
PRES. DEL SUBJ.   **haya, hayas, haya, hayamos, hayáis, hayan**
IMP. DEL SUBJ.   **(-ra) hubiera, hubieras, hubiera, hubiéramos, hubierais, hubieran**
                 (-se) hubiese, hubieses, hubiese, hubiésemos, hubiéseis, hubiesen

---

hacer (*to make, do*)

PRESENTE   **hago,** haces, hace, hacemos, hacéis, hacen
PRETÉRITO   **hice, hiciste, hizo, hicimos, hicisteis, hicieron**
FUTURO   **haré, harás, hará, haremos, haréis, harán**

CONDICIONAL	**haría, harías, haría, haríamos, haríais, harían**
PRES. DEL SUBJ.	**haga, hagas, haga, hagamos, hagáis, hagan**
IMP. DEL SUBJ.	**(-ra) hiciera, hicieras, hiciera, hiciéramos, hicierais, hicieran**
	(-se) hiciese, hicieses, hiciese, hiciésemos, hicieseis, hiciesen
PART. PASADO	**hecho**
IMPERATIVO	**haz** [no **hagas**], **haga, hagamos,** haced [no **hagáis**], **hagan**

Conjugado como **hacer:**
    satisfacer (*to satisfy*)

---

imprimir (*to print*)

PART. PASADO	**impreso**

---

ir (*to go*)

PRESENTE	**voy, vas, va, vamos, vais, van**
IMPERFECTO	**iba, ibas, iba, íbamos, ibais, iban**
PRETÉRITO	**fui, fuiste, fue, fuimos, fuisteis, fueron**
PRES. DEL SUBJ.	**vaya, vayas, vaya, vayamos, vayáis, vayan**
IMP. DEL SUBJ.	**(-ra) fuera, fueras, fuera, fuéramos, fuerais, fueran**
	(-se) fuese, fueses, fuese, fuésemos, fueseis, fuesen
PART. PRES.	**yendo**
PART. PASADO	ido
IMPERATIVO	**ve** [no **vayas**], **vaya, vamos** [no **vayamos**], id [no **vayáis**], **vayan**

---

leer (*to read*)

PRETÉRITO	leí, **leíste, leyó, leímos, leísteis, layeron**
IMP. DEL SUBJ.	**(-ra) leyera, leyeras, leyera, leyéramos, leyerais, leyeran**
	(-se) leyese, leyeses, leyese, leyésemos, leyeseis, leyesen
PART. PRES.	**leyendo**
PART. PASADO	**leído**

Conjugado como **leer:**
    creer (*to believe*)

---

morir [ue, u] (*to die*)

PART. PASADO	**muerto**

oír (*to hear*)

PRESENTE	**oigo, oyes, oye,** oímos, oís, **oyen**
PRETÉRITO	oí, oíste, **oyó,** oímos, oísteis, **oyeron**
FUTURO	oiré, oirás, oirá, oiremos, oiréis, oirán
CONDICIONAL	oiría, oirías, oiría, oiríamos, oiríais, oirían
PRES. DEL SUBJ.	**oiga, oigas, oiga, oigamos, oigáis, oigan**
IMP. DEL SUBJ.	**(-ra) oyera, oyeras, oyera, oyéramos, oyerais, oyeran**
	(-se) oyese, oyeses, oyese, oyésemos, oyeseis, oyesen
PART. PRES.	**oyendo**
PART. PASADO	**oído**
IMPERATIVO	**oye** [no **oigas**], **oiga, oigamos,** oíd [no **oigáis**], **oigan**

poder [ue] (*to be able, can*)

PRESENTE	**puedo, puedes, puede,** podemos, podéis, **pueden**
PRETÉRITO	**pude, pudiste, pudo, pudimos, pudisteis, pudieron**
FUTURO	**podré, podrás, podrá, podremos, podréis, podrán**
CONDICIONAL	**podría, podrías, podría, podríamos, podríais, podrían**
PRES. DEL SUBJ.	**pueda, puedas, pueda,** podamos, podáis, **puedan**
IMP. DEL SUBJ.	**(-ra) pudiera, pudieras, pudiera, pudiéramos, pudierais, pudieran**
	(-se) pudiese, pudieses, pudiese, pudiésemos, pudieseis, pudiesen
PART. PRES.	**pudiendo**
IMPERATIVO	**puede** [no **puedas**], **pueda,** podamos, poded [no podáis], **puedan**

poner (*to put, place*)

PRESENTE	**pongo,** pones, pone, ponemos, ponéis, ponen
PRETÉRITO	**puse, pusiste, puso, pusimos, pusisteis, pusieron**
FUTURO	**pondré, pondrás, pondrá, pondremos, pondréis, pondrán**
CONDICIONAL	**pondría, pondrías, pondría, pondríamos, pondríais, pondrían**
PRES. DEL SUBJ.	**ponga, pongas, ponga, pongamos, pongáis, pongan**
IMP. DEL SUBJ.	**(-ra) pusiera, pusieras, pusiera, pusiéramos, pusierais, pusieran**
	(-se) pusiese, pusieses, pusiese, pusiésemos, pusieseis, pusiesen
PART. PASADO	**puesto**
IMPERATIVO	**pon** [no **pongas**], **ponga, pongamos,** poned [no **pongáis**], **pongan**

Conjugados como **poner:**
  componer (*to fix, repair*), exponerse (a) (*to expose onself, reveal oneself* [*to*]), oponerse (*to be against, oppose*), proponer (*to propose*), reponer (*to reply, answer*), suponer (*to suppose*)

---

producir (*to produce*)

PRESENTE	**produzco,** produces, produce, producimos, producís, producen
PRETÉRITO	**produje, produjiste, produjo, produjisteis, produjeron**
PRES. DEL SUBJ.	**produzca, produzcas, produzca, produzcamos, produzcáis, produzcan**
IMP. DEL SUBJ.	**(-ra) produjera, produjeras, produjera, produjéramos, produjerais, produjeran**
	(-se) produjese, produjeses, produjese, produjésemos, produjeseis, produjesen
IMPERATIVO	produce [no **produzcas**], **produzca, produzcamos,** producid [no **produzcáis**], **produzcan**

Conjugados como **producir:**
  conducir (*to drive*), traducir (*to translate*)

---

querer [ie] (*to want*)

PRESENTE	**quiero, quieres, quiere,** queremos, queréis, **quieren**
PRETÉRITO	**quise, quisiste, quiso, quisimos, quisisteis, quisieron**
FUTURO	**querré, querrás, querrá, querremos, querréis, querrán**
CONDICIONAL	**querría, querrías, querría, querríamos, querríais, querrían**
PRES. DEL SUBJ.	**quiera, quieras, quiera,** queramos, queráis, **quieran**
IMP. DEL SUBJ.	**(-ra) quisiera, quisieras, quisiera, quisiéramos, quisierais, quisieran**
	(-se) quisiese, quisieses, quisiese, quisiésemos, quisieseis, quisiesen
IMPERATIVO	**quiere** [no **quieras**], **quiera,** queramos, quered [no queráis], **quieran**

---

reír (*to laugh*)

PRESENTE	**río, ríes, ríe, reímos, reís, ríen**
PRETÉRITO	reí, **reíste, rió, reímos, reísteis, rieron**
FUTURO	reiré, reirás, reirá, reiremos, reiréis, reirán
CONDICIONAL	reiría, reirías, reiría, reiríamos, reiríais, reirían
PRES. DEL SUBJ.	**ría, rías, ría, riamos, riáis, rían**
IMP. DEL SUBJ.	**(-ra) riera, rieras, riera, riéramos, rierais, rieran**
	(-se) riese, rieses, riese, riésemos, rieseis, riesen
PART. PRES.	**riendo**

PART. PASADO **reído**

IMPERATIVO **ríe** [no **rías**], **ría, riamos,** reíd [no **riáis**], **rían**

Conjugado como **reír:**
sonreír (*to smile*)

---

romper (*to break*)

PART. PASADO **roto**

---

saber (*to know*)

PRESENTE **sé**, sabes, sabe, sabemos, sabéis, saben

PRETÉRITO **supe, supiste, supo, supimos, supisteis, supieron**

FUTURO **sabré, sabrás, sabrá, sabremos, sabréis, sabrán**

CONDICIONAL **sabría, sabrías, sabría, sabríamos, sabríais, sabrían**

PRES. DEL SUBJ. **sepa, sepas, sepa, sepamos, sepáis, sepan**

IMP. DEL SUBJ. **(-ra) supiera, supieras, supiera, supiéramos, supierais, supieran**
(-se) supiese, supieses, supiese, supiésemos, supieseis, supiesen

IMPERATIVO sabe [no **sepas**], **sepa, sepamos,** sabed [no **sepáis**], **sepan**

---

salir (*to go out, leave*)

PRESENTE **salgo,** sales, sale, salimos, salís, salen

FUTURO **saldré, saldrás, saldrá, saldremos, saldréis, saldrán**

CONDICIONAL **saldría, saldrías, saldría, saldríamos, saldríais, saldrían**

PRES. DEL SUBJ. **salga, salgas, salga, salgamos, salgáis, salgan**

IMPERATIVO **sal** [no **salgas**], **salga, salgamos,** salid [no **salgáis**], **salgan**

---

ser (*to be*)

PRESENTE **soy, eres, es, somos, sois, son**

IMPERFECTO **era, eras, era, éramos, erais, eran**

PRETÉRITO **fui, fuiste, fue, fuimos, fuisteis, fueron**

PRES. DEL SUBJ. **sea, seas, sea, seamos, seáis, sean**

IMP. DEL SUBJ. **(-ra) fuera, fueras, fuera, fuéramos, fuerais, fueran**
(-se) fuese, fueses, fuese, fuésemos, fueseis, fuesen

IMPERATIVO **sé** [no **seas**] **sea, seamos,** sed [no **seáis**], **sean**

tener (*to have*)

PRESENTE	**tengo, tienes, tiene,** tenemos, tenéis, **tienen**
PRETÉRITO	**tuve, tuviste, tuvo, tuvimos, tuvisteis, tuvieron**
FUTURO	**tendré, tendrás, tendrá, tendremos, tendréis, tendrán**
CONDICIONAL	**tendría, tendrías, tendría, tendríamos, tendríais, tendrían**
PRES. DEL SUBJ.	**tenga, tengas, tenga, tengamos, tengáis, tengan**
IMP. DEL SUBJ.	**(-ra) tuviera, tuvieras, tuviera, tuviéramos, tuvierais, tuvieran**
	(-se) tuviese, tuvieses, tuviese, tuviésemos, tuvieseis, tuviesen
IMPERATIVO	**ten** [no **tengas**], **tenga, tengamos,** tened [no **tengáis**], **tengan**

Conjugados como **tener:**
  abstenerse (de) (*to refrain* [*from*]), contener (*to contain*), detener (*to stop*), mantener (*to maintain*), obtener (*to obtain*), retener (*to retain*)

traer (*to bring*)

PRESENTE	**traigo,** traes, trae, traemos, traéis, traen
PRETÉRITO	**traje, trajiste, trajo, trajimos, trajisteis, trajeron**
PRES. DEL SUBJ.	**traiga, traigas, traiga, traigamos, traigáis, traigan**
IMP. DEL SUBJ.	**(-ra) trajera, trajeras, trajera, trajéramos, trajerais, trajeran**
	(-se) trajese, trajeses, trajese, trajésemos, trajeseis, trajesen
PART. PRES.	**trayendo**
PART. PASADO	**traído**
IMPERATIVO	trae [no **traigas**], **traiga, traigamos,** traed [no **tragáis**], **traigan**

Conjugados como **traer:**
  atraer (*to attract*), contraer (*to contract*)

valer (*to be worth*)

PRESENTE	**valgo,** vales, vale, valemos, valéis, valen
FUTURO	**valdré, valdrás, valdrá, valdremos, valdréis, valdrán**
CONDICIONAL	**valdría, valdrías, valdría, valdríamos, valdríais, valdrían**
PRES. DEL SUBJ.	**valga, valgas, valga, valgamos, valgáis, valgan**
IMPERATIVO	**val** or vale [no **valgas**], **valga, valgamos,** valed [no **valgáis**], **valgan**

venir (*to come*)

PRESENTE	**vengo, vienes, viene,** venimos, venís, **vienen**
PRETÉRITO	**vine, viniste, vino, vinimos, vinisteis, vinieron**
FUTURO	**vendré, vendrás, vendrá, vendremos, vendréis, vendrán**
CONDICIONAL	**vendría, vendrías, vendría, vendríamos, vendríais, vendrían**
PRES. DEL SUBJ.	**venga, vengas, venga, vengamos, vengáis, vengan**
IMP. DEL SUBJ.	**(-ra) viniera, vinieras, viniera, viniéramos, vinierais, vinieran**
	(-se) viniese, vinieses, viniese, viniésemos, vinieseis, viniesen
PART. PRES.	**viniendo**
IMPERATIVO	**ven** [no **vengas**], **venga, vengamos,** venid [no **vengáis**], **vengan**

Conjugados como **venir:**
convenir (*to agree; to be suitable, good for*), intervenir (*to intervene*), prevenir (*to prevent*)

---

ver (*to see*)

PRESENTE	**veo,** ves, ve, vemos, veis, ven
IMPERFECTO	**veía, veías, veía, veíamos, veíais, veían**
PRETÉRITO	**vi,** viste, **vio,** vimos, visteis, vieron
PRES. DEL SUBJ.	**vea, veas, vea, veamos, veáis, vean**
PART. PASADO	**visto**
IMPERATIVO	ve [no **veas**], **vea, veamos,** ved [no **veáis**], **vean**

---

volver [ue] (*to return*)

PART. PASADO	**vuelto**

Conjugados como **volver:**
devolver (*to return* [*something*]), envolver (*to wrap*), resolver (*to resolve, solve*)

Vocabulario Español–Inglés

This vocabulary contains words and expressions that appear in the *Vocabulario en contexto* and *Vocabulario general* sections of the text. It also provides contextual meanings of vocabulary that is given an English gloss in other sections, and of certain challenging terms that appear in authentic documents. Cultural references explained in footnotes and certain low-frequency words and expressions are not included.

A

a cargo de (a/c)   care of (c/o)
a corto plazo   in the short term; short-range
a favor de   endorsed to; in the name of
a fondo   thoroughly
a la atención de   to the attention of
a la mayor brevedad   as soon as possible
a la venta   on sale, available for purchase
a largo plazo   long-range
a plazo medio   medium-term
a precio de fábrica   at cost
a su medida   tailor-made
abastecer   to provide, to supply
abastecimiento (*m.*)   supply
abogado(a) (*m., f.*)   lawyer; attorney
abreviar   to shorten; to abridge
absorción (*f.*)   takeover
acabados industriales (*m. pl.*)   industrial coatings
acciones (*f. pl.*)   stocks, shares
—**convertibles** (*f. pl.*)   convertible shares
—**de interés variable** (*f. pl.*)   variable yield shares
—**de primera** (*f. pl.*)   blue chip stocks
—**de servicios públicos** (*f. pl.*)   utility shares
—**divididas** (*f. pl.*)   split shares

—**especulativas** (*f. pl.*)   speculative shares
—**ordinarias** (*f. pl.*)   common stocks
accionista (*m., f.*)   shareholder; stockholder
—**mayoritario(a)** (*m., f.*)   majority shareholder
—**minoritario(a)** (*m., f.*)   minority shareholder
aceptación (*f.*)   acceptance
aclarar   to clarify
aconsejar   to advise
acordado(a)   agreed
activo (*m.*)   assets
actuario(a) (*m., f.*)   actuary
acudir   to come; to turn to
acuerdo (*m.*)   agreement
—**obligatorio** (*m.*)   binding agreement
—**oral**   verbal agreement
acuse de recibo (*m.*)   acknowledgment of receipt
adelantarse   to get ahead
adiestramiento (*m.*)   training
adivinar   to guess
adjuntar   to attach
administrativo(a)   administrative
adquirir   to acquire
aduana (*f.*)   customs
agencia publicitaria (*f.*)   advertising agency
agente (*m., f.*)   agent
—**de aduana** (*m., f.*)   customs agent

—de bolsa (*m., f.*)   stockbroker
ágil   flexible
agradecer   to be grateful, to thank
agradecimiento (*m.*)   gratitude, thankfulness
águila (*f.*)   eagle
ahorros (*m., f.*)   savings
ajeno(a)   foreign; different
ajuste (*m.*)   adjustment
alcanzar   to reach, to achieve
aliados (*m. pl.*)   allies
alianza (*f.*)   joint venture
—estratégica (*f.*)   strategic alliance
alimenticio(a)   related to food
almacén (*m.*)   warehouse
almacenado(a)   stored
almacenamiento (*m.*)   storage
almacenes (*m. pl.*)   department store
alquiler (*m.*)   lease
alto mando (*m.*)   senior management
alza (*f.*)   increase
ambiente (*m.*)   atmosphere, environment
amenazar   to threaten
amortizar   to pay off
ampliar   to expand
añadir   to add
análisis de costo (*m.*)   cost analysis
analista (*m., f.*)   analyst
antecedentes profesionales (*m.*)   employment history
antena parabólica (*f.*)   parabolic antenna, satellite dish
anticipo (*m.*)   advance
antimonopolístico(a)   antitrust
anular   to annul, to nullify, to cancel, to invalidate
anunciante (*m., f.*)   advertiser, announcer
anuncio (*m.*)   advertisement
aparato (*m.*)   device
aparejador (*m.*)   foreman, overseer
apartado de correos (*m.*)   post office box

apelar   to appeal
apertura (*f.*)   opening
aportación (*f.*)   contribution
aportar   to contribute
apostar   to gamble
apreciar   to appreciate, to value
apremiante   pressing
aprendizaje (*m.*)   learning (process); apprenticeship
aprovechar   to take advantage of
arancel (*m.*)   tariff
arbitraje (*m.*)   arbitration
arbitral   related to arbitration
árbitro (*m.*)   arbitrator
archivar   to file
archivo (*m.*)   file
arquitecto(a) (*m., f.*)   architect
arreglar   to fix
arreglo (*m.*)   settlement
arriesgado(a)   risky
arriesgar   to risk
artesanal   related to craftsmanship and handicrafts
ascenso (*m.*)   promotion
asegurable   insurable
aseguradora (*f.*)   insurance company
asegurar   to assure, to insure
asegurarse   to make sure
asequible   accessible
asesor(a) (*m., f.*)   consultant, adviser
—de personal (*m., f.*)   headhunter
—financiero(a) (*m., f.*)   financial consultant
asesorar   to advise
aspirante (*m., f.*)   job applicant
asunto (*m.*)   matter
atentamente   sincerely
atento(a)   thoughtful
atractivo(a)   attractive feature
atraer   to attract
atravesar   to go through
atreverse   to dare
aumentar   to expand
aumento (*m.*)   increase, raise

automatización (*f.*)   automation
autoridad (*f.*)   authority
aval (*m.*)   collateral; guarantee; deposit
avalistas (*m. pl.*)   backers, guarantors
averiguar   to find out
avión de carga (*m.*)   cargo plane

B

baja (*f.*)   low (in the stock market); drop (in value)
baja por enfermedad (*f.*)   sick leave
balanza de pagos (*f.*)   balance of payments
banca electrónica (*f.*)   automatic banking
bancario(a)   related to banking
bancarrota (*f.*)   bankruptcy
banco de datos (*m.*)   data base
banquero(a) (*m., f.*)   banker
barco de carga (*m.*)   cargo ship
barrera (*f.*)   barrier, obstacle
beneficiar   to benefit
beneficiario(a) (*m., f.*)   beneficiary
beneficio (*m.*)   benefit; profit; earning
beneficios por acción (*m. pl.*)   benefits per share
biberón (*m.*)   baby bottle
bienes (*m. pl.*)   goods
—de consumo (*m. pl.*)   consumer goods
bienestar (*m.*)   well-being
bolsa de comercio (*f.*)   stock exchange
bolsa de valores (*f.*)   stock market
bono (*m.*)   bond
bonos del estado (*m. pl.*)   government securities
borrador (*m.*)   draft (of a document)
brindar   to offer
bufete (*m.*)   law office
burocracia (*f.*)   bureaucracy
bursátil   related to the stock market
buzón (*m.*)   mailbox

C

cable de fibra óptica (*m.*)   fiber optic cable
cadena (*f.*)   chain
—de montaje (ensamblaje) (*f.*)   assembly line
caducado(a)   expired
caducar   to expire
caja de ahorros (*f.*)   savings bank
caja de cartón (*f.*)   cardboard box
cajero(a) (*m., f.*)   bank teller
—automático (*m.*)   automatic teller machine
campaña (*f.*)   campaign
—de prensa (*f.*)   press campaign
—de publicidad (*f.*)   advertising campaign
canal (*m.*)   channel
candidato(a) (*m., f.*)   job applicant
canguro (*m.*)   baby carrier (Spain)
capacitación (*f.*)   professional development
—profesional (*f.*)   staff development
capacitado(a)   equipped; capable; qualified
capataz (*m., f.*)   foreman, forewoman
capaz   capable
capital social (*m.*)   capital stock
carga (*f.*)   cargo
cargamento (*m.*)   load
cargar   to load; to charge
carpeta (*f.*)   folder
carta (*f.*)   letter
—certificada (*f.*)   registered letter
—de crédito (*f.*)   letter of credit
—de pedido (*f.*)   purchase order
—urgente (*f.*)   express letter
cartel (*m.*)   poster; billboard
cartera (*f.*)   portfolio
cartero (*m.*)   mail carrier
cartucho de tinta (*m.*)   ink cartridge
casa matriz (*f.*)   main office
casilla postal (*f.*)   post office box
catálogo (*m.*)   catalogue

cazatalentos (*m., f.*) headhunter
ceder to yield
celeridad (*f.*) speed
certificado (*m.*) certificate
—de depósito (*m.*) certificate of deposit
—de origen (*m.*) certificate of origin
—sanitario (*m.*) health certificate
certificado(a) registered
cifra (*f.*) figure
cita (*f.*) appointment
citar to summon
claro que sí of course
cláusula (*f.*) clause
clave (*f.*) key
cobertura (*f.*) coverage
cobrado(a) charged; collected (payment)
cobrar (un cheque) to cash (a check)
cobro (*m.*) collection (of payment)
código (*m.*) code
—de comercio (*m.*) code of mercantile law
—postal (*m.*) postal code
colgar to hang
colocar to place
comercializar to commercialize
comercio exterior (*m.*) foreign trade
compañía (*f.*) company, firm
—de seguros (*f.*) insurance company
—mixta (*f.*) joint company (joint venture)
compensación equitativa (*f.*) adequate compensation
competencia (*f.*) competition
competidor(a) (*m., f.*) competitor
competir to compete
complejo industrial (*m.*) industrial complex
comportamiento (*m.*) behavior
compraventa (*f.*) purchase and sale contract

comprometerse to commit oneself
computadora (*f.*) computer (Lat. Am.)
computarizado(a) computerized
comunicar(se) (con) to put (get) in touch, to connect
con antelación in advance
concertar arrange
concurso (*m.*) contest
conectado(a) connected
conferencia (*f.*) long-distance call (Spain)
confianza (*f.*) familiarity
confites (*m. pl.*) candies
conflicto salarial (*m.*) wage dispute
conformar to form
congelado(a) frozen
conocimiento de embarque (*m.*) bill of lading
conocimientos (*m. pl.*) skills
conseguir to get; to obtain
consejero(a) (*m., f.*) consultant, adviser
—delegado(a) (*m., f.*) chairman of the board
consejo (*m.*) advice; board
—de administración (*m.*) board of directors
conservador(a) conservative
consignador(a) (*m., f.*) consignor
consignatorio(a) (*m., f.*) consignee
consorcio (*m.*) conglomerate
constitución (*f.*) formation
consultora (*f.*) consulting firm
consumo (*m.*) consumption
—nacional (*m.*) domestic consumption
contaminación (*f.*) pollution
contaminantes (*m. pl.*) pollutants
contar (con) to have
contenedor (*m.*) shipping container
contestación (*f.*) response
contestador automático (*m.*) answering machine

contratación laboral (*f.*) hiring
contratado(a) employed
contratar (con) to contract (with)
contrato de franquicia (*m.*) franchise agreement
contravención (*f.*) breach of contract
contribuir to contribute
convenio (*m.*) agreement
—**colectivo** (*m.*) collective agreement
—**de coinversión** (*m.*) joint venture agreement
convocar una junta (una reunión) to call a meeting
corredor(a) de bolsa (*m., f.*) stockbroker
correo (*m.*) mail
—**aéreo certificado** (*m.*) registered air mail
—**electrónico** (*m.*) electronic mail
—**ordinario** (*m.*) surface mail
correos (*m.*) post office
corriente current; customary
corte (*f.*) court
cotizar to quote (the price of a stock)
creciente growing
crecimiento (*m.*) growth
crédito (*m.*) loan; credit
—**disponible** (*m.*) available credit
cualificado(a) qualified
cuenta (*f.*) bill; account
—**bancaria** (*f.*) bank account
—**conjunta** (*f.*) joint account
—**corriente** (*f.*) checking account
cumbres (*f. pl.*) summits
cumplimiento (*m.*) fulfillment
cumplir (con) to carry out; to follow through
cumplirse to be fulfilled
cuota (*f.*) fee; fixed amount of a product
currículum (*m.*) résumé, curriculum vitae

CH

cheque (*m.*) check
—**al portador** (*m.*) check to the bearer
—**cancelado** (*m.*) cancelled check
—**sin fondos** (*m.*) overdrawn check
chequera (*f.*) checkbook

D

dañado(a) damaged
daños y perjuicios (*m. pl.*) torts
dar a conocer to introduce
dar resultado to function; to work
darse cuenta to realize
datos (*m. pl.*) data; information
de cerca firsthand, close up
¿De parte de quién? Who is calling?
de renta fija fixed-interest; fixed-income
de tal manera in such a way that
de tal suerte in such a way
de un año para otro from one year to the next
debilidad de carácter (*f.*) character weakness
década (*f.*) decade
declararse en quiebra to declare bankruptcy
dejar de (+ inf.) to quit (doing something)
demanda (*f.*) lawsuit; complaint; claim; consumer demand
—**por daños y perjuicios** (*f.*) claim for damages
demandado(a) (*m., f.*) defendant
demandante (*m., f.*) plaintiff
demandar to file suit
demandas civiles (*f. pl.*) civil suits
departamento de compras (*m.*) purchasing department
departamento de ventas (*m.*) sales department
depositante (*m., f.*) depositor

depositar   to deposit
depósito aduanero (*m.*)   customs warehouse
derecho (*m.*)   (field of) law; right
—anglosajón (*m.*)   common law
—de exportación (*m.*)   export duty
—de importación (*m.*)   import duty
—laboral (*m.*)   labor law
derechos proteccionistas (*m. pl.*)   protective tariff
derivados (*m. pl.*)   derivatives; by-products
desacuerdos (*m. pl.*)   disagreements
desafío (*m.*)   challenge
desarrollar   to develop
desarrollo (*m.*)   development
—económico (*m.*)   economic development
desastre (*m.*)   disaster, calamity
descentralización (*f.*)   decentralization
descubierto bancario (*m.*)   bank overdraft
descuento (*m.*)   discount
desde luego   of course
desechos químicos (*m. pl.*)   chemical waste
desembalar   to unpack (merchandise)
desempeñar   to perform, to carry out (tasks or duties)
desempleo (*m.*)   unemployment
desenvolverse   to behave, to comport oneself
despachar   to send; to dispatch
despacho (*m.*)   private office
—jurídico (*m.*)   law office
despedir   to lay off; to fire
despido (*m.*)   layoff; firing
desregulación (*f.*)   deregulation
desventaja (*f.*)   disadvantage
detallar   to describe or list in detail; to itemize
detalles (*m. pl.*)   details
deuda (*f.*)   debt

—pública (*f.*)   national debt
devolución (*f.*)   refund
devolver al remitente   return to sender
día laborable (*m.*)   workday
dibujo (*m.*)   drawing; illustration
difusión (*f.*)   transmission
dimensiones (*f. pl.*)   size; dimensions
dinero en efectivo (*m.*)   cash
directiva (*f.*)   management
directivo (*m.*)   manager
director(a) (*m., f.*)   director, manager
—adjunto(a) (*m., f.*)   assistant director
—artístico(a) (*m., f.*)   art director
—de compras (*m., f.*)   purchasing manager
—de recursos humanos (*m., f.*)   human resources manager
—de ventas (*m., f.*)   sales manager
—gerente (*m., f.*)   managing director
dirigirse   to direct oneself, to address
discutida(o)   disputed
diseñado(a)   designed
diseñar   to design
disfrutar   to enjoy
disgustarse   to become upset
disminución (*f.*)   decrease
disminuir   to reduce, to diminish
disponibilidad (*f.*)   availability
disponible   available
disposición de texto (*f.*)   text layout
disposiciones (*f. pl.*)   regulations
dispuesto(a)   willing
disputa (*f.*)   dispute
distribuido(a)   distributed
distrito postal (*m.*)   postal code
diversificación (*f.*)   diversification
dividendo (*m.*)   dividend
dividendos por acción (*m. pl.*)   earnings per share

divisas (*f.*)   foreign currency
doblaje (*m.*)   dubbed version
doctor(a) (*m., f.*)   person holding a doctoral degree
documentos de embarque (*m. pl.*) shipping documents
domicilio (*m.*)   address, residence
dominio (*m.*)   mastery
don, doña (*m., f.*)   title of respect
dotes (*f. pl.*)   talents
—de mando (*f. pl.*)   leadership qualities

E

echar al correo   to mail
economía de mercado (*f.*)   free-market economy
editor(a) (*m., f.*)   publisher
efectuar   to carry out
eficacia (*f.*)   efficiency
ejecutar   to execute
ejecutivo(a) (*m., f.*)   executive
ejecutivo(a) de cuentas (*m., f.*) account executive
elegir   to choose
embalaje (*m.*)   packing; packaging
embalajes (*m. pl.*)   packaging
embalar   to pack (merchandise)
embarazo (*m.*)   pregnancy
embarque (*m.*)   shipment
emisión de acciones (*f.*)   issue of shares
emitido(a)   transmitted
emitir (un informe)   to issue (a report)
—una sentencia   to make a judgment
empleado(a) (*m., f.*)   employee
—administrativo(a)   white-collar worker
—principal (*m., f.*)   senior employee
empleador(a) (*m., f.*)   employer
emplear   to employ

empresa (compañía) de transporte(s) (*f.*)   carrier
empresa (*f.*)   company, firm
—en participación (*f.*)   joint venture
empresarial   (related to) work
empréstito (*m.*)   loan
en antena   on the air
en la actualidad   currently
en vez de   instead of
en vías de desarrollo   developing (i.e., countries)
encajar (en)   to fit (in)
encantar   to delight; to like a lot
encargar   to order (merchandise)
encomendar   to entrust
encuesta (*f.*)   survey, poll
endeudamiento (*m.*)   indebtedness
endosado(a)   endorsed
endosar   to endorse
enfocar   to focus
enfoque (*m.*)   focus
enfrentar   to face
ensamblaje (*m.*)   assembly
enterarse   to find out
enternecedor(a)   endearing
entes (*m. pl.*)   entities
entorno (*m.*)   environment
entrar en vigor   to come into force, to take effect
entrega (*f.*)   delivery
entregar   to deliver
entrenar   to train
entrevistar   to interview
envase (*m.*)   receptacle; container; packaging
enviar   to send
equipo (*m.*)   team; equipment
—investigador (*m.*)   research team
escala (*f.*)   scale
escaparate (*m.*)   display window
escasez de capital (*f.*)   capital shortage
escritorio (*m.*)   desk
escritura (*f.*)   deed

esforzarse to make an effort

esfuerzos conjuntos (*m. pl.*) joint efforts

eslabón (*m.*) link

especulador(a) (*m., f.*) speculator

esquema (*m.*) plan; outline; layout; scheme

establecimiento (*m.*) establishment; store, shop

estado (extracto) de cuenta (*m.*) bank statement

estado financiero (*m.*) financial statement

estar a cargo de to be in charge of

estar ansioso to be anxious (for something to happen)

estar en regla to be in order

estar encargado(a) de to be in charge of

estar ocupada (la línea) to be busy (the line)

estatutos (*m. pl.*) charter bylaws (of a company)

estimar to appreciate

estimular to stimulate

estipular to stipulate

estrategia (*f.*) strategy

estudio de mercado (*m.*) market study

etiqueta (*f.*) label

evidentemente clearly, without a doubt

excedentes (*m. pl.*) surplus

exento(a) exempt

exento(a) (libre) de impuestos tax exempt; duty free

exigencias (*f. pl.*) demands

exigir to demand

eximir to exempt; to free

expediente (*m.*) case

expediente académico (*m.*) academic transcript

expedir los trámites to take care of the formalities

explotación (*f.*) exploitation

exportador(a) (*m., f.*) exporter

exportar to export

exposición (*f.*) exhibition

extender una póliza de seguros to issue an insurance policy

extranjero(a) foreign

extras (*m.*) perks, fringe benefits

F

fábrica (*f.*) factory, manufacturing plant

fabricación (*f.*) manufacture; manufacturing

fabricar to manufacture

facilidades (*f. pl.*) opportunities; facilities

facilidades de pago (*f. pl.*) easy repayment terms

factura (*f.*) invoice

facturación (*f.*) billing

faltar to lack

faltar personal to be short-handed

fax (*m.*) fax; fax machine

fecha límite (*f.*) deadline

feria de muestras (*f.*) trade fair

ferrocarril (*m.*) train; railroad

ferroviario(a) railway

fianza (*f.*) collateral; guarantee

figurar to appear

fijar una prima to assess a premium

fijarse to notice; to take into account

filial (*f.*) subsidiary

finalista (*m., f.*) finalist

financiamiento (*m.*) financing

financiar to finance

financiero(a) financial

firma (*f.*) company, firm; signature

firmar to sign

fletar to charter

flete (*m.*) freightage charge

—aéreo (*m.*) air cargo

folleto (*m.*) brochure, booklet, pamphlet

fomentar to foment, to develop, to promote, to encourage

fomento (*m.*) development

fondo (*m.*) fund

—(plan) de pensión (de jubilación) (*m.*) pension fund

—del estado (*m.*) government securities

—público (*m.*) government securities

fondos mutuos (*m. pl.*) mutual funds

foráneo(a) foreign

formación (*f.*) education

formación profesional (*f.*) staff development

foro (*m.*) forum

fortalecer to strengthen

fotocopiadora (*f.*) photocopier

franquicia (*f.*) franchise

fraude (*m.*) fraud

función (*f.*) operation

funcionar to function, to work (machines)

funcionario(a) (*m., f.*) government employee; functionary

fundar to establish; to found

furgón (*m.*) boxcar

fusión (*f.*) merger

G

gabinete (*m.*) law office

gama (*f.*) range

ganancias (*f.*) profits; earnings

garantía (*f.*) collateral; guarantee

garantizar to secure

garras (*f. pl.*) claws

gastos (*m. pl.*) expenses

—de envío (*m. pl.*) shipping costs, shipping expenses

—de puesta en marcha (*m. pl.*) start-up costs

gerencia (*f.*) management

gerente (*m., f.*) manager

gestión (*f.*) management; procedure, proceedings

gestor(a) (*m., f.*) manager

giro (*m.*) bank draft

—postal (*m.*) money order

golpe de Estado (*m.*) coup d'etat

gorra (*f.*) cap

gozar to enjoy

grabar to record

gratificación (*f.*) bonus

gremio (*m.*) guild; professional association

guía aérea (*f.*) air waybill

H

hacer publicidad to advertise

hacerse un seguro to take out insurance

helado (*m.*) ice cream

helado(a) frozen

hermético(a) airtight

higiene (*f.*) hygiene

hipoteca (*f.*) mortgage

hiriente wounding

historial profesional (*m.*) employment history

homologado(a) approved for use

honorarios (*m. pl.*) fees, honoraria

horario (*m.*) schedule

horario flexible (*m.*) flexible schedule

huir to flee, to run away; to escape

I

identificación (*f.*) identification

impedir to impede, to prevent

imperar to reign

importador(a) (*m., f.*) importer

importar to import; to matter

impresión (*f.*) printing

impresora (*f.*) printer

imprevisto(a) unforeseen

imprimir to print
impuesto sobre el valor añadido (IVA) (*m.*) value-added tax (VAT)
impuesto sobre la renta (*m.*) income tax
incendio provocado (*m.*) arson
incorporación inmediata beginning immediately (used in want ads)
incorporar to incorporate
incrementar to increase (a price)
incumplimiento de contrato (*m.*) breach of contract
indemnización (*f.*) compensation; indemnity
—por accidente de trabajo (*f.*) workman's compensation
—por daños (*f.*) compensation for damages
—por despido (*f.*) severance pay
índice (*m.*) index
—de siniestralidad (*m.*) loss ratio
—del costo de vida (*m.*) cost-of-living index
índole (*f.*) character; type
inestabilidad (*f.*) instability
inflación (*f.*) inflation
informática computer science (Spain)
informe (*m.*) report
infracción (*f.*) infringement
ingeniería (*f.*) engineering
ingeniero(a) (*m., f.*) engineer
ingresar to deposit
ingresos (*m. pl.*) income
inicios (*m. pl.*) beginnings
inscrito(a) registered
instalación (*f.*) facility; plant
instrucciones de embarque (*f.*) shipping instructions
integrado(a) integrated
interesar to interest
interfono (*m.*) intercom
intermediario(a) (*m., f.*) intermediary, go-between

internacionalización (*f.*) internationalization
interponer una demanda to file a claim
inundación (*f.*) flood; flooding
inundar el mercado to flood the market
inventario (*m.*) inventory
inversión (*f.*) investment
inversionista (*m., f.*) investor; investing
inversor(a) (*m., f.*) investor
invertir to invest
investigación (*f.*) research
—de mercado (*f.*) market study
involucrar to involve
ir directamente al grano to go right to the point

J

jefe(a) (*m., f.*) manager; boss
—de oficina (*m., f.*) office manager
—de personal (*m., f.*) human resources manager
—de ventas (*m., f.*) sales manager
jerarquía (*f.*) hierarchy
jornada (*f.*) workday
jubilarse to retire
juez (*m., f.*) judge
juicio (*m.*) trial; judgment
junta (*f.*) meeting; board
—directiva (*f.*) board of directors
—general (*f.*) general board meeting
jurado (*m.*) jury
jurídico(a) legal
juzgado (*m.*) court

L

laboral related to labor or employment
lanzar to launch
lealtad (*f.*) loyalty
lema (*m.*) slogan
letrado(a) (*m., f.*) lawyer

letrero (*m.*)   sign
ley (*f.*)   law
libre empresa (*f.*)   free enterprise
licencia (*f.*)   permit; license
licenciado(a) (*m., f.*)   lawyer
  (Mexico); holder of academic degree
lícito(a)   allowed by law
**liquidación de una reclamación
  (demanda)** (*f.*)   claim adjustment
liquidez (*f.*)   liquidity
lista de correos (*f.*)   general delivery
litigio (*m.*)   litigation
local (*m.*)   site
lograr   to obtain; to achieve; to
  attain
— + inf.   to manage to (do
  something)
lujo (*m.*)   luxury
lustre social (*m.*)   social status

LL

llamada (*f.*)   call
—a larga distancia (*f.*)   long-
  distance call
—por cobrar (a cobro revertido)
  (*f.*)   collect call
llegar a un acuerdo   to reach an
  agreement
llegar a un arreglo   to compromise
llevar   to run; to be in charge of
llevar a cabo   to carry out

M

malentendido (*m.*)
  misunderstanding
mandar por fax   to send a fax
manejo (*m.*)   operation, handling
mano de obra (*f.*)   labor
mantener al corriente   to keep up-
  to-date
maquinaria (*f.*)   machinery
maravilloso(a)   great
marca (*f.*)   brand

marca (de fábrica) (*f.*)   brand name
más allá   beyond
matasellos (*m.*)   postmark
materia grasa (*f.*)   fat
materia prima (*f.*)   raw material
medición (*f.*)   measurement
medidas (*f. pl.*)   measures
medio (*m.*)   means
medio ambiente (*m.*)   environment
medios de comunicación (*m. pl.*)
  communications media
medir   to measure
mejilla (*f.*)   cheek
mejorar   to improve
mejoría (*f.*)   improvement
meneíllo (*m.*)   swaying of hips
mensaje (*m.*)   message
mensualidad (*f.*)   one month's pay
mercadeo (*m.*)   marketing
mercado (*m.*)   market
—alcista (*m.*)   bull market
—bajista (*m.*)   bear market
—bursátil (*m.*)   stock market
—de valores (*m.*)   stock market
—en potencia (*m.*)   potential
  market
—nacional (*m.*)   national market
mercadotecnia (*f.*)   marketing
mercancía (*f.*)   commodity
mercancías declaradas (*f. pl.*)
  declared goods
mercantil   commercial
mina (*f.*)   mine
ministerio (*m.*)   ministry
minucioso(a)   minute, very small
modales (*m. pl.*)   manners
módem (*m.*)   modem
molestar   to bother
moneda (*f.*)   currency (monetary)
montar   to set up
mudar   to move
mujer cartero (*f.*)   mail carrier
mujer directiva (*f.*)   manager
multa (*f.*)   fine
mundial   worldwide

N

negociación salarial (*f.*)   salary negotiation
negociar   to negotiate; to trade (stocks)
nevada (*f.*)   snowstorm
nivel (*m.*)   level
no hay ni qué decir   it goes without saying
no tener nada que ver   to have nothing to do (with something)
nómina (*f.*)   payroll
nota de entrega (*f.*)   delivery invoice
notario(a) (*m., f.*)   notary
nulo(a)   null, void
número de cobro revertido automático (*m.*)   toll-free telephone number

O

obligaciones (*f. pl.*)   liabilities; bonds
obrero(a) (*m., f.*)   factory worker; laborer
oferta (*f.*)   offer; supply
oficina de correos (*f.*)   post office
oficio (*m.*)   trade
ojalá   I hope
oponentes (*m. pl.*)   opponents
ordenador (*m.*)   computer (Spain)
organismo (*m.*)   organization
organización sin fines de lucro (*f.*)   non-profit organization
orientar   to direct
otorgado(a)   awarded
otorgar   to award

P

pacto (*m.*)   agreement
pago (*m.*)   payment
—de una reclamación (demanda) (*m.*)   claim adjustment
país deudor (*m.*)   debtor country

pantalla (*f.*)   screen
papeleo (*m.*)   paperwork; red tape
paquete (*m.*)   package
para su aprobación   for your approval
para su firma   for your signature
para su información   for your information
parecer   to seem
paro (*m.*)   unemployment
—temporal (no voluntario) (*m.*)   layoff
partes contratantes (*f. pl.*)   parties to a contract
participación en los beneficios (*f.*)   profit sharing
participación extranjera (*f.*)   foreign shareholding
particular   individual
pasivo (*m.*)   liabilities
patrocinar   to sponsor
patrón(-ona) (*m., f.*)   employer
pedido (*m.*)   order
pedido del extranjero (*m.*)   export order
pedir prestado   to borrow
pequeña directiva (*f.*)   middle management
pequeño directivo (*m.*)   middle manager
pequeños beneficios (*m.*)   perks; fringe benefits
percibir   to perceive
perjudicar   to endanger; to hurt
permiso de trabajo (*m.*)   work permit
permiso por enfermedad (*m.*)   sick leave
personal (*m.*)   personnel, staff
—administrativo (de oficina) (*m.*)   office personnel, support staff
—de dirección (*m.*)   executive personnel
—intermediario (*m.*)   mid-level staff
pesadilla (*f.*)   nightmare

peso (*m.*)   weight
piedra angular (*f.*)   cornerstone
piezas (*f. pl.*)   parts
pilar (*m.*)   pillar
planta (*f.*)   factory, manufacturing plant
plantilla (*f.*)   staff
platicar   to talk, to chat (Mexico and Cent. Am.)
plaza (*f.*)   place; position (job)
plazo (a pagar) (*m.*)   term (of payment)
plazo medio (*m.*)   average period
pleito (*m.*)   case
poder (*m.*)   power of attorney
poder adquisitivo (*m.*)   buying power
políticas cambiarias (*f.*)   exchange policies
pólizas de seguro (*f. pl.*)   insurance policies
poner (mantener) al corriente   to put (keep) up-to-date
poner en marcha   to get started; to implement
poner etiquetas   to label
ponerse de acuerdo   to come to an agreement
por anticipado   in advance
por barco   by ship
por correo aparte   under separate cover
por desgracia   unfortunately
por supuesto   of course
por vía aérea   by air
porcentaje (*m.*)   percentage
predecir   to predict
premio (*m.*)   prize
preocuparse   to worry
presentar una demanda   to file suit
presentar una reclamación (demanda) por daños   to make a claim for damages
presentarse   to introduce oneself

presidente(a) del consejo de administracion (*m., f.*)   chairman(woman) of the board
prestamista (*m., f.*)   lender
préstamo (*m.*)   loan; credit
presupuesto (*m.*)   budget
prevenir   to prevent
previsible   foreseeable
prima (*f.*)   bonus; premium
privar   to prevail
privatización (*f.*)   privatization
proceder   to proceed, to go ahead
procedimiento (*m.*)   procedure
procesador de texto (de datos, de palabras) (*m.*)   word processor, word processing program
producción en serie (*f.*)   mass production
producción total (*f.*)   output
producto alimenticio (*m.*)   food product
producto nacional bruto (PNB) (*m.*)   gross national product (GNP)
programación (*f.*)   programming
promedio (*m.*)   average
promoción (de ventas) (*f.*)   sales promotion
promocionar   to promote
promovidas(os)   promoted
pronóstico (*m.*)   forecast
propio(a)   pertaining to
proporcionar   to provide, to supply
propuesta (*f.*)   proposal
prórroga (*f.*)   extension
prorrogable   extendable
proveedor (*m.*)   provider, supplier
proveer   to provide; to supply
puesto (*m.*)   job; post

Q

quebrado(a)   bankrupt
quedar   to remain
quiebra (*f.*)   bankruptcy
quiosco (*m.*)   kiosk, stand

R

raro(a)   unusual
realizar   to carry out
rebasar   to overdraw
recado (*m.*)   message
recalar   to deposit
recalcar   to emphasize
recesión (*f.*)   recession
recibo de carga (*m.*)   cargo receipt
recipiente (*m.*)   shipping container
reclamación (*f.*)   claim
reclamar   to claim
reclutar   to recruit
recoger   to pick up
recogida (*f.*)   pickup
reconocer   to recognize
recopilar datos   to compile data
recorte de costos (*m.*)   cost-cutting
   measure
recuperarse   to recover
recurrir   to appeal
recursos (*m. pl.*)   resources
—naturales (*m. pl.*)   natural
   resources
rechazar   to reject
red (*f.*)   network
redactar   to write, to draw up, to
   compose
redactor(a) de texto (*m., f.*)
   copywriter
reembolsar   to repay
reforzar el personal   to staff up
regalías (*f. pl.*)   royalties
registrar   to record
registrar (un documento)   to file
   (a document)
registro (*m.*)   registration
reglamento (*m.*)   regulation
regulado(a)   regulated
reiterar   to reiterate
relaciones públicas (*f. pl.*)   public
   relations
remesa (*f.*)   shipment
remisión (*f.*)   remittance

remuneración (*f.*)   compensation
—según experiencia aportada (*f.*)
   salary commensurate with
   experience
rendimiento (*m.*)   performance;
   output
renovar   to renew
renta (*f.*)   income
rentabilidad (*f.*)   profitability
repartir   to distribute
reparto (*m.*)   distribution
representante (*m., f.*)
   representative
respaldo (*m.*)   backing, support
respeto (*m.*)   respect
responsabilidad sobre el producto
   (*f.*)   product liability
responsable   responsible
resultar   to work, to function
retener   to hold; to detain
retirarse   to retire
retrasado(a)   late
retraso (*m.*)   delay
retribución (*f.*)   compensation
reunión (*f.*)   meeting
reunirse (con)   to meet with
   (someone)
revalorizar   to revalue
revaluar   to revalue
riel ferroviario (*m.*)   railroad track
riesgo (*m.*)   risk
—asegurable (*m.*)   insurable risk
—laboral (*m.*)   occupational hazard
rogar   to beg
rollos (*m. pl.*)   rolls

S

sacar   to withdraw
saco (*m.*)   sack
salario anual (mensual) (*m.*)
   annual (monthly) salary
saldo (*m.*)   balance
saludable   healthy
saludar   to greet

salvo except
sambenito (*m.*) fixed idea
satélite (*m.*) satellite
saturado(a) saturated
secretaría (*f.*) ministry
sector (*m.*) sector; area
sede (*f.*) headquarters
—**principal** (*f.*) headquarters
segmentación (*f.*) segmentation
seguro (*m.*) insurance
—**colectivo** (*m.*) group insurance
—**comercial** (*m.*) business insurance
—**de crédito a la exportación** (*m.*) export insurance
—**de desempleo (de paro)** (*m.*) unemployment insurance
—**de enfermedad** (*m.*) health insurance
—**de incendio** (*m.*) fire insurance
—**de mercancía** (*m.*) cargo insurance
—**de responsabilidad industrial** (*m.*) industrial liability insurance
—**de responsabilidad sobre el producto** (*m.*) product liability insurance
—**de vida** (*m.*) life insurance
—**médico** (*m.*) medical insurance
—**por accidente de trabajo** (*m.*) worker's compensation insurance
—**prorrogado** (*m.*) extended-term insurance
semejanza (*f.*) similarity
señal (*f.*) sign
ser consciente de to be aware of
ser conveniente to be a good idea
ser rechazado(a) to be turned down
servicio urgente (*m.*) overnight service
sindicato (*m.*) labor union
sistema de televisión pagada (*m.*) pay-per-view television
sobregiro (*m.*) bank overdraft

sobreprecio (*m.*) mark-up; surcharge
sobresalir to stand out
sobretasa (*f.*) penalty; surcharge
sociedad (*f.*) company
—**anónima (S.A.)** (*f.*) corporation
—**anónima de capital variable (S.A. de C.V.)** (*f.*) corporation with variable capital
—**en comandita por acciones (S. en C. por A.)** (*f.*) partnership limited by shares
—**en comandita simple (S. en C.S.)** (*f.*) limited partnership
—**en nombre colectivo (S. en N.C.)** (*f.*) general partnership
socio(a) (*m., f.*) partner, business associate
soler to tend to
solicitante (*m., f.*) job applicant
solicitar to apply for; to request
solvencia (*f.*) solvency
solvente solvent; reliable
sonar to sound
sondeo (*m.*) survey; poll
sorprender to surprise
subdirector(a) (*m., f.*) assistant manager, assistant director
subrayar to underline
subsidio (*m.*) subsidy
subvención (*f.*) subsidy
sucursal (*f.*) branch office
sueldo anual (mensual) (*m.*) annual (monthly) salary
sueldo fijo (*m.*) base salary
sujeto(a) a derechos subject to duty
suministrar to provide
superar to go over
superávit (*m.*) surplus
supervisar to supervise
suprimir to eliminate
surgimiento (*m.*) rise
surgir to appear
suscriptor(a) (*m., f.*) subscriber

T

tablero de anuncios (*m.*)   bulletin board

taller (*m.*)   workshop; repair shop

talón (*m.*)   check

—de ferrocarril (*m.*)   railway waybill

talonario (*m.*)   checkbook

tamaño (*m.*)   size

tan pronto como   as soon as

tarifa (*f.*)   tariff

—de importación (*f.*)   import tariff

tasa (*f.*)   rate

—de crecimiento (*f.*)   growth rate

—de interés (*f.*)   interest rate

tasación de mercancías (*f.*)   appraisal (valuation) of goods

tasador(a) (*m., f.*)   appraiser; claims adjuster

tasas de administración (*f.*)   administrative fees

teclado (*m.*)   keyboard

técnico(a) (*m., f.*)   technician; specialist

teléfono inalámbrico (*m.*)   cordless telephone

telégrafo (*m.*)   telegraph

televisión por cable (*f.*)   cable television

télex (*m.*)   telex

tenedor(a) (de una póliza) (*m., f.*)   policy holder

tener conocimientos de ciencia computacional (de informática)   to be computer literate

tentar   to tempt

tesorero(a) (*m., f.*)   treasurer

tipo de dividendo (*m.*)   dividend yield

titulación universitaria (*f.*)   university degree

título (*m.*)   deed

títulos públicos (*m. pl.*)   government bonds or securities

trabajador(a) (*m., f.*)   hard-working

trabajar en equipo   to work as part of a team; to be a team player

trabajar horas extras (extraordinarias)   to work overtime

trabajo de media jornada (de jornada reducida) (*m.*)   part-time employment

tramitar   to negotiate; to process

trámite (*m.*)   procedure, proceedings

transferencia (*f.*)   bank transfer

—de fondos (*f.*)   fund transfer

transferible   transferable

transporte (*m.*)   transport

—aéreo (*m.*)   airborne transport

—marítimo (*m.*)   seaborne transport

tratado (*m.*)   agreement

—de libre comercio (*m.*)   free trade agreement

—de Libre Comercio de América del Norte (TLC) (*m.*)   North American Free Trade Agreement (NAFTA)

tratar   to treat, to deal with

trazado (*m.*)   layout

tribunal (*m.*)   court

turno (*m.*)   shift

—de día (*m.*)   day shift

—de noche (*m.*)   night shift

U

ubicar   to place

unirse   to join with; to merge

urgente   express, urgent

utilidades (*f. pl.*)   earnings

V

vacante (*f.*)   job opening

valerse   to employ

valía (*f.*)   value

valor estimado (*m.*)   appraised value

valoración de daños (*f.*)   assessment of damages

valorar   to value
valores (*m. pl.*)   securities
vencer   to conquer
vendedor(a) (*m., f.*)   salesperson
ventaja (*f.*)   advantage
ventajas (*f. pl.*)   advantages
ventanilla (*f.*)   banking window
veredicto (*m.*)   verdict
vertiginosamente   very fast
viaje de ida y vuelta (*m.*)   round trip
vidrio (*m.*)   glass

vigas (*f. pl.*)   beams
vigencia de la póliza (*f.*)   policy period
vigente   in effect
vislumbrar   to glimpse
volátil   volatile
volver a llamar   to call back

Z

zona franca (*f.*)   free trade zone

Índice

▼▼▼▼▼▼▼▼▼

Acknowledgments
▼▼▼▼▼▼▼▼▼▼▼▼▼▼▼▼▼▼▼▼▼▼

Text Credits

p. 30: ''Entorno económico de los 90'' from *Finanzas*, December, 1990, pp. 12–14. Reprinted by permission of the publisher.

p. 48: ''El Grupo Futura trabaja años adelante'' from *Exportación*, March 1990. Reprinted by permission of the publisher.

p. 104: ''El meneíllo del ascensor'' from *El País*, December 31, 1989. Copyright El País 1989. Used with permission.

p. 123: ''Unidad para mayores exportaciones en el área'' from *Exportación*, No. 22, p. 53. Reprinted by permission of the publisher.

p. 140: ''Llegan los avalistas'' from *Dinero*, 15 May, 1990. Reprinted by permission of the publisher.

p. 158: ''Directivos bajo la lupa,'' published in *Actualidad Económica*, January 25, 1993, pp. 14–15. Reprinted by permission of the publisher.

p. 170: UPS ad as published in *América Económica*, July 1994. Copyright © United Parcel Service of America, Inc. Reprinted with permission.

Photo Credits

p. 1: Jon Riley/Tony Stone Images; p. 5: G. Correa/Stock Photos; World View & Focus, Madrid; p. 20: Robert Frerck/Odyssey Productions, Chicago; p. 25; © Daniel Aubry, New York; p. 39: Chip and Rosa Maria de la Cueva Peterson; p. 43: Bob Daemmrich/The Image Works; p. 54: Alex Quesada/Matrix International; p. 59: P. Robillourd/Stock Photos; World View & Focus, Madrid; p. 74: Hervé Donnezan/A.G.E. FotoStock, Barcelona; p. 79: Beryl Goldberg; p. 93: Beryl Goldberg; p. 98: Robert Frerck/Odyssey Productions, Chicago; p. 112: Chip and Rosa Maria de la Cueva Peterson; p. 116: Stock, Boston/Miro Vintoniv; p. 130: Stock, Boston/Peter Menzel; p. 134: Robert Frerck/Odyssey Productions, Chicago; p. 148: Robert Frerck/Odyssey Productions, Chicago; p. 153: Hervé Donnezan/A.G.E. FotoStock, Barcelona; p. 166: Ulrike Welsch; p. 171: Joaquin Vila/A.G.E. FotoStock, Barcelona; p. 185: Stock, Boston/Peter Menzel; p. 190: The Picture Cube/Jeff Greenberg; p. 204: Beryl Goldberg; p. 208: © Richard T. Nowitz.